HANS JOACHIM BOGEN
MAGIE OHNE ILLUSIONEN

HANS JOACHIM BOGEN

MAGIE
OHNE
ILLUSIONEN

AURUM VERLAG · FREIBURG IM BREISGAU

Mit 9 Schwarzweißillustrationen

CIP-Kurztitelaufnahme der Deutschen Bibliothek

Bogen, Hans Joachim:
Magie ohne Illusionen / Hans Joachim Bogen. –
Freiburg im Breisgau: Aurum-Verlag, 1982.
ISBN 3-591-08180-9

1982
ISBN 3-591-08180-9
Gesamtherstellung: Franz Spiegel Buch GmbH, Ulm
Printed in Germany

Inhalt

Vorwort

»Das Publikum hat nachgerade ein Recht darauf zu wissen, woran es mit diesen Dingen ist.« Das sagt Eduard von Hartmann in seiner Schrift über den Spiritismus.

»Des Menschen schwacher Verstand findet oft keinen Grund zur Erklärung einer Sache in der Natur und nennt sie daher übernatürlich. Das Übernatürliche in dieser Körperwelt gründet sich mehr auf die Eingeschränktheit unserer Kenntnisse als in der Wesenheit der Sache.« Das schreibt Carl von Eckartshausen in seinem Werk *Aufschlüsse zur Magie*. Und weiter: »Der Mensch kann selten sagen: Dies oder jenes ist unmöglich, denn der Menschen Begriffe sind eingeschränkt, und dieses Behaupten würde alle möglichen Kenntnisse der Kräfte der Natur voraussetzen.«

Was liegt also näher, als einen arrivierten Naturwissenschaftler in Sachen *Psi* zu Worte kommen zu lassen – auch oder gerade dann, wenn er gegen den Stachel löckt. Um es mit den Worten von Carl du Prel auszudrücken: »Entweder gibt es einen künftigen Fortschritt der Wissenschaft, dann müssen wir jederzeit a priori die Existenz von Tatsachen zugeben, welche den bisherigen Theorien widersprechen, oder es gibt solche Tatsachen nicht, in welchem Falle wir einen künftigen Fortschritt leugnen müßten. – Durch die Entwicklungsfähigkeit der Wissenschaft und des menschlichen Erkenntnisorganes, also unseres Bewußtseins von der Welt, ist aber dafür gesorgt, daß ein solcher in die Tiefe führender Fortschritt stets stattfindet und der Geist immer weitere Zufuhr von Problemen erhält.«

Unser Bewußtsein von der Welt zu erweitern – dies ist eines der maßgeblichen Kriterien für das Buchprogramm des Aurum Verlags. Doch folgt die Intention nur der umfassenderen Idee der Einheit von Natur und Geist und mit ihr der Möglichkeit, auf unterschiedlichsten Wegen Natur vom Geist und Geist von der Natur her zu verstehen.

Natur- und Geisteswissenschaftler suchen mehr denn je das Gespräch. Ihre Begegnung spiegelt das hier vorgelegte Werk in ungewohnter Weise. Der Naturwissenschaftler, der Molekularbiologe Hans Joachim Bogen, wagt den Versuch, das Thema »Magie« aus der Sicht seiner Fachdisziplin und mit den unwiderleglich angesehenen Begriffen und Gesetzen von Logik, Physik und Chemie zu durchleuchten.

So gesehen mag verständlich werden, weshalb dieses Buch gerade in diesem Verlagsprogramm erscheint, einem »Programm«, das nur ein vorschnelles Urteil der sogenannten »Esoterik« zuordnen kann; einem Programm, dessen Bücher gerade die Nützlichkeit und Fragwürdigkeit so behelfsmäßiger Begriffe wie »Esoterik« und »Exoterik« deutlich werden lassen. Provisorien der Wahrheit? Aber was ist Wahrheit? Was ist Lüge?

Es scheint, als sei die Geschichte der »Lüge« länger als die der Wahrheit – trotz der kürzeren Beine – und »Aufklärung« jeweils nur die löbliche Säuberungsaktion vor der eigenen Tür der Ratio. Danach nimmt Wahr-nehmung ihr Geschäft wieder auf, überzeugt, die Welt sei begreiflich und zu sagen, wie sehr, nur eine Frage der Zeit. Dabei ist die Begreifbarkeit an ihr gerade das Unbegreiflichste (Einstein): Achillesferse und Sprunggelenk. Hier werden Dualismen geboren, hier ist Tugend, was als scharfe Trennung zwischen Glaube und Wissen nur Notbehelf sein kann.

Wissenschaft wird vom Menschen gemacht. Der Kampf der Wissenschaftler gibt Darwin noch größeres Recht. Und geht es um Psi, wird aus dem Rigorosum gleich ein Tribunal – notgedrungen. Denn die Wechselwirkung zwischen der Wahl des Forschungsobjekts und der geistigen Wesensart des Naturwissenschaftlers ist unverkennbar. Nicht Wissen, Glaube ist im Spiel. Zum Traum der Aufklärung gehört jedoch mehr. Der Fortschritt der Wissenschaft ist nicht bereits mit der Maximierung des Verstandenen gegeben, sondern erst durch die Revision der Bedingungen, unter denen verstanden wird. Die Fülle der Erfahrung wird eine Fülle der Begriffe ablösen müssen. Mit der historischen Entwicklung ändert sich auch die Struktur des menschlichen Denkens.

Die Geheimnissphäre einer Wirklichkeit, die uns umgibt und deren Teil wir selbst sind, alternativ, »exoterisch« oder »esoterisch«, zu erfassen, ist – strenggenommen – eine Form der Scharlatanerie, des Spiels mit Bezügen. Nur, wenn der Prozeß selbst, der vom Außen zum Innen führt, verborgen bleibt, wann wäre dann Scharlatanerie nicht im Spiel?

Die Einsicht in die Grenzen der wissenschaftlich begründeten Aussage wäre der Beginn einer Selbstdarstellung der Wissenschaft. Doch null und nichtig wäre sie, wollte man diese Grenzen festlegen.

Adolf Portmann schreibt in seinem biografischen Rückblick *An den Grenzen des Wissens:* »Nach fünf Jahrzehnten der Arbeit auf mehreren Feldern der Biologie und der Begegnung mit Forschern anderer Geistesart erlebe ich die Ehrfurcht vor dem Geheimnis der Wirklichkeit als die unabdingbare Voraussetzung für eine innere Umstimmung des Geistes der Naturforschung für eine Wandlung, die statt des Herrschaftswissens, das uns vor die äußerste Bedrohung unseres Daseins geführt hat, ein Heilswissen erstrebt, das unser gefährdetes Leben wieder menschenwürdig macht. Zu dieser Umstimmung gehört die Einsicht in die Grenzen der wissenschaftlich begründeten Aussage. Dabei aber verbiete ich es mir selber streng, die Grenzen, um deren Existenz ich weiß, an einem bestimmten Ort ziehen zu wollen. Wir dringen in ein unabsehbares Dunkel ein und leuchten mit unseren Mitteln der Forschung immer neue Sachverhalte an. Niemand weiß, bis wohin ihn dieses Vordringen führt: Aber ich lebe in der Gewißheit, daß die Wissenschaft wohl immerfort noch unbekannte Wegstrecken ausleuchten wird, daß aber auch dann das Dunkel sich vor uns noch immer undurchdringlich weit erstrecken wird.«

Aurum Verlag

Einleitung

Es ist erst ein paar Jahre her, daß ich von einer großen Münchener Buchhandlung einen Spezialkatalog erhielt: »Meditation, Mystik, Magie« – mit fast eintausend Titeln. Seither bringt mir die Post auch von der Konkurrenz ähnliche Verzeichnisse aus den »Grenzgebieten« ins Haus. Die Sendungen werden immer umfangreicher, und die Zahl der Titel liegt nun schon über eintausendfünfhundert: Die Tendenz ist offenbar steigend. Das ist nicht nur bei den Büchern so. Auch Zeitungen, Zeitschriften, Rundfunk und Fernsehen berichten immer häufiger von Übersinnlichem, von Magischem, von immer mehr »Psi«. Selbst die *UFO*-logie (die Sache mit den Fliegenden Untertassen) hat sich nicht etwa totgelaufen, sondern treibt in Büchern, Zeitschriften, Organisationen und Tagungen reichen Blütenflor.

Kein Zweifel: Psi hat Hochkonjunktur. Sie begann nach dem Zweiten Weltkrieg mit den *UFOs* und dem Bermuda-Dreieck, und seit den siebziger Jahren überflutet sie uns förmlich. Was ist das? Kommt das Magische Zeitalter, das irrationale, um das rationale Zeitalter abzulösen, das uns so viel Ärgernis, Verdrossenheit und Ängste gebracht hat? Oder erleben wir nur eine Neuauflage jener Wellen, die in den sechziger Jahren des vergangenen und in den zwanziger Jahren des jetzigen Jahrhunderts – damals unter dem Namen Spiritismus bzw. Okkultismus – gelaufen und wieder verlaufen sind?

(Um gleich eines klarzustellen: Ob ein ungeklärtes Ereignis heute der Magie, dem Okkultismus, der Parapsychologie oder letztlich »Psi« zugeordnet werden soll – darüber gibt es beinahe ebensoviel Ansichten wie (Psi-)Autoren. Überlassen wir es ihnen, ein allgemein akzeptiertes System zu schaffen; bis es so weit ist, können wir unbesorgt fast alle der umstrittenen Begriffe synonym gebrauchen, das heißt »sinnverwandt«.)

Es ist, glaube ich, wichtig, die Entwicklung der Magie mit

Aufmerksamkeit und mit kritischem Sinn zu verfolgen. Es genügt nicht, ein weiteres Buch, vielleicht das zweitausendste, zu schreiben und mit alten und neuen dubiosen Berichten zu füllen. Es genügt aber auch nicht, dem »Wahn der Negation« zu verfallen und alles, was nach Magie schmeckt, als Humbug, Täuschung und Geschäft mit dem »Big Nonsense« abzutun. Ich bin überzeugt, daß es so etwas wie Magie gibt; ich bin aber auch (wie die Grande Dame des Okkultismus, Frau Dr. Fanny Moser) überzeugt, daß 98 Prozent von dem, was uns heute an Übersinnlichem angedient wird, tatsächlich Betrug ist und als solcher gekennzeichnet werden sollte. Was dann übrig bleibt, sieht freilich anders aus als Gabeltricks oder Untertassen. Und ob das dann noch Magie genannt werden soll, wird zu prüfen sein.

Mir kommt es denn auch auf etwas ganz anderes an: Naturwissenschaftler sollten endlich einmal untersuchen, was *hinter* dem heutigen Psi, dem Wunderglauben und der Magie steckt; wo die Welle des Übersinnlichen gezeugt und geboren wurde. Und das nicht bloß aus unverbindlicher Neugierde. Denn: echte Magie – das ist immer eine Sache auf Leben und Tod. Und selbst die modische Psi-Geschäftigkeit, die uns als Neue Welle zu überrollen droht, könnte manchen ertrinken lassen, könnte viele der Realität entfremden, könnte sie zur Ablehnung von Wissenschaft, Technik und Gesellschaft treiben und einem »Alternativen Leben« anheimgeben, das letztlich nichts als Flucht vor dem Unangenehmen, vor der Verantwortung ist und damit »Leistungsverweigerung«.

Dieses Buch soll ein Versuch in dieser Richtung sein. Es muß notgedrungen unvollständig bleiben. Doch schon die wenigen neuen Ansätze, die in den letzten Jahren sichtbar geworden sind, lassen hoffen. Und ich selbst hoffe, daß mir die Leser weiterhelfen mit eigenen Bekundungen und Gedanken (nicht mit neuen, zweifelhaften Wundern aus erster, zweiter oder dritter Hand). Vielleicht gelingt es mit *Ihrer* Hilfe, die Magie – als Gegengewicht gegen die kalte Ratio – vom Showbusineß der »Magier« und ihrer Bestsellerei (= Gewinn-Maximierung!) freizubekommen und ihr zu dem ihr gebührenden Platz in der Gesellschaft zu verhelfen. Selbst wenn dieser nur ein Platz in den mittleren Reihen sein sollte und kein Logenplatz.

I
Amüsement oder Ärgernis?

1. Uri Geller, das Wunder der 1000 verbogenen Gabeln

Erinnern Sie sich noch daran? Es war am 17. Januar 1974, in Wim Thoelkes Fernsehsendung »Drei mal Neun«. Da erschien, in einem kurzen Auftritt und zum ersten Mal in Deutschland, ein junger, sympathischer Israeli namens Uri Geller und zeigte erstaunliche Dinge, vor der Fernsehkamera, vor Millionen von Zuschauern. Als wollte er sich deutlich von den Berufszauberern unterscheiden, trug er weder Frack noch Zylinder noch Zauberstab, war lässig, aber nicht nachlässig gekleidet.

Bühnenerfahren, nahm er eine Gabel, berührte sie leicht – und schon war sie verbogen. Eine andere Gabel wurde nach längerem Streicheln weich und zerbrach schließlich; eine kaputte Uhr fing wieder an zu ticken, während eine andere stehenblieb, und anderes mehr.

Das alles geschah scheinbar ohne jede Gewalt, ohne Schmu, ohne Betrug. Und es geschah nicht bloß auf der Bühne. Denn nach der Sendung meldeten Hunderte von Zuschauern, daß sich auch bei ihnen zu Hause Gabeln und Löffel verbogen hätten, daß stehengebliebene Uhren wieder tickten usw.

Mit der herkömmlichen Physik ist das doch offenbar nicht zu erklären. Und so lag die ebenso simple wie falsche Schlußfolgerung in der Luft, daß hier übersinnliche Kräfte am Werke waren. Endlich war einmal vor aller Augen bewiesen worden, daß es Magie gebe. Und so stieg die Zahl der Magie-Gläubigen (und der Bücher über Magie) plötzlich und sprunghaft an.

Die Magie-Gläubigen unserer Zeit nennen sich gern *Parapsychologen* (*para* griech. = neben, darüber hinaus, *psyche* griech. = Seele, *logos* griech. = Wort, Lehre). Sie haben für die obenerwähnten Geschehnisse eindrucksvolle Bezeichnungen; sie sprechen von Psychokinese (*kinesis* griech. = Bewegung) oder Telekinese (*tele* griech. = fern); oft genug werden die fernwirkenden geheimnisvollen Kräfte summarisch mit Psi benannt. (Psi ist der vorletzte Buchstabe des griechischen Alphabets, steht für *Parapsychologie* und wird dann groß geschrieben.) Im übrigen ist Psi keine Frage der Definition (*finis* = Grenze, Schranke), sondern der Interpretation. *Unaufgeklärtes* wird kurzerhand als Übersinnliches deklariert. Aber lassen wir das sprachliche Imponiergehabe . . .

Indessen, alles gelang Uri Geller auch nicht. Zur Sendung hatte ein Notar einen versiegelten Umschlag gebracht. Geller versuchte herauszukriegen, was sich darin befand – nach dem dritten Versuch gab er auf. Aber das fiel eigentlich gar nicht weiter auf. Und ein alter Lehrsatz der Magie lautet: Ein Erfolg zählt mehr als zwölf Mißerfolge. Er bewahrheitete sich auch in der Bundesrepublik.

Als Uri Geller nach Deutschland kam, war er längst kein Unbekannter mehr. Im Jahr zuvor hatte er in den USA und in England spektakuläre Auftritte, die ihm den Ruf eines Herrn über geheime Kräfte eintrugen. Er begnügte sich nicht mit ein paar Fernsehminuten; in abendfüllenden Veranstaltungen vollbrachte er zahlreiche andere, erstaunliche Dinge:

er verbog Nägel und Schlüssel,
er zerbrach Ringe,
er vermochte Kompaßnadeln zu verdrehen,
er bog Zeiger einer Tellerwaage,
er ließ Streichhölzer über eine Glasplatte gleiten,
er sah mit verbundenen Augen, welche Ziffern vor ihm niedergeschrieben wurden,
er erriet Würfelzahlen,
er erriet Wörter und einfache Zeichnungen, die auf eine hinter ihm stehende Tafel geschrieben wurden, ohne daß er es sehen konnte, und vieles andere mehr.

Freilich, auch hier hatte es nicht immer geklappt. Das Verbiegen gelang nicht, wenn man dafür sorgte, daß Uri Geller die Gegenstände nicht berühren konnte; die Würfelzahlen waren falsch, als ein Journalist eigene Würfel mitbrachte und benutzte. Doch angesichts der anderweitigen, so eklatanten Erfolge konnte man leicht darüber hinwegsehen. Ist nicht schließlich allgemein bekannt, daß solche unglaublichen Leistungen nicht immer auf Kommando wiederholt werden können? Das sprach doch alles gegen gewöhnliche Zaubertricks!

Geschichten aus der Vorgeschichte des Magiers

Bevor wir uns mit den »Wundern« des Psi-Begabten näher befassen, sollten wir uns noch ein wenig über Uri Gellers Person informieren. Wer war er, der so souverän über geheime Kräfte gebot?

Geboren 1946 in Tel Aviv, aufgewachsen zunächst im Kibbuz, später auf Zypern, sprachbegabt, eine Zeitlang im Nachrichtendienst der israelischen Armee tätig, im Sechstagekrieg verwundet, ließ er es sich schon früh angelegen sein, durch hartes Training seine Finger zu kräftigen und gelenkig zu halten. So sagte man ihm dann alsbald nach, er habe Hände wie ein Schraubstock. Und ebenso früh suchte er sich auch seine Mitarbeiter: Shipi (Shimson) Strang, einen Jungen aus einem Ferienlager, und seine sechzehnjährige Schwester Hannah. 1969 begann er, sich selbst Zaubertricks einzuüben, zusammen mit Shipi, und bald war er so weit, daß er in Varietés und Nachtklubs auftreten konnte – erfolgreich und mit immer höheren Gagenforderungen. Sein erster Manager, Baruch Kantoni, vermochte ihn bald nicht mehr zu bezahlen; daraufhin wechselte Uri Geller zum »Solan«-Theater über.

Seine große Karriere begann aber erst, als Dr. Andrija Puharich auf ihn aufmerksam wurde. Puharich ist ein amerikanischer Neurologe und Parapsychologe (jugoslawischer Abstammung), der im US-Bundesstaat Maine mit verschiedenen Psi-Begabten experimentierte. Er testete Geller im August 1971 in Tel Aviv, als der im Nachtklub Zorba in der Nähe von Jaffa auftrat. Puharich ließ sich zunächst nicht sonderlich beeindrucken; nach einer Privatvorstellung änderte er aber seine Meinung und war nun begeistert von Uri Gellers vielseitigen Fähigkeiten. Er verschaffte ihm Yasha Katz als Manager, organisierte eine Amerikareise, ließ ihn im Stanford Research Institute testen und präsentierte ihn dann in zahlreichen Städten der USA als Gedankenleser und Gedankenübertrager. Soviel zur Person.

Überprüft man Uri Gellers *Taten* unvoreingenommen, so stellt man bald fest, daß er nur zeigt, was die Berufszauberer und Illusionisten schon immer vorgeführt haben, nämlich Zaubertricks – diese allerdings in Vollendung und mit bemerkenswerten schauspielerischen Fähigkeiten:

● Eine Kompaßnadel läßt sich allein durch Gewichtsverlagerung und Druck auf den Kompaßboden ablenken. Dies führte z. B. George Lawrence vor, unmittelbar nachdem Geller diesen Erfolg verbuchen konnte. Lawrence ist Vertreter der Abteilung für wissenschaftliche Forschungsprojekte des Pentagon; zusammen mit dem Psychologie-Professor Ray Hyman (Universität Oregon) und dem Parapsychologen Robert Vande Castle (Universität Virginia) beobachtete er die Geller-Testversuche im Stanford-Institut, ebenso wie übrigens der ehemalige Astronaut Edgar Mitchell (darüber wird noch zu sprechen sein). Dazu eine Anmerkung: Das Stanford Research Institute erhält des öfteren Forschungsaufträge der Regierung, gehört aber nicht direkt zur Stanford University.

● Durch Beobachten des schreibenden Armes oder des oberen Bleistift-Endes konnte Hyman die geschriebenen Zahlen ebenso schnell ansagen wie Uri Geller, obgleich beide den Schreibblock nicht einsehen konnten.

● Wenn auf eine Tafel hinter Geller Wörter geschrieben oder einfache Zeichnungen gemacht werden, so signalisieren ihm – in der öffentlichen Veranstaltung, versteht sich – ein oder mehrere Gehilfen, was zu erraten ist: Shipi also oder Hannah. Bemerkenswert ist denn auch Gellers Reaktion auf den Vorschlag, die Wörter sollten auf die *Rückseite* der Tafel geschrieben werden, so daß sie vom Saal aus nicht zu sehen waren: Erst ignorierte er den Vorschlag, dann wurde er wütend, und schließlich brach er die Veranstaltung (eine Fernsehsendung) ab.

● Daß viele Uhren, die lange Zeit unberührt gelegen haben, für kurze Zeit wieder gehen, wenn man sie in die Hand nimmt,

20

weiß jeder Uhrmacher. Und jeder Uhrmacher weiß auch, daß es bei manchen Uhren nicht klappt, ebenso wie gelegentlich bei Uri Geller.

Die ominösen Gabeln

Aber wie geht es nun beim Gabelbiegen zu? Hier haben sich viele Beobachter täuschen lassen, die Geller entlarven wollten, weil sie glaubten, seinen Trick zu kennen. Gellers Stärke liegt darin, daß er abwechselnd *mindestens* fünf verschiedene Tricks anwenden kann:

Trick 1: Die Gabel wird durch die Kraft der Finger verbogen, in einem Augenblick, wo die Beobachter (vorsätzlich) abgelenkt werden. Das ist übrigens bei vielen Zauberkunststücken so. Nicht die Geschwindigkeit macht es, sondern das Ablenken der Aufmerksamkeit. Dadurch entgeht der Trick der Wahrnehmung. Wenn dann der Zauberer scheinbar zaubert, ist der Trick längst gelaufen.

Diesen ersten Trick konnte jedermann eindeutig erkennen, als bei einer späteren Wiederholung jene Fernsehaufzeichnung aus »Drei mal Neun« in Zeitlupe gefahren wurde: Geller drückte ganz kurz und kräftig mit einem Finger auf die Gabel. Damit bestätigt sich die Feststellung der Fachleute von der Stuttgarter Materialprüfungsanstalt. Sie sagten nach gründlicher Prüfung eines durch Uris Kräfte verbogenen Löffels: »Da hat einer kräftig mit dem Daumen gedrückt, sonst nichts.«

Trick 2 (angewandt im Interview mit dem *Spiegel*): Massiert man die Gabel an der von vornherein vorhandenen Biegung (eine Stelle besonderer Spannung) mit einer Lösung von Quecksilbernitrat, so wird diese Stelle nach kurzer Zeit weich, und schließlich bricht die Gabel. Die Bruchstelle zeigt dann das gleiche Feingefüge wie die einer Original-Geller-Gabel, die der *Spiegel* der Bundesanstalt für Materialprüfung in Berlin zur Untersuchung übersandte. Anstelle von Quecksilbernitrat kann man auch einen sogenannten Salzbildner (»Halogén«, nämlich Fluor, Chlor,

Brom oder Jod) nehmen. Solches tat Redakteur Don Coolican vom Londoner *Daily Express* mit Erfolg. Er tat noch ein übriges und verriet, woher er den Trick kannte: ausgerechnet von einem israelischen Offizier, der auf den Golan-Höhen Dienst tat – er war im Zivilberuf Zauberer! (Schon 1895 wurde beim Gabelbiegen mit Ätzmitteln gearbeitet.)

Trick Nummer drei ist zugleich der einfachste: Die Gabel (der Nagel, der Schlüssel . . .) ist bereits vor Versuchsbeginn ein wenig gebogen, wird aber zunächst so gehalten, daß es die Zuschauer nicht sehen können. Durch langsames Drehen (vielleicht auch Drücken) kommt die Krümmung allmählich zum Vorschein. Das sieht dann so aus, als ob sich die Gabel *während der Vorführung* biegt – und das ist besonders eindrucksvoll, wenn Uri Geller dabei laut ruft:»Bend, bend, bend (bieg dich!).«

Bei Trick 4 wird eine Gabel anderweitig präpariert; nämlich vor dem Experiment 20- bis 30mal gebogen, so daß es schließlich während der Vorstellungen nur noch weniger Biegungen bedarf, bis die Gabel bricht. (Im Fernsehen vorgeführt von James Randi, s. S. 24.

Wenn Geller es sich ganz leicht macht (oder keine Gelegenheit hat, eine Gabel gemäß Trick 4 vorzubereiten), verwendet er Gabeln, die, als Zauberrequisiten gedacht, bereits beim ersten Biegen brechen – eine französische Firma produziert sie und vertreibt sie an Spielwarengeschäfte. Und wer will voraussagen, welcher Nummer sich Geller gerade bedient?

Sie werden fragen, wie es möglich ist, die Zuschauer mit solchen Praktiken und Gabeln zu täuschen. Die Gabeln werden doch jedesmal vor der Darbietung kontrolliert! Bei Wim Thoelke hat sie das ZDF sogar selbst beschafft, und die Kamera hatte sie auch gezeigt. Nur mußte sie, wie beim Fernsehen üblich, auf Uri Geller, auf Wim Thoelke, auf seine Assistentinnen, auf den Notar usw. schwenken. Und was in dieser Zeit mit den Gabeln geschah, bleibt im dunkeln.

Bei den ersten Tricks der Liste genügt es, eine »ordentliche« Gabel in einem unbeobachteten Moment kurz, aber kräftig gegen die Tischkante zu drücken oder mit dem Daumen zu biegen. In den anderen Fällen reicht schon eine bescheidene Fingerfertigkeit, um eine präparierte Gabel aufs Tapet zu bringen, aus dem Hemdsärmel oder einer Seitentasche zum Beispiel.

Schwieriger wird es erst, wenn Geller es ganz besonders spannend machen (und zugleich die Kontrolle unterlaufen) wollte. Er bot dann der Versuchsperson gleichzeitig zwei Gabeln an, eine normale und eine präparierte. Wie konnte er die Versuchsperson dazu bringen, gerade die präparierte und nicht etwa die andere Gabel auszuwählen?

Da gibt es viele Wege, eine solche Wahl zu »erzwingen« (sogenannte »Forciermethoden«). Zum Beispiel: Der Zauberer hält die präparierte Gabel näher an die Hand der Versuchsperson als die andere. Oder, wie bei Wim Thoelke: Geller ließ dessen Assistentin Rabea beide Gabeln an der Spitze anfassen. Dabei befand sich seine linke Hand ganz nahe der rechten Hand von Rabea, die die präparierte (zu »forcierende«) Gabel berührte, seine rechte Hand hingegen weit entfernt von Rabeas linker Hand (mit der unpräparierten Gabel). Dann fragte er, in welcher Hand sie mehr »Kräfte« (Handwärme!) fühle. Die Antwort lautet in solchen Fällen fast immer: »In meiner rechten.« Weil das aber bei Rabea nicht gleich klappte, stellte Geller die Suggestivfrage »In der rechten Hand?«. Prompt kam das Ja. So einfach kann das sein.

Eines muß ich gestehen: Ich selbst habe das nicht durchschaut. Und wenn Sie die Sendung gesehen haben, wird es Ihnen auch entgangen sein. Nicht so Werner Geissler-Werry, einem Fachmann, den wir alsbald kennenlernen werden. Deshalb ist es unerläßlich, daß kompetente Fachleute kontrollieren; Wissenschaftler aus anderen Fachgebieten werden ganz leicht getäuscht – wofür ja der Verfasser sich selbst gerade als Beispiel vorgestellt hat.

Daß es sich bei *allen* Geller-Kunststücken um Zaubertricks handelt, haben mehrere des Handwerks Kundige nachgewiesen. So z. B. der kanadische Berufszauberer James Randi, der jede Form von parapsychologischem Schwindel bekämpft. In einer Extravorstellung für die Zeitschrift *Time* führte er sämtliche Geller-Tricks vor, ebenso im Stanford-Institut, wo er, wie wir schon gesehen hatten, mit Professor Hyman als Beobachter Uri Gellers geladen war. Hyman berichtete dann in der Zeitschrift alles ganz genau. Schließlich hat Randi auch bei uns Geller-Tricks vorgeführt, in Hoimar von Ditfurths Fernsehserie »Querschnitt« (1978). Und schon sehr früh hatte ein Zauberer namens Ayalon in Israel Geller nachgeahmt – übrigens als Nachfolger Gellers im Theater von Baruch Kantoni.

Die Angst vor dem Fachmann

Und was ist mit Geissler-Werry? Er gibt die Zeitschrift *Magische Welt* heraus, stellt Zauberrequisiten her und zaubert selbst. Er kennt sich also gut aus. Der *Spiegel* versuchte, Geller dazu zu bewegen, seine Künste zu wiederholen, und zwar in Gegenwart von Geissler-Werry, der ihm ja buchstäblich auf die Finger sehen wollte. Geller lehnte ab.

Das ist kein Einzelfall. Genau das gleiche passierte in den USA, als der Nachrichtendirektor der Fernsehgesellschaft Metromedia (New York), Ted Kavanau, von Milbourne Christopher wissen wollte, was es mit Geller auf sich habe. Christopher ist Amerikas bekanntester Berufszauberer, ein Mann mit Auftritten in 68 Ländern und Vorsitzender des »Untersuchungsausschusses für Okkultes« in der Gesellschaft Amerikanischer Zauberer. Er wollte gern dabei sein, wenn die Reporter und Kameraleute einen Film über Uri Gellers Künste drehten. Der Produzent fragte bei Geller an, erhielt aber eine Absage. Geller versicherte, ihm sei jeder beliebige Mitarbeiter von Metromedia willkommen, nicht aber Christopher.

Und als der *New Scientist*, die seriöse englische Zeitschrift, Geller einlud, vor einem Ausschuß aufzutreten, dem ein Mitglied der altberühmten Society for Psychical Research (Gesellschaft für Psychische Forschung), ein Biologe, ein Reporter und ein »Berufszauberer von internationalem Ruf« angehören sollten, nahm Geller die Einladung gleichfalls nicht an.

Auch die *Zeit* (Thomas v. Randow) hatte mit einer telegrafischen Einladung (Rückantwort bezahlt) und 100 000 DM keinen Erfolg. Weshalb diese Scheu vor den Fachleuten?

24

Wir haben bisher nur berichtet, daß Geller Zauberkunststücke in ausgezeichneter Manier vorführt. Aber das ist nicht die ganze Wahrheit (wobei Wahrheit eigentlich in Anführungszeichen stehen müßte), und damit würde sich Geller auch nicht zufrieden gegeben haben. Geller behauptet nämlich, daß er überhaupt nicht mit Tricks arbeite. Vielmehr verfüge er über »Außersinnliche Wahrnehmung« (ASW) und habe übersinnliche Kräfte. Diese sollten ihn beispielsweise befähigen, Zeichnungen oder aufgeschriebene Wörter zu erkennen, ohne sie zu sehen. Seine Metallverbiegungen sollten auf Psychokinese beruhen. Und seine fernwirkenden (telekinetischen) Kräfte, so behauptete er, stammten aus dem Weltraum, ausgestrahlt von einem Raumschiff namens Spectra, das so groß sei wie eine ganze Stadt. Es komme von dem Millionen von Lichtjahren entfernten Planeten Hoova und werde eines Tages auf der Erde niedergehen. Mit diesen Kräften könne er Blei in Gold verwandeln, Hunde verschwinden und Fernsehkameras schweben lassen. Und was die Berufszauberer angehe, so versuchten die doch bloß, ihn mit Tricks nachzuahmen.

Des weiteren verfügt Geller über einen reichen Schatz an Anekdoten, und es gibt viele Zuhörer, die seine Geschichten für viel amüsanter halten als all seine Kunststücke. Dazu gehört die Mär von seinem ersten Besuch in Deutschland im August 1972. Da habe er zusammen mit seinem Bruder auch das Gelände der Olympischen Spiele in München besichtigt, noch vor der Eröffnung. Das helle Licht sei ihm lästig gewesen, und so habe er, einfach durch Schnippen mit den Fingern, alle Glühbirnen und Leuchtstoffröhren erlöschen lassen. 1974 behauptete er, durch Gedankenübertragung den französischen Kreuzer »Renaissance« zum Stehen gebracht zu haben – und noch mancherlei andere Münchhausiaden.

Besonders eindrucksvoll war sein Auftreten am Abend des 28. Septembers 1970 abends im »Solan«-Theater. Er begann zu taumeln, sagte, er sei krank, und er glaube zu fühlen, daß Gamal Abd el Nasser, Ägyptens Staatsoberhaupt und erbitterter Feind Israels, gestorben sei. Tatsächlich erfuhren die Zuschauer nach der Vorstellung vom Tode des ägyptischen Präsidenten. Erst vier

Jahre später kam dann heraus, daß sich ein gewisser Danny Peletz am fraglichen Abend hinter der Bühne aufgehalten und gehört hatte, wie jemand die Nachricht im Radio abhörte und sie an Uri Geller weitergab.

Ein andermal wieder erzählte er, Andrija Puharich habe ihn bei einem Besuch in New York aufgefordert, sich astral (von lat. *astrum* = Stern; im Okkultismus ist das Astrale das Nicht-Körperliche, Nicht-Materielle) nach Brasilien zu begeben und von dort ein Beweisstück mitzubringen. Geller zeigte eine brasilianische Münze vor. Eine noch größere Zumutung ist die Aussage, er habe sich vor kurzem astral auf einer fernen Insel aufgehalten; diesmal diente als Beweisstück ein bißchen Sand, den er aus den Schuhen rieseln ließ!

Nun, manche dieser phantastischen Geschichten, die er in der Bundesrepublik wohlweislich nicht von sich gab, gehen wohl auf Dr. Puharichs Konto; in letzter Zeit jedenfalls distanziert sich Geller etwas vom Planeten Hoova und vom Raumschiff Spectra. Aber von seinen übersinnlichen Kräften spricht er noch immer. Daran hindert ihn auch nicht sein Geständnis (in einer Fernsehaufzeichnung, 1974 in Israel gesendet), daß er bei seinen ersten Auftritten in Israel geschwindelt habe, denn er fügte sogleich hinzu, seither habe er sich immer auf seine geheimen Kräfte verlassen können.

Bisher ist noch fast jeder Psi-Begabte irgendwann beim Mogeln ertappt worden – ich könnte eine schier endlose Liste einfügen. Sonderbarerweise ist das für viele Psi-Gläubige und Parapsychologen kein Grund, an den übernatürlichen Kräften der Medien zu zweifeln. Sie argumentieren meist, daß das Medium (latein. *medius* = der Mittlere, der Mittler, also hier ein Vermittler zwischen der realen und der übersinnlichen Welt) immer *unter Erfolgszwang* stehe. Wenn es gerade »nicht aufgelegt« ist, wenn die psychischen Kräfte einmal nicht ausreichen, dann muß eben notfalls zum Trick, zum Betrug gegriffen werden; der Ruf des Mediums darf und soll ja nicht leiden.

Andere wieder sehen das so: Wenn ein Medium einmal versagt – wie das gelegentlich auch bei Uri Geller der Fall ist –, dann sei das ja gerade ein Beweis für die Echtheit der Phänomene, weil ein Betrüger stets gemogelt haben würde. Schließlich sei doch bekannt, daß Psi-Begabte genau wie Künstler sensibel seien und ihre Kräfte nicht immer und auf Kommando einsetzen könnten, *schon gar nicht* unter den Bedingungen eines wissenschaftlichen Labors oder eines Fernsehstudios. Das heißt mit anderen Worten: Wenn ein Erfolg ausbleibt, so ist das eben doch ein Erfolg. Wer soll sich da noch auskennen!

Bislang ist Uri Geller jedenfalls jeden Beweis für seine übernatürlichen Kräfte schuldig geblieben; mit Magie, mit Psi hat das alles nichts zu tun. Insofern möchte es scheinen, als ob wir Geller viel zuviel Ehre antun.

Parapsychologie für den Kriegsfall

Nun, das Pentagon hat bzw. hatte eigene Gedanken über Psi, ebenso hohe sowjetrussische militärische Dienststellen. Das Pentagon lud schon Anfang der fünfziger Jahre, also lange vor Uri Gellers Auftritten, führende Parapsychologen zu Diskussionen über die Möglichkeit ein, außersinnliche Wahrnehmungen (ASW) im militärischen Bereich zu verwenden. Unter ihnen war übrigens auch Dr. Puharich, und bei dem auf S. 20 erwähnten Test am Stanford-Institut war ja auch ein Vertreter des Pentagon anwesend.

Es ist selbstverständlich, daß die Militärs jede auch noch so ungewisse Möglichkeit der ASW daraufhin überprüfen (müssen), ob sie womöglich für militärische Zwecke zu nutzen sei; man dachte u. a. daran, mit Hilfe von Psi Informationen an U-Boote zu übermitteln – durch »Gedankenübertragung«. Daß daraus die Psi-Gläubigen sogleich den Schluß zogen, ASW sei erwiesen, die Ergebnisse würden bloß von den Militärs geheimgehalten, ist symptomatisch und wird uns noch mehrfach beschäftigen.

Indessen, Brauchbares scheint dabei nicht herausgekommen zu sein. Die NASA, die amerikanische Weltraumbehörde, hatte 1970 einen Antrag der Amerikanischen Gesellschaft für Parapsychologische Forschung auf Durchführung eines ASW-Experimentes abgelehnt. Der Astronaut Edgar Mitchell, selbst begeisterter Parapsychologe, unternahm deshalb auf eigene Faust (und in der Freizeit) einen Versuch, und zwar während des Mondfluges von Apollo 14 (31. Januar 1971). Der Erfolg war sehr zweifelhaft (mehr darüber auf S. 29, aber Mitchell ist nicht entmutigt. Er glaubt auch an Uri Geller; er gab sogar Geld, um den von Puharich gestarteten Testversuch am Stanford-Institut mit zu finanzieren.

Eines ist auf jeden Fall sicher: Sollte das Pentagon dennoch weiter mit ASW experimentieren, so würde das als Staatsgeheimnis behandelt. Es überrascht daher nicht wenig, daß 1979 ein Buch *Psi als Staatsgeheimnis* erschien, in dem die Autoren Henry Gris und William Dick ausführlich berichten, wie sie auf mehreren Reisen in die *Sowjetunion* mit 62 Aktivisten der Psi-Forschung zusammenkommen durften: Astrophysikern, Physikern, Mathematikern, Philosophen, Gedankenlesern, Heilern, Hellsehern usw. – und das alles mit ausdrücklicher Erlaubnis und Leitung durch die amtliche Presseagentur Nowosti (ein Propagandainstrument der Regierung), das die ausländischen Pressevertreter der UdSSR betreut.

Nun, die letzten militärischen Geheimnisse dürften den Herren Gris und Dick ganz gewiß nicht enthüllt worden sein, wohl aber durften sie Varietékünstler, Fingerleser und ähnliche »Zauberer«besuchen – Medien, über die in der westlichen Presse schon lange berichtet wird, meist äußerst kritisch. Kein Wunder, daß das Buch selbst von einem Mitglied des Instituts für Psychologie und Grenzgebiete der Psychologie der Universität Freiburg im Breisgau (das Ordinariat hatte, bis zu seiner Emeritierung 1975, der bekannte Parapsychologe und »Geisterprofessor« Hans Bender inne) einer vernichtenden Kritik unterzogen wurde. Dennoch: Psi ist im Kommen, zumindest bei den Büchermachern. Aber noch einmal zurück zu Uri Geller.

Fernwirkung aus der Konserve

Wir hatten schon vernommen, daß Gellers fernwirkende Kräfte – bei Fernsehsendungen – sich über den Zuschauerraum hinaus weit ins Land bemerkbar machten, gleich ob in den USA, in England, in Skandinavien oder in der Bundesrepublik – regelmäßig meldeten Hunderte von Zuschauern Biege- und Uhrenphänomene: Uhren liefen zum Teil rückwärts, die Pinzette eines Uhr-machers verbog sich, die Suppenkelle einer Hausfrau wurde krumm, desgleichen Haarnadeln, Schreibtischschlüssel, Papier-messer. Ja, eine Frau behauptete sogar, sie habe gefühlt, wie sich ihr Pessar verbog; später sei sie dann schwanger geworden.

Sicherlich waren manche darunter, die sich bloß wichtigma-chen und ihren Namen in der Zeitung gedruckt sehen wollten. Wahrscheinlich war die Suppenkelle schon vorher krumm, wie auch die Haarnadeln und die Schreibtischschlüssel. (Sehen Sie doch jetzt gleich einmal Ihren Gabelvorrat durch: Vielleicht finden Sie eine verbogene mit krummen Zinken?) Und daß beispielsweise Uhren mit sogenannten Synchronmotoren nach kurzem Stromausfall entweder normal weiterlaufen oder rück-wärts (50:50), ist jedem bekannt, der eine solche Uhr besitzt. Aber ist damit schon alles geklärt? Eines sollte immerhin zu denken geben: Von *zerbrochenen* Gabeln (Gellers Spezialität) war nie die Rede.

Vielleicht bringt uns weiter, was am 15. Januar 1974 geschah, in der englischen Fernsehsendung »Muß man glauben, was man sieht?«. Wie üblich kamen am nächsten Tag Erfolgsmeldungen aus Hunderten von Haushalten. Aber: die Sendung war gar nicht live ausgestrahlt worden; es handelte sich vielmehr um die *Auf-zeichnung* einer Veranstaltung vom November 1973! Und trotz-dem Fernwirkungen? Sollten die außersinnlichen Kräfte auch von Magnetband-Konserven ausgehen, Wochen nach Gellers Taten? Oder muß man ganz einfach mit Selbsttäuschung und Massensuggestion rechnen? *Wollen* manche Zuschauer glauben, daß Uri Geller Reales vollbringt?

Gerade umgekehrt war es bei Mitchells Experimenten wäh-rend des Mondfluges von Apollo 14: Wegen einer Startverzöge-rung konnte sein »Sendefahrplan« erst etwa 40 Minuten später abgewickelt werden. Gleichwohl empfingen seine Partner *zur verabredeten* Zeit Botschaften – zu einer Zeit also, als sie noch gar nicht gesendet waren!

Die Parapsychologen bringt solche Zeitverschiebung nicht in Verlegenheit. Weil sich die Physiker mit dem Zeitbegriff schwer tun, stellen die Psi-Leute ihn einfach in Frage. Sie begründen eine Synchronizitäts-Theorie und behaupten, synchron (von *syn* griech. = zusammen, *chronos* griech. = Zeit) bedeute gar nicht gleich*zeitig*, sondern gleich*sinnig*. Damit meinen sie, daß Gleiches bzw. Gleichsinniges sich auch zu *verschiedenen* Zeiten ereignen könne. Wir werden dieser Ausrede noch im Bermuda-Dreieck begegnen.

Aber wir wollen schon hier festhalten, daß derlei aus der Luft gegriffene Behauptungen unredlich sind – ebenso unredlich, wie wenn Geller vorgibt, Psi-Kräfte zu haben und sein zahlendes Publikum vorsätzlich täuscht. Man muß das aufs schärfste verurteilen.

Das meinte übrigens auch der Friedensrichter von Beersheba. Der Kläger, Uri Goldstein, verklagte Geller, weil er keine übernatürlichen Kräfte der Telepathie (Gedankenübertragung), Parapsychologie und Telekinese (Fernbewegung) gezeigt habe, sondern nichts als Taschenspieler- und Bühnentricks. Der Richter verurteilte Geller, das Eintrittsgeld zurückzuzahlen und die Gerichtskosten zu übernehmen. Das ist aber wohl der einzige Fall, daß Geller verurteilt wurde.

Aber es bleiben noch Fragen offen

Was also bleibt übrig bei unserer Suche nach der Magie? Im Fall Uri Geller jedenfalls nichts. Aber das war ja eigentlich auch gar nicht zu erwarten. Daher ging es uns im Grunde genommen nicht so sehr um Gellers »Entlarvung«. Die ist von berufener Seite oft genug besorgt (und von der anderen Seite totgeschwiegen) worden. Es sollte nur gezeigt werden, wie leicht Menschen hinters Licht zu führen sind, und wie leicht und gern sie sich hinters Licht führen lassen. Und da erheben sich plötzlich ganz andere Fragen. Mit ihnen müssen wir uns befassen, weil sie bei allen Psi-Phänomenen regelmäßig wiederauftauchen.

Da ist erstens die Frage nach der »gesellschaftspolitischen Relevanz« oder, weniger ideologisch verblasen ausgedrückt: Wem – außer den Veranstaltern – nützt es, wenn Gabeln verbogen, Streichhölzer bewegt, Uhren kurzfristig zum Ticken gebracht werden, wenn Füllfederhalter, Medaillons oder Hunde verschwinden und wieder auftauchen? Wenn Geller wirklich übersinnliche Kräfte hätte und außersinnliche Dinge und Vorgänge wahrnehmen könnte (ASW) – weshalb verwendet er diese Fähigkeiten nicht für Nützliches? »Bringt eine krumme Gabel die Gesellschaft voran?«

Abb. 1

»Geller war hier.«

Daily Mirror

Natürlich sind solche Fragen auch an Geller gerichtet worden, insbesondere während des Jom-Kippur-Krieges 1973: Warum verbiegt er nicht einfach die feindlichen Panzer und Kanonen, so wie auf der Karikatur dargestellt? Es spricht für Geller, daß er diese Frage nicht kaltschnäuzig abtat, sondern noch verlegen werden konnte. Er antwortete, er sei erst noch am Anfang, sei noch nicht so weit. (Oder sollte er im Ernst solche Arbeit für überflüssig gehalten haben, weil seiner Meinung nach Israel keinen Krieg verlieren könne; es sei nämlich durch ein unsichtbares Stromfeld geschützt, das von den Großen Pyramiden gespeist werde? – Hier glaubt man, im Hintergrund Erich von Dänikens Stimme zu vernehmen.)

Die zweite Frage betrifft die Berufszauberer. Wie wir mehrfach festgestellt haben, sind es gerade die angesehensten unter ihnen, die alles daransetzen, Schwindler zu entlarven: Houdini, Randi, Christopher, Geissler-Werry, Hübenthal u. a. Freilich, ihre eigenen Tricks verraten sie nur selten; das widerspräche ihrem Ehrenkodex, und außerdem wollen sie ja »im Geschäft« bleiben. So hat auch Milbourne Christopher zwar viele »fremde« Tricks erklärt. Aber wie er es fertigbrachte, im Jahre 1957 die Gewinnzahl für den 100 000-Dollar-Gewinn der kubanischen Staatslotterie (noch unter dem von Fidel Castro verjagten Batista) vorherzusehen, aufzuschreiben, in einem Umschlag zu verschließen und diesen dann deponieren zu lassen – das bleibt sein Geheimnis. Daher wollen auch die Zuschauer nicht glauben, daß es alles mit rechten Dingen zugehe, ohne Psi. Sie versichern immer wieder: »Aber Sie *haben* doch übernatürliche Kräfte!« Christopher berichtet folgende amüsante Geschichte: »Ich hatte der Presse gesagt, daß ich kein Medium, sondern ein Zauberkünstler sei, und daß man als solcher ohne weiteres unmöglich erscheinende Tricks vollbringen könne. Ein Sensationsblatt berichtete dennoch, daß ich der siebte Sohn eines siebten Sohnes sei und seit meiner Geburt alle möglichen Wunder vollbracht hätte.«

Ähnlich argumentieren manche Parapsychologen; sie meinen, die Berufszauberer bedienten sich in Wirklichkeit geheimer Kräfte, ohne es zu wissen. Die Trickkünstler jedoch weisen das stets energisch von sich – aber »beweisen Sie mal, daß Sie kein Medium sind«!

Weshalb Zauberer darauf bestehen, alles mit rechten Dingen zugehen zu lassen, hat mehrere Gründe. Berufsehre, Berufsstolz und Ehrgeiz sind sicher darunter. Sie halten es für unehrlich, ihrem Publikum Übersinnliches vorzutäuschen; sie setzen ihren Stolz darein, aus eigener Kraft und Geschicklichkeit immer weniger wahrscheinliche »Wunder« zu vollbringen, und sie haben den Ehrgeiz, im hellen Rampenlicht das zu zeigen, was die meisten Medien nur im dunkeln oder bei schummrigem Rotlicht zuwege bringen. (Anmerkung: Unter »Medien« sollen hier nicht die modernen Massenmedien wie Presse, Radio, Fernsehen verstanden werden, obgleich auch sie »vermitteln«; ein Medium im Sinne des Okkultismus ist eine mit außersinnlichen Kräften begabte Person, die zwischen dem Übernatürlichen und Natürlichen vermittelt.)

Das dritte Problem hat Philosophen, Psychologen und Psychoanalytiker schon seit langem beschäftigt: Wie kann es immer wieder zu Massensuggestion kommen? Was bringt friedliebende Bürger dazu, in ihren Besteckkästen nach krummen Gabeln zu suchen (und sie auch zu finden!)? Sind diese Bürger womöglich insgeheim auf der *Suche nach dem Wunder,* nach dem Abenteuer, nach dem Schauer des Unheimlichen und Gefährlichen?

Auf diese Frage werden wir erst viel später antworten können, ebenso wie auf die vierte und vorläufig letzte Frage, die damit eng zusammenhängt: Weshalb sind Uri Gellers Vorstellungen noch immer voll besucht? Wissen denn die Zuschauer nicht, daß Geller seit langem »entlarvt« ist, oder wollen sie es nicht wissen? Geht es in Wirklichkeit ums Glauben*wollen* und nicht um Argumente, um das Irrationale und nicht um das Rationale? Sind die Gläubigen unbelehrbar?

Magie haben wir jedenfalls bei Geller nicht gefunden, trotz aller »Wundertaten« und aller großen Worte. Es sei denn, wir entschlössen uns zu einem radikalen Schritt und fragten: Vielleicht liegt das Magische gar nicht bei den Parapsychologen, den Psi-Begabten, den ASW-Leuten, sondern in uns selbst, in unserer Bereitschaft, neben der sinnlichen Erfahrung auch außersinnliche Erfahrung/Wahrnehmung gelten zu lassen, neben der naturwissenschaftlichen Kausalität (*causa* latein. = Sache, Ursache) »akausale« (latein.: Vorsilbe a- = nicht) *Sinn*zusammenhänge zu respektieren? Dann sprächen die Magier, die echten wie auch die falschen, lediglich unsere *Bereitschaft zur Magie* an?

Das ist einstweilen nicht mehr als eine Vermutung, ausgesprochen in der nicht unbegründeten Hoffnung, daß wir sie im Verlaufe unserer weiteren Untersuchungen bestätigen können. Sollte uns das gelingen, dann erwiese sich die Magie als uraltes menschliches, ja vielleicht sogar vormenschliches Erbe, halb verschüttet, aber immer noch wirksam – eine ernste Sache, bei der es um Leben und Tod gehen kann, nicht aber um zerbrochene Gabeln, verbogene Pessare und andere Albernheiten – ganz zu schweigen vom Bermuda-Dreieck, von dem noch in aller Ausführlichkeit die Rede sein wird.

2. Das Bermuda-Dreieck
»Der größte Bär, den man uns je aufzubinden versucht hat«

Zufällig (?) zu der Zeit, als Uri Gellers Stern am hellsten strahlte, breitete sich über die ganze westliche Welt die Legende vom Bermuda-Dreieck aus. In einem Gebiet ungefähr zwischen den Bermuda-Inseln, der Halbinsel Florida und Puerto Rico, der kleinsten unter den Großen Antillen, sollen sich seltsame Dinge abspielen: Schiffe und Flugzeuge verschwinden spurlos, sie funken nicht mehr SOS (Morsealphabet) oder Mayday (Funksprechverkehr – internationaler Notruf, verballhornt aus dem französischen veuillez m'aider – ausgesprochen medé = helft mir), und es gibt weder Überlebende noch Leichen noch Wrackteile, nicht einmal einen Ölfleck. Diese Unglücksfälle sind von mysteriösen Umständen begleitet, und sie ereignen sich so häufig, daß nicht mehr von Zufällen gesprochen werden kann.

Die Sache mit dem Bermuda-Dreieck wird meist als allgemein bekannt dargestellt. Das stimmt nicht, denn nur Seeleute haben dem fraglichen Gebiet – seit längerem – einen besonderen Namen gegeben: »Teufelsdreieck« – vor allem, weil dort das Wetter besonders oft und tückisch umschlägt. Wirklich bekannt wurde es eigentlich erst durch einige Bestseller:

- I. W. Spencers *Limbo of the Lost (Kerker der Verschollenen)*, 1969, und insbesondere durch
- Charles Berlitz' *The Bermuda Triangle*, 1974, 1978 ins Deutsche übersetzt, und dessen zweiten Aufguß
- *Without a Trace (Spurlos)* 1977 bzw. 1980.

Der Name *Bermuda*-Dreieck ist auch nicht viel älter; er stammt aus den sechziger Jahren. Richtig ist hingegen, daß das fragliche Gebiet seit langem als ein Schiffsfriedhof gilt, als ein Fleck im Meer, auf dem besonders viele Schiffe verunglücken und Schiffswracks sich ansammeln, mehr als in anderen Bereichen.

Insofern ist das Bermuda-Dreieck eigentlich gar nichts Besonderes, weil es zahlreiche Schiffsfriedhöfe auf der Welt gibt. Die

Elbmündung z. B., das Sargasso-Meer, das sich im Osten an das Bermuda-Dreieck anschließt, oder das Karibische Meer, südlich davon angrenzend (in dem ja fortlaufend nach alten spanischen, mit Gold beladenen Galeonen getaucht wird). Was also unterscheidet das Bermuda-Dreieck von den anderen Schiffsfriedhöfen und begründet seine Legende?

Es ist nicht die große Zahl der Unfälle. Gewiß, wenn man hört, daß in den letzten 150 Jahren mehr als 20 Schiffe und 20 Flugzeuge mitsamt fast 1000 Menschen (geschätzt, da angeblich niemals Leichen gefunden wurden; neue Liste nach *Spurlos*: 143 Meldungen von 1800 bis 1946), so kann man das nicht einfach »vom Tisch wischen«. Aber Unfälle ereignen sich in allen Teilen der Welt. Seit 1850 wurden zwischen Neuengland und Nordeuropa 200 Schiffe als verloren bezeichnet oder verlassen aufgefunden. Trotzdem, wenn im Bermuda-Dreieck besonders viele Verluste zu verzeichnen wären, sollte man natürlich nach den Ursachen forschen.

Auf einer Karte des Bermuda-Dreiecks eingezeichnet, nimmt sich die Häufung der Unglücksstellen sehr eindrucksvoll aus. Leider gibt es noch keine Weltkarte, auf der alle Unfälle der letzten Jahrzehnte eingetragen sind; es steht zu vermuten, daß darauf das Bermuda-Dreieck keineswegs durch übergroße Häufung ausgezeichnet wäre. Wir werden noch davon zu sprechen haben.

Das weltweite Aufsehen, das die Legende erregte, beruht denn auch weniger auf den Zahlen als vielmehr – wie bei Psi überhaupt – auf der Interpretation, die man den Vorfällen gibt. Sie ist zwar je nach Autor verschieden, aber fast immer geht es um Übernatürliches, Außerirdisches, Unheimliches, Phantastisches. Hier ein paar markante Proben:

- Der Raum über dem Dreieck sei ein Fenster zum Kosmos, durch das UFOs häufig zur Erde vordringen und Schiffe oder Flugzeuge entführen,
- es gebe da ein »Loch im Himmel«, in das Flugzeuge hineinfliegen, das sie aber nicht wieder verlassen können,
- andere wieder meinen, Wesen aus dem Erdinneren nehmen Schiffs- und Flugzeugbesatzungen gefangen,

36

- ein »magnetischer Riß im Vorhang der Zeit«(was immer das sein soll) erzeuge magnetische Wirbelstürme, in deren Gefolge Flugzeuge verschwinden oder gar in eine andere Dimension gebracht werden,
- da gibt es ferner eine Anti-Schwerkraft-Theorie,
- da soll eine Raum-Zeit-Verschiebung stattfinden (vgl. S. 30),
- und schließlich wird von einer alten Unterwasserkultur gesprochen, in der man riesige Kraftmaschinen baute, die, auch heute noch tätig, magnetische Wirbelstürme entfachen und anderes Gewalttätiges mehr (*Sturm über Atlantis*).

Das alles mutet höchst seltsam (und manchmal auch ziemlich albern) an. Es bringt uns zugleich aber auch wieder den Schauer des Unheimlichen und Gefährlichen, und es erinnert uns an Uri Gellers Märchen vom unsichtbaren Stromnetz, das von den Großen Pyramiden gespeist wird. Sind wir wieder auf der Spur der Magie, oder gibt es auch für diese Legende eine natürliche Erklärung?

Berlitz beruft sich in seinem Buch auf mehrere Forscher, die sich jahrelang mit dem Bermuda-Dreieck bzw. den UFOs befaßt haben. Inwieweit sie wirklich als Forscher qualifiziert sind, ist freilich nicht ersichtlich. Haben sie womöglich bloß Zeitungsausschnitte gesammelt und ungeprüft abgeheftet? Das klingt äußerst unfreundlich, einseitig und voreingenommen. Indes, wir haben gewichtige Gründe, diese Frage mit aller Hartnäckigkeit zu stellen.

(Anmerkung: Das Lexikon definiert den Forscher als jemanden, der *wissenschaftlich* untersucht und entdeckt. Wer da aber behauptet, die UFOs würden von menschenähnlichen Lebewesen vom Mars oder von der Venus gesteuert, der disqualifiziert sich selbst als Wissenschaftler, denn es ist ja nunmehr durch die Raumsonden endgültig wissenschaftlich bewiesen, daß auf Mars und Venus auch nicht die Spur von menschenähnlichem Leben zu finden ist.)

Den wichtigsten Grund lieferte uns Lawrence David Kusche, seinerzeit Diplombibliothekar der Arizona State University. Er wurde immer wieder um Informationsmaterial über das Dreieck angegangen. Da er nichts Rechtes herausfinden konnte, beschloß er zusammen mit einer Kollegin, der Sache auf den Grund zu gehen und Material zu beschaffen. Er schrieb an Behörden, Forschungsinstitute und Bibliotheken längs der Ostküste von Florida, sah monatelang alte Zeitungen und Zeitschriften durch, studierte Untersuchungsprotokolle, sichtete Tagebücher der Funkstationen, hörte alle einschlägigen Tonbänder der betreffenden Funkstationen ab und derlei mehr. Dabei kam – zunächst einmal – heraus, daß die meisten Autoren voneinander abgeschrieben haben, und daß es nur ganz wenig authentisches Material gibt.

Als die »Sandra« unterging

Kusche gelang es schließlich, Licht in die dunkle Angelegenheit zu bringen und erst einmal den Geburtstag der Legende zu ermitteln: Es war der 17. *September* 1950. Als Schöpfer stellte sich der Journalist E. V. W. Jones heraus; er verfaßte einen Artikel und setzte ihn gleichzeitig im *Miami Herald* und in der *Tampa Tribune* ab. Anlaß war das Verschwinden des Frachters »Sandra«, eines 125 Meter langen Schiffes, beladen mit 300 Tonnen Insektiziden. Im *Juni* (!) machte sich die »Sandra« auf den Weg von Savannah in State Georgia nach Puerto Caballo in Venezuela, passierte Jacksonville und St. Augustine und verschwand dann, ohne SOS gefunkt zu haben und ohne auch nur die geringste Spur zu hinterlassen. Das war die dürre Meldung; sie wurde, wenn überhaupt, mit Gelassenheit zur Kenntnis genommen. Als sie Jones – mit einem Vierteljahr Verspätung – wieder aufgriff, erschien sie ihm wohl nicht sensationell genug, und so garnierte er sie mit vier weiter zurückliegenden Fällen von *Flugzeug*verlusten, unter ihnen der berühmt-berüchtigte »Flug 19«, bei dem gleich fünf Flugzeuge verschwanden; jeweils Totalverluste, kein SOS, kein Mayday, keine Spuren. Aus all dem mixte Jones einen kurzen Aufsatz, in dem zum ersten Mal das Bermuda-Gebiet als gefährlich, rätselhaft und unheimlich dargestellt wurde, freilich noch ohne den Namen Bermuda-Dreieck – der kam erst Jahre später auf. Kusches Nachforschungen ergaben
1. daß in Lloyds Register lediglich eine »Sandra« von 63 Meter

Länge verzeichnet ist,
2. daß die(se) »Sandra« bereits am 19. *April* als sechs Tage überfällig gemeldet wurde,
3. daß zur fraglichen Zeit vor Florida Windböen und Gewitterstürme von nahezu Hurrican-Stärke festgestellt wurden. (*Miami Herald* vom 8. April 1950).

Alle späteren Artikel enthalten falsche Daten zu Schiffslänge und Datum, keiner erwähnt die Stürme. So beispielsweise jener vom *Oktober* 1952 (!), den George X. Sand mit vielen frei erfundenen Details über das in der friedlichen tropischen Dämmerung gemächlich dahindampfende Schiff ausschmückte (Zeitschrift *Fate*, Band 5, Heft 7, S. 11: »Sea Mystery at Our Back Door«). Erst Berlitz reduzierte die Länge der Sandra auf 108 Meter, blieb aber beim Juni 1950 – und bei den übrigen Angaben. Wir finden sie dann auch zunächst in den Büchern, die in der Folgezeit erschienen: Keyhoe 1957, Gaddis 1964, Burgess 1970, Sanderson 1970, Winer 1972, Blumrich 1973 und viele andere, wenn auch die Gewichte unterschiedlich verteilt werden: Mal stehen die Fliegenden Untertassen im Zentrum, mal Unterseeische Kulturen, mal die Raumschiffe des Propheten Ezechiel (Hesekiel). Das zusammenfassende Standardwerk ist aber immer noch Berlitz' *Bermuda-Dreieck* 1974/1975/1978 (Taschenbuchausgabe) – mit allen Theorien, die das Übernatürliche, Außerirdische und Unbegreiflich-Magische darlegen sollen.

Mit der »Sandra«-Geschichte hatte die Legende offenbar keinen guten Start gehabt; entpuppte sich doch Jones' Artikel als eine beschämende Mischung aus schlampiger Berichterstattung, unzureichenden oder unterlassenen Nachforschungen, Kombination mit anderen, gleichfalls ungeprüft übernommenen Nachrichten und phantasiereicher Ausschmückung der Berichte. So entstehen Legenden, so pflanzen sie sich fort?

Wenn die anderen Bermuda-Fälle ähnlich fragwürdig sind wie der Fall »Sandra«, dann würde es um die ganze Bermuda-Sache schlecht bestellt sein. Und wer die Fernsehsendung von Massey und Kusche im Dritten Programm des NDR (6. Januar 1978) gesehen hat, wird sich in der Tat unguter Gefühle nicht erwehren können. Was geschah also wirklich, und wo geschah es?

Wir können und sollten hier nicht alle Unglücksfälle überprüfen. Das würde viel zu weit führen. Überdies hat Lawrence David Kusche ja schon vortreffliche Arbeit geleistet und über fünfzig Fälle genau untersucht, soweit noch möglich; wir können hier auf ihn verweisen. Aber einige Musterbeispiele sollten wir uns doch vornehmen; sie gewähren wertvolle Einblicke in die Art der Berichterstattung und der Theorienbildung.

Der rätselhafte »Flug 19« in die »andere Dimension«

Allen voran ist ja wohl das »Renommierstück« der Bermuda-Legende zu erwähnen, der berüchtigte »Flug 19« (den ja auch George X. Sand zur Ausschmückung seines »Sandra«-Artikels verwendete).

Es begann in Fort Lauderdale, einer Stadt von 130 000 Einwohnern, 40 Kilometer nördlich Miami (heute bei uns nur wegen der Fußballmannschaft bekannt: ihr gehörte Gerd Müller an, der ehemalige »Bomber der Nation«). Dort starteten am 5. Dezember 1945 um 14.10 Uhr fünf Avenger-Torpedobomber in Richtung Bahamas zu einem Routineflug. Gegen 15.45 Uhr, so sagt es die Legende, als die Gruppe eigentlich zur Landung ansetzen sollte, kamen besorgte Funkmeldungen: »Notfall . . . Notfall. Wir scheinen uns verflogen zu haben.« Auf den Befehl »Gehen Sie auf Kurs genau West« kam die Antwort: »Wir sind uns nicht sicher, wo West ist. Alles ist so anders, so seltsam. Wir kommen in weißes Wasser . . . wir haben uns völlig verirrt.« 16.25 Uhr: »Wir sind nicht sicher, wo wir uns befinden. Es sieht so aus, als ob wir . . .«. Danach hat man nie wieder etwas von den Flugzeugen und ihren Besatzungen gesehen oder gehört.

In Fort Lauderdale war längst schon Alarm ausgelöst worden. Kurz nach 16.25 Uhr (Legende) hob ein Martin-Mariner-Flugboot mit 13 Mann Besatzung ab, das speziell für Seenotfälle ausgerüstet ist. Es funkte alsbald, daß es sich der mutmaßlichen Position der Avenger-Bomber nähere. Aber dann war hier ebenfalls Funkstille. Auch das sechste Flugzeug verschwand für alle Zeiten.

Am nächsten Tage begann eine der größten Suchaktionen in der Geschichte der amerikanischen Luftfahrt, mit Hunderten von

Flugzeugen, mit Zerstörern und U-Booten, mit Schiffen der Küstenwacht. Aber nichts wurde gefunden, weder Überlebende noch Leichen. Man sah keine Wrackteile, nicht einmal einen Ölfleck.

Zwischen Legende und Wirklichkeit gibt es wiederum einige *sachliche* Unstimmigkeiten. Die Funkverbindung riß nämlich nicht 16.25 Uhr ab, sondern erst gegen 18.00 Uhr. Auch konnte die Position durch Funkpeilung festgestellt werden. 18.02 Uhr sagte ein unbekannter Sprecher:»Wir müssen jede Minute notwassern«, 18.05 Uhr wurde abgehört, wie Taylor – der Staffelkommandant – zu Powers, dem Führer eines der Begleitflugzeuge, funkte:»Hier ist Taylor. Wir sind am Ende, nicht wahr?« Es war das Ende. Gegen 19.50 Uhr wurde eine Explosion beobachtet, aber da waren die Flugzeuge schon gesunken, die Besatzungen ertrunken. Auch sonst ist einiges anders gewesen, als es die Legende will. Kusche hat z. B. herauszufinden versucht, was es mit dem»Weißen Wasser« auf sich habe, weil die Bermuda-Fans daraus die abenteuerlichsten Vorstellungen entwickelten. Eine solche Aussage hat es nie gegeben. Auf keinem der Tonbänder – und Kusche hat Wochen damit verbracht, alles abzuhören – war sie zu finden, keiner der damals diensthabenden Funkoffiziere konnte sich daran erinnern.

(Anmerkung: Kusche veröffentlichte die Ergebnisse seiner sorgfältigen Untersuchungen in den USA im Jahre 1975. Als Berlitz' »Nachfolgebuch« mit dem Titel *Spurlos* 1977 erschien, wurde auf S. 50 der Funkverkehr korrekt wiedergegeben, wie bei Kusche. Von dem»Weißen Wasser« ist jetzt nicht mehr die Rede.)

Was das Suchflugzeug angeht, so startete es keineswegs kurz nach 16.25 Uhr, sondern erst 19.27 Uhr. Und die 19.50-Explosion wurde genau da beobachtet, wo die Martin-Mariner um 19.50 Uhr hätte sein müssen. Martin-Mariner-Maschinen galten als gefährlich, weil sich in ihnen oft Benzindämpfe entwickelten. Sie hatten den Spitznamen»Fliegende Benzintanks«. Eine Explosion war keinesfalls unwahrscheinlich. (Die Martin-Mariner war nicht das einzige Suchflugzeug, das ausgeschickt wurde. Es war nur das einzige, das verschollen ist.)

Eine amtliche Untersuchungskommission konnte, so sagte die

Legende, nicht einmal eine halbwegs annehmbare Vermutung über den Vorfall äußern. In Wahrheit stellte sie nach vierzehntägiger Arbeit eine Liste von 56 Fakten und 56 Meinungen zusammen. Darunter folgende: »Flug 19« habe östlich der Halbinsel Florida nach 19.04 Uhr eine Notlandung auf sehr rauher, sehr ungünstiger See durchgeführt.

Weiter: Ein Mitglied der Kommission hat angeblich festgestellt: »Sie verschwanden so spurlos, als seien sie zum Mars geflogen.« Diese – nicht verbürgte – Äußerung ist der *einzige* Ansatzpunkt für die angehängte UFO-Geschichte. Berlitz schreibt: »Damit brachte er« (gemeint ist das Kommissionsmitglied) »das faszinierende Element der Weltraumfahrt und mögliche Angriffe von UFOs ins Gespräch, das inzwischen zu einem festen Bestandteil der Legende um das Bermuda-Dreieck geworden ist.« (Man beachte die Unbestimmtheit der Aussage: ». . . brachte . . . ins Gespräch . . .«!) Die Mutter eines der vermißten Piloten sagte später, sie habe den Eindruck, ihr Sohn sei irgendwo im Weltraum noch am Leben. Und die *Miami News* zitieren J. M. Valentine (»Forscher« und Co-Autor des Berlitz-Buches): »Sie sind noch da, aber in einer anderen Dimension eines magnetischen Phänomens, das von einem UFO verursacht sein könnte.«

So schnell, so bodenlos leichtsinnig werden also Legenden gemacht: Aus der unverbürgten und/oder allenfalls hingeworfenen Bemerkung »als seien sie zum Mars geflogen«, aus der Äußerung einer trauernden und noch immer hoffenden Mutter, aus Valentines phantasievollem – um nicht zu sagen albernen – Gerede von der »anderen Dimension eines magnetischen Phänomens« wird flugs die UFO-Theorie des Bermuda-Dreiecks zusammengebastelt, die »inzwischen zum festen Bestandteil der Legende . . . geworden ist«. Das soll *Forschung* sein?

Doch nun endlich zu verläßlichen Fakten. Leutnant Charles C. Taylor, der Staffelführer, war erst vor kurzem von der Südspitze Floridas nach Fort Lauderdale an der Ostküste versetzt worden. Seine Kompasse fielen aus (sicher nicht durch UFO-Einwirkung, denn die Kompasse der anderen blieben intakt), so daß er die Orientierung verlor. Als er sich über den Bahamas befand, glaubte er, wie früher, die Küste Floridas unter sich zu haben (Funkspruch Taylor). Um nach Fort Lauderdale zu kommen, glaubte er folglich nordwärts fliegen zu müssen; aber dadurch entfernte er sich immer mehr von den Bahamas und von seinem Stützpunkt und flog aufs freie Meer hinaus. Die oben erwähnte Funkpeilung fand ihn denn auch viel weiter nördlich, als es seinem Flugplan entsprochen hatte.

Die vier anderen Flugzeugführer waren Flugschüler. Einige von ihnen wußten, daß sie eigentlich westwärts fliegen müßten, aber ihre eiserne Disziplin hielt sie zusammen.

Weitere Faktoren, die eine Rettung von »Flug 19« verhinderten: Ausfall eines Funkkanals, einbrechende Dunkelheit und heraufziehende Schlechtwetterfront. Es ist also durchaus richtig, wenn die Kommission zu der Aussage kommt, die Gruppe sei vier Stunden ziellos umhergeflogen, bis der Treibstoff ausging, und dann beim Notwassern bei Nacht und rauher See verlorengegangen.

Bleibt noch zu fragen, weshalb keine Überreste gefunden wurden. Nun, als die Avenger-Maschinen notwasserten, war es bereits dunkel – da gab es auch für die Suchflugzeuge nichts mehr zu sehen. Am nächsten Morgen waren bei der rauhen See alle Wrackteile gesunken bzw. vom Golfstrom hinweggeführt worden. Das dürfte auch die Erklärung für viele andere Fälle sein, bei denen Überreste vermißt wurden: Regelmäßig konnte die Suche erst am nächsten Tag einsetzen. *Ein* Flugzeugunglück allerdings ereignete sich so früh (Start 9.25 Uhr), daß noch am selben Tag Suchflugzeuge eingesetzt werden konnten. Es handelte sich um eine Frachtmaschine Chase YC.122 (12. 1. 1968). Von ihr konnte ein Hubschrauber am späten Nachmittag Wrackteile bergen und zurückbringen.

Die Untersuchungen haben somit einwandfrei ergeben, daß bei »Flug 19« widrige Umstände unglücklich verkettet waren. Er nahm ein schreckliches Ende. Aber es gab nichts Übernatürliches. Und so fand denn auch 1949 niemand etwas Übernatürliches dabei. Erst E. V. W. Jones blieb es vorbehalten, 1950 das Ereignis in den Brei des Unheimlichen zu rühren.

Spurlos?
Wracks, Leichen, ein Überlebender
und eine Kaffeetasse

Was weiß die Legende – um zu ihr zurückzukehren – noch zu
berichten? Da ist zunächst einmal die Ortsbeschreibung. Nach
Berlitz' eigenen Worten kann der Leser anhand einer Karte
»selbst die Gestalt des Bermuda-Dreiecks bestimmen: Ob es ein
Dreieck ist oder nicht, ob es sich vielleicht um ein kleines Dreieck
innerhalb eines größeren handelt, um eine große Ellipse, ein
Rechteck, oder ob das Gebiet mit den Umrißlinien des Festland-
sockels identisch ist«. Das ist gewiß sehr großzügig, ermangelt
aber doch ganz erheblich der Genauigkeit. Nun geben ja die
Autoren unterschiedliche Begrenzungen an, und manche beziehen Unglücksfälle mit ein, die sich zweifelsfrei weit außerhalb der
großzügigsten Linienführung ereignet haben: Die »Gloria Colita« sank im Golf von Mexiko (1940), die »Scorpion« bei den
Azoren (1968), die »Freya« sogar an der Westküste Mexikos
(1902). (Hier hat es wohl eine Verwechslung gegeben: Die
»Freya« war nicht von dem kubanischen Hafen Manzanillo
ausgelaufen, sondern von dem mexikanischen Hafen gleichen
Namens – und der liegt an der *West*küste!)
  Berlitz bringt in seinem ersten Bestseller eine Liste der größeren
Schiffe, die bis 1973 im Bermuda-Dreieck verschwanden oder
verlassen aufgefunden wurden. Es sind nicht über hundert, sondern nur neunzehn Schiffe; dazu zählt er noch sechzehn Flug-
zeugkatastrophen auf.
  Zieht man ab, was sich weit außerhalb des Dreiecks ereignete,
so schrumpft die Schiffsliste schnell auf ein gutes Dutzend Fälle
zusammen. Wichtiger noch ist, daß sich diese Ereignisse zwischen 1840 und 1973 abgespielt haben, also in einem Zeitraum
von 133 Jahren. Für ungefähr den gleichen Zeitraum (1850 bis
1974) ermittelte Kusche, daß im Seegebiet zwischen Neuengland
und Nordeuropa, also auf der sogenannten Nordatlantik-Route,
nahezu zweihundert Fälle von Schiffs- bzw. Mannschaftsverlu-
sten registriert wurden. Lloyd's schließlich, das berühmte Londoner Versicherungsunternehmen, das auch die Liste aller Schiffe
führt, meldete allein für 1978 weltweit 347 Schiffe als gesunken

oder ausgebrannt! Von einer Häufung geheimnisvoller Katastrophen im Bermuda-Dreieck kann danach überhaupt nicht mehr die Rede sein, eher vom Gegenteil.

Die USA haben denn auch nie daran gedacht, das Gebiet zur Gefahrenzone zu erklären. Weshalb auch? Die Bermudas, die Bahamas, die Karibische See (um sie zu erreichen, muß man das Bermuda-Dreieck durchqueren) sind beliebte, immer häufiger besuchte Touristik-Zentren und werden jährlich von Hunderten von Kreuzfahrtschiffen und -flugzeugen angelaufen und angeflogen, ohne daß Totalverluste (»spurlos«) zu verzeichnen wären. Berlitz hat sich dieser Statistik der Touristik-Branche wohl nicht mehr entziehen können; in seinem *Spurlos*-Buch meint er denn auch, daß große Schiffe offenbar »nicht angegriffen werden«.

(Vielleicht revidiert er diese Ansicht, nachdem vom 18. bis 20. August 1980 der Luxusliner »Norway« [die frühere »France«] südlich der Bahamas durch einen Kurzschluß vorübergehend in arge Bedrängnis kam: Wegen des totalen Stromausfalls gab es kein Licht; die Klimaanlagen, die Küchen funktionierten nicht usw. Der Schaden konnte mit Bordmitteln behoben werden. Aber war der Kurzschluß etwa ein Warnzeichen der Außerirdischen?)

Und damit endlich zum Hauptmerkmal der Bermuda-Tragödien, zugleich zum Titel des Nachfolge-Bestsellers: Schiffe und Flugzeuge sollen *spurlos* verschwinden. Dem widerspricht freilich schon Berlitz' Schiffsliste, die ja ausdrücklich auch verlassen aufgefundene Schiffe umfaßt. In der Tat sind mehrere Schiffe keineswegs spurlos verschwunden, sondern nur ihre Besatzungen, so »Rosalie« 1840, »John and Mary« 1932, »Gloria Colita«1940, »Rubicon« 1944, »Connemara IV« 1963. Dadurch wird natürlich nicht erklärt, wie und weshalb die Mannschaften verschwanden. Aber die Liste der spurlos verschwundenen Schiffe wird abermals kleiner.

Von der »Sulphur Queen« wurden, *entgegen der Legende*, Schwimmwesten und Wrackteile geborgen, von der »Southern Districts« (1954) ein Rettungsring, ebenso von der »Anita«.

Weiter sagt die Legende, es seien keine Leichen gefunden worden. Auch das stimmt nicht immer. Die »V. A. Fogg« verschwand am 1. Februar südlich von Galveston (Golf von Mexiko!); am 4. Februar entdeckten Taucher das Schiff in 30

Meter Tiefe. Von der 38köpfigen Besatzung war niemand an Bord; wohl aber fand man die Leiche des Kapitäns: Sie trieb im Kartenraum des Schiffes. Ein Autor weiß hingegen zu berichten, sie sei in seiner Kabine sitzend aufgefunden worden; in der Hand habe sie noch immer eine Kaffeetasse gehalten. Doch die Kaffeetasse ist einwandfrei eine der zahllosen Gruselerfindungen. Erinnert sie nicht zugleich an den siebten Sohn eines siebten Sohnes (s. Christopher, S. 32)?

Sind hier Dichtung und Wahrheit bunt gemischt, so wird es bei der »Jillie Bean« geradezu komisch. Der Kabinenkreuzer verließ Miami am 15. November 1970 und wurde bald darauf vermißt. Suchflugzeuge der US-Küstenwache und -Luftwaffe konnten das Schiff nicht ausmachen. Der *Miami Herald* setzte die »Jillie Bean« flugs auf die Bermuda-Liste. Aber am 28. November kreuzte sie wieder vor Miami auf. Die Besatzung hatte keine Ahnung, daß nach ihr gesucht worden war. Die »Jillie Bean« wurde von der Liste gestrichen. Dieses Ereignis zeigt zugleich, wie leicht auch umfangreiche, gut ausgestattete Suchtrupps das Objekt verfehlen können, nach dem sie suchen.

In einem anderen Fall gab es sogar einen Überlebenden, den norwegischen Seemann Gabrielsen. Er gehörte zur Besatzung der 13 000 Bruttoregistertonnen großen »Norse Variant«, einem Frachter mit einer Ladung Kohle von Norfolk nach Hamburg (21. März 1973). Nach zwei Tagen kam die Funkmeldung (!), das Schiff sinke und die Besatzung begebe sich in die Rettungsboote. Rettungsschiffe und Flugzeuge, die sich unverzüglich auf den Weg machten, konnten keine Spur mehr finden. Erst drei Tage nach dem Unglück wurde Gabrielsen entdeckt. Er berichtete, ein Sturm habe eine 13 mal 13 Meter große Ladeluke weggerissen, das Schiff sei von haushohen Wellen sofort überflutet worden und innerhalb von fünf Minuten gesunken. (Das mag erklären, weshalb manchmal keine Gelegenheit mehr besteht, einen Notruf abzusetzen.)

Jetzt, wo jemand einen gar nicht mehr rätselhaften Unglücksfall überlebt hatte, war der Fall »Norse Variant« natürlich nicht geeignet, in die Liste der UFO-Entführten aufgenommen zu werden. Aber da war doch noch ihr Schwesterschiff, die »Anita«. Sie ging, gleichfalls mit Kohle von Norfolk nach Hamburg, nur zwei Stunden später in See. Sie geriet in denselben Sturm. Und von ihr gibt es tatsächlich keine Spur, ausgenommen einen Rettungsring. Und so wird sie neuerlich auch in das Bermuda-Rätsel einbezogen. Sie steht am Schluß der ersten Berlitz-Liste.

Es gibt also Schiffswracks, Leichen und sogar Überlebende. Und wie ist es bei den Flugzeugen? Auch da wurden Überreste gefunden. Berlitz selbst berichtet, daß Taucher im Dreieck anstelle der spanischen Galeonen oft (!) Flugzeugwracks entdeckten.

In diesem Zusammenhang gehört auch der Fall der KC-135. Zwei dieser Strato-Tanker flogen von Florida ab, gaben ordnungsgemäß ihre Flugpositionen durch und waren plötzlich verschwunden. In der Nähe der letzten Position fand man KC-135-Wrackteile und nahm an, die beiden Flugzeuge seien in der Luft zusammengestoßen. Als zwei Tage später erneut Wrackteile gefunden wurden, aber fast 200 Seemeilen vom ersten Fundort entfernt, bemächtigten sich dieser Tatsache sogleich die Legendenschreiber und folgerten, die Flugzeuge seien gleichzeitig, aber unabhängig voneinander abgestürzt – ein ebenso unwahrscheinliches wie unheimliches Ereignis. Aber sehr bald stellte sich heraus, daß der zweite Fund lediglich aus Seetang, Treibholz und einer alten Boje bestand, der erste hingegen Teile von *zwei* KC-135 enthielt. Also ein »gewöhnlicher« Zusammenstoß.

Aber genug der Beispiele; sie zeigen überdeutlich, wie man bei der Herstellung der Bermuda-Legende vorgegangen ist, wie unglaublich leichtfertig, nachlässig und ungeprüft Nachrichten abgeschrieben, verfälscht, unterschlagen und erfunden werden. Sie sollen beileibe nicht von jenen Fällen ablenken, in denen tatsächlich Schiffe und Flugzeuge ohne jede Spur verschwanden. Es gibt sie leider – aber längst nicht in so großer Zahl wie in den Bermuda-Büchern, und es gibt sie in allen Ozeanen. Und selbst dann läßt sich oft genug nachweisen, daß die Wetterverhältnisse nicht, wie berichtet, ideal waren, sondern schlecht bis sehr schlecht. (Gerade im Bermuda-Gebiet kann das Wetter sehr schnell umschlagen.) Natürliche Ursachen sind also viel wahrscheinlicher als die Phantastereien wie Zeitversetzungen, UFO-Angriffe oder Atlantiskraftwerke: Die Magie ist *hier* jedenfalls auf der Strecke geblieben, während Erfindung, Dichtung und nicht zuletzt Geschäftstüchtigkeit Triumphe feiern.

Die Teufelssee und ihre Geschwister

Sind schon die Stützpfeiler der Bermuda-Legende schwach und brüchig, so verwundert es um so mehr, daß eine zweite Legende um eine Gefahrenzone entstand, in der es gleichfalls nicht geheuer sein soll: die sogenannte Teufelssee. Das ist ein nicht näher umschriebenes Seegebiet südöstlich der Japanischen Inseln, um den 150. östlichen Längengrad. Die Teufelssee, so wird berichtet, sei »schon lange Zeit der Schrecken der Fischer gewesen, von Dämonen, Teufeln und Ungeheuern bewohnt«. Viele Schiffe und Flugzeuge seien darin spurlos verschwunden. Die japanische Regierung habe schließlich im Jahre 1952 (zwei Jahre nach Jones' Artikel!) ein Expeditionsschiff mit 22 Mann Besatzung und neun Wissenschaftlern an Bord in dieses Gebiet entsandt. Dort sei es gleichfalls spurlos verschwunden. Insgesamt seien zwischen 1950 und 1954 nicht weniger als neun Fischerboote verlorengegangen.

Vieles ist der Bermuda-Legende ähnlich, manches unterscheidet sie: Die neue Legende entwickelte sich, nach Kusches Untersuchungen, aus einigen Meldungen, die 1952 in der *New York Times* erschienen sind; sie hatten das Verschwinden des Forschungsschiffes »Kaiyo Maru« sowie eines weiteren Schiffes, der »Toshi Maru«, zum Gegenstand. Es heißt darin ganz nüchtern, wie es sich für eine korrekte Berichterstattung gehört, daß beide Schiffe einer Flutwelle zum Opfer gefallen seien, die durch den Ausbruch eines Unterwasser-Vulkans ausgelöst worden war.

Im Januar 1955, also drei Jahre später, berichtet dieselbe *New York Times* überraschend und voller Dramatik über ein neues »Opfer der Teufelssee«, jenes geheimnisumwitterten Friedhofs für neun Schiffe. Diesmal war es die »Shinyo Maru«. Aber nach etwa zehn Tagen tauchte sie wieder auf; die Teufelssee »war um ein weiteres Opfer betrogen worden«.

Lassen wir die Ortsbeschreibung vorläufig beiseite und wenden wir uns der »Liste« zu. Neun Schiffe von 1950 bis 1954 und seither keine weiteren Verlustmeldungen – das ist kein Grund zu Besorgnis und Aufregung über Unheimliches. Denn nach amtlichen japanischen Angaben gingen im Seegebiet um Japan allein im Jahre 1968 nicht weniger als 521 Fischerboote verloren, 1970 waren es 435 und 1973 schließlich 471.

48

Statistisch gesehen ist die Teufelssee also eher ein besonders harmloses Gebiet.

Rückfragen in Japan ergaben, daß dort eine »Teufelssee« samt zugehöriger Legende unbekannt ist und daß das Gebiet auch nie zur Gefahrenzone erklärt wurde. Mit einer Ausnahme: Die das Gebiet befahrenden Schiffe werden zu besonderer Vorsicht ermahnt, *weil mit unterseeischen Vulkanausbrüchen gerechnet werden müsse.* Übrigens war das Forschungsschiff »Kaiyo Maru« eben wegen eines solchen Ausbruches ins Gebiet entsandt worden, nicht der verschwundenen Fischerboote wegen.

Von »regelmäßigen Flugzeugverlusten« zwischen Guam und Japan, mit denen die Geschichte aufgeputzt wurde, konnte Genaues nicht ausgemacht werden, weder in der Legende noch durch Rückfragen.

Insgesamt gibt es hier viel weniger Angaben als im Bermuda-Dreieck und eigentlich gar nichts Zuverlässiges. Die Legende ist offensichtlich nach dem gleichen Muster gestrickt wie die Bermuda-Legende, und sie wurde in Amerika gestrickt – nur wenig später als die Bermuda-Legende. Aber weshalb wurde sie mit so wenig Material überhaupt gestrickt?

Die Legende selbst gibt die Antwort: Beide Gefahrengebiete liegen etwa auf 30° nördlicher Breite; Bermuda auf 80° Länge West, die Teufelssee auf 150° Ost. Letztere ist also gewissermaßen der östliche Bruder des westlichen Bermuda-Dreiecks. Berlitz berichtet weiter: »Der 80. westliche Längengrad verläuft über den (Nord-)Pol, verändert seine Bezeichnung und wird zum 150. östlichen Längengrad. Dieser verläuft vom Nordpol nach Süden, östlich an Japan vorbei und mitten durch die Teufelssee. An diesem Punkt in der Teufelssee zeigt eine Kompaßnadel gleichzeitig zum geographischen und zum magnetischen Nordpol, genau wie im westlichen Teil des Bermuda-Dreiecks auf der anderen Seite der Erdkugel.«

Das bedarf zunächst der Korrektur: Die »Verlängerung« des 80. Längengrades West über den (geographischen) Nordpol hinaus wird nicht zum 150., sondern zum 100. Längengrad Ost (die Zahlen addieren sich jeweils zu 180). Und *nur auf diesem* zeigt die Kompaßnadel keine Abweichung zwischen geographischem und magnetischem Nordpol.

49

Das besagt nichts anderes, als daß die Teufelssee frei erfunden, ja geradezu konstruiert worden ist – als östliches Pendant zum Bermuda-Dreieck! Als dann die *New York Times* erstmals von einigen Schiffsunfällen im fraglichen Gebiet berichtete, war der »Beweis« erbracht, daß sich dort Unheimliches zutrage.

Aber es kommt noch viel bunter. Ivan Sanderson sammelte Angaben über magnetische Anomalien (wo es also starke Abweichungen der Magnetnadel gibt) und kam zu folgenden erstaunlichen Ergebnissen: Es gibt nicht nur das Bermuda-Dreieck und die Teufelssee, sondern insgesamt zwölf »Tückische Strudel« auf der Erde: Jeweils fünf liegen zwischen 30° und 40° südlicher bzw. nördlicher Breite, in regelmäßigen Abständen von 72° (5 mal 72 = 360°); hinzu kommen noch die beiden Pole (»weil am Nordpol mehrere Raum-Zeit-Anomalien vorgekommen sein sollen«).

Jedes dieser Gebiete soll die Form eines Ovals oder einer Raute (nicht Dreieck?) haben; jedes hat am östlichen Ende genau den gleichen Neigungswinkel (siehe die Karte). Die »Gesellschaft zur Erforschung des Unerklärlichen« legt für einige dieser »Tückischen Strudel« umfangreiches »Beweismaterial«, d. h. Fälle spurlosen Verschwindens, vor, gibt aber zu, daß es für andere fast nichts gibt.

Damit wird – peinlicherweise – offenkundig, daß man, genau wie bei der Teufelssee, zuerst den Strudel erfand und dann nach rätselhaften Vorfällen suchte – der regelmäßigen Anordnung halber. Das ist zwar im Interesse der Legenden, denn nun können auch einige Katastrophen, die sich eindeutig außerhalb des Bermuda-Dreiecks zutrugen, einem der anderen »Strudel« zugeordnet und der weltumspannenden Sanderson-Legende einverleibt werden. Aber ernst sollte man derlei wohl nicht nehmen.

Am gesamten »Material«, das zur Untermauerung der Legenden vorgelegt wird, ist also wenig oder gar nichts Geheimnisvolles. Wie ist es aber, wenn wir statt der mageren Fakten nunmehr die blühenden Theorien betrachten, d. h. wenn wir der *Interpretation* nachgehen, wie sie sich die Buchautoren zurechtgelegt haben? Nun, soweit es sich nicht um gar zu fabulöse Spekulationen (vgl. S. 36) handelt, sind es im wesentlichen zwei Theorien: die Atlantis-Theorie und die UFO-Theorie.

Atlantis soll nicht sterben

Über Atlantis gibt es mehr als 25 000 (fünfundzwanzigtausend!) Veröffentlichungen: Bücher, Aufsätze, Theorien usw., Romane, Märchen und Filme nicht gerechnet. Alle berufen sie sich auf einen einzigen Mann, den großen Philosophen und Schriftsteller Platon (429 bis 348 v. Chr.), Sokrates' Schüler. In zweien seiner Dialoge, *Timaios* und *Kritias*, überliefert er uns den Atlantisbericht. Genauer: Er berichtet, was Solon, einer der sieben weisen Gesetzgeber Alt-Griechenlands, zwei Jahrhunderte zuvor (er lebte von 640 bis 559 v. Chr.) über Atlantis erzählt hat bzw. erzählt haben soll. Und noch genauer: Die Atlantis-Geschichte stammt eigentlich von ägyptischen Priestern, die zu jener Zeit in Saïs lebten; sie sollen sie dem Solon anhand zahlreicher Inschriften, Papyri und Urkunden vorgetragen haben als eine Geschichte aus längst vergangener Zeit.

Solon interessierte sich – begreiflicherweise – vor allem für ein Detail jener Geschichte, das nämlich von einer Heldentat seiner Vaterstadt berichtete: Die Athener hätten, zunächst gemeinsam mit Verbündeten, schließlich ganz allein, die gewaltige Streitmacht der Atlanter (später nennt man sie »Nordleute«, »Seevölker«) vernichtend geschlagen, nachdem diese, von Norden kommend, bis Tyrrhenien, Libyen und Ägypten vorgestoßen waren.

Ursache dieser Feldzüge seien damals furchtbare Naturkatastrophen gewesen wie Hitze, Dürre, riesige Brände, Erdbeben (auch die aus der Bibel bekannten »Ägyptischen Plagen« sollen dazugehört haben). Schließlich habe Zeus dem Elend durch gewaltige Regenfluten und Überschwemmungen ein Ende bereitet. Dabei sei auch der unermeßlich reiche Staat der Atlanter mit der Königsinsel Basileia »an einem einzigen Tag und in einer einzigen Nacht« vom Meer verschlungen worden und im Schlamm erstickt.

Solon habe aus dieser Erzählung ein großes Gedicht machen wollen. Aber als er nach Athen zurückkehrte, hatte er dort vieles wieder in Ordnung zu bringen, und so blieb nur ein Fragment übrig, das über mehrere Mittelsmänner schließlich auf Kritias den Jüngeren gekommen sei; der habe das, *was er davon im Gedächtnis behalten hatte*, im Kreise seiner Freunde, zu denen auch Sokrates und Platon gehörten, wiedergegeben. Daher stammt Platos Bericht. Er sei »keineswegs ein erdichtetes Märchen, sondern eine in jeder Hinsicht durchaus wahre Geschichte« (*Timaios* 21), auch wenn die Kenntnis von der Heldentat der Athener »zwar nicht verbreitet ist, . . . sich aber dennoch so zugetragen hat« (*Timaios* 21). Die ägyptischen Priester hatten sich etwas vorsichtiger ausgedrückt: Diese Sage (!) höre sich zwar wie ein Märchen an, doch sie habe einen wahren Kern, denn Ähnliches sei damals wirklich geschehen.

Die Datierung der Geschichte ist höchst unsicher. Meist wird sie in die Zeit um 8600 v. Chr. verlegt, in die *Jungsteinzeit* also – aber da gab es Athen mit Sicherheit noch nicht. Andere Autoren weisen darauf hin, daß die Ägypter nicht nach Jahren, sondern nach Monaten rechnen; so kommen sie auf etwa 1200 v. Chr., in die *Bronzezeit*, in die Zeit der Minoischen Kultur auf Kreta und Thera (= Santorin) und der Mykenischen Kultur, zugleich in die Zeit der *historisch* überlieferten Kriege mit den Seevölkern und in die Zeit der Explosion des Vulkans auf Thera.

Kein Wunder, daß einige Autoren daraufhin Atlantis mit Thera gleichsetzten. Aber da fanden sie nur wenig Gegenliebe, denn in der *Lokalisierung* war man sich noch mehr uneins als in der Datierung: die Libysche Wüste, Kreta, Malta, Sardinien, die Azoren, die Iberische Halbinsel, ja sogar Helgoland – und neuerlich also das Bermuda-Dreieck.

Wir sollten den Streit um den Atlantis-Standort auf sich beruhen lassen, zumal ja gar nicht sicher ist, ob Solons Gedichtfragment nicht nur zur Förderung des Nationalstolzes erstellt wurde. Was das Bermuda-Atlantis so abstrus macht, ist folgendes: *Wenn es ein historisches Atlantis je gegeben hat, dann war es eine bronzezeitliche Kultur, hochzivilisiert gewiß, aber wenig technisiert.* Die moderne Legende hingegen dichtet den damaligen Atlantis-(Bermuda-)Bewohnern ganz besondere technische Fähigkeiten an und hebt sie insofern nachdrücklich von der übrigen Atlantis-Literatur ab. Es soll sich um eine uralte (stein- oder bronzezeitliche?) Superzivilisation gehandelt haben, mit riesigen Bauten aus gewaltigen Steinen, mit riesigen Kraftmaschinen (Atomkraftwerke?), mit Laser- und Masertechnik und mit »kristallenen« Kraftquellen.

Diese Theorie stützt sich im wesentlichen auf Vorträge, die Edgar Cayce in den Jahren 1930 bis 1935 hielt und in denen er das kommende Energie- und Atomzeitalter vorwegnahm. Cayce, der »schlafende Prophet«, war in manchen Kreisen als Hellseher und Wunderheiler sehr angesehen (andere nannten ihn respektlos den größten Spinner aller Zeiten). Er starb 1945 in Virginia.

Im Falle des Dreiecks wird nun »angenommen, daß die zerstörten Kraftquellen noch immer etwas von ihrer Stärke bewahrt haben und, zu bestimmten Zeiten ausgelöst, nicht nur für magnetische und elektronische Abweichungen verantwortlich sind, sondern auch die elektrischen Impulse für magnetische Stürme liefern«. Auch die »Weißen Wasser« von S. 40 sollen von ihnen ausgehen. Doch von denen ist ja neuerlich nicht mehr die Rede.

Als Atlantis-Zentrum hatte Cayce seinerzeit Bimini angegeben. (Mancher Leser wird sich an Heinrich Heines gleichnamiges Gedicht erinnern.) Bimini – das ist eine Gruppe kleiner Inseln, im Westen am Rande der Bahama-Bank gelegen, an der Florida-Straße, Miami gerade gegenüber. Bis dahin war Bimini weitgehend unbekannt; niemand vermutete, daß hier archäologisch Interessantes zu finden sei. Aber dann entdeckten Taucher (unter ihnen Dr. J. M. Valentine, den wir als Berlitz' Co-Autor kennenlernten) 1968 die inzwischen berühmt gewordene Bimini-Straße, auch Bimini-Wall genannt. Das sind, so war zu lesen, gewaltige Bauten bzw. deren Grundmauern zu sehen, gepflasterte Straßen, aus dicht gepackten zyklopischen Steinen zusammengesetzt, die größten bis zu 4,5 Meter lang, die Kanten vom Wasser gerundet, aber exakt nebeneinanderliegend, wie »gefliest«.

Nach der Ansicht der Legendenmacher kann kein Zweifel bestehen, daß diese Funde von Menschenhand stammen und auf eine noch unbekannte, alte, sehr hochstehende Kultur hindeuten. Valentine selbst sagt zwar: »Die Behauptung, daß die Steine Reste von Mauern, Straßen oder sogar einer prähistorischen Hafenanlage darstellen, kann zur Zeit nicht als erwiesen gelten.« Aber das tut der Spekulation – auch Valentines eigener – keinen Abbruch. Ebensowenig wird der mittlerweile erbrachte Nachweis berücksichtigt, daß die Steine, die Mauern, das Pflaster schlichtweg Produkte von Wasserbewegungen und somit nicht menschlicher Tätigkeit zu verdanken sind.

Freilich, wer gewohnt bzw. bemüht ist, nüchtern und vor-urteilsfrei zu denken, der kann die ganze Atlantis-Theorie des Bermuda-Dreiecks beim besten Willen nicht ernst nehmen. Da sollen also in einer jungsteinzeitlichen oder bronzezeitlichen Hochkultur bereits Atomkraftwerke gebaut und Laser- und Ma-serstrahlen erzeugt worden sein. (Laser = engl. Abkürzung für *Light Amplification by Stimulated Emission of Radiation* [Licht-verstärkung durch angeregte Strahlungsemission]; erster Rubin-Laser 1960. Maser = engl. Abkürzung für *Microwave Amplificati-on by Stimulated Emission of Radiation* [Mikrowellenverstärkung usw.]; erster Maser 1954.) Diese Kultur ist dann angeblich für Jahrtausende im Wasser versunken, aber die überaus komplizier-ten Werke und Apparaturen sollen noch immer etwas von ihrer Stärke bewahrt haben, »zu bestimmten Zeiten . . . elektrische Ab-weichungen« (was immer das ist) verursachen und »Impulse für magnetische Stürme liefern« – das ist wider alle Erfahrung, wider alle Vernunft und spricht jeglicher Wissenschaft Hohn.

Aber es wird geglaubt, unbeirrbar und ausdauernd: Atlantis seit mehr als 2000 Jahren, das Bermuda-Dreieck seit 30 Jahren. Wenn Magie im Spiele sein sollte, dann nicht bei der phantasie-vollen Interpretation merkwürdiger Fakten, sondern in dem Phä-nomen,

- daß immer wieder Legenden erfunden werden,
- daß es Legenden gibt, weil ein Bedürfnis nach ihnen besteht (Possin 1979),
- daß Legenden ein zähes Leben haben; sie sterben selten an der Wahrheit (so der britische Historiker G. M. Trevelyan).

Viele Menschen brauchen das Geheimnisvolle, Unerklärliche, das sich, wie es heißt, »nur wenigen Auserwählten offenbart«: Sie suchen es, und sie finden es, genau wie das Uralte Echte, die edle Hochkultur, den Garten Eden (der ja in der Vergangenheit liegt, nicht in der Zukunft). Und auf dieser Suche verlieren manche von ihnen jeden Maßstab, jedes kritische Urteil und gelangen zu blindem, oftmals fanatischem Glauben. Das ist zu-nächst nichts als ein *vager Hinweis auf Magisches*. Was es damit auf sich haben kann, wird vielleicht deutlicher, wenn wir uns der zweiten Bermuda-Theorie zuwenden, der UFO-Theorie.

Die Bermudas: Einflugschneise für UFOs

Auf eine knappe Formel gebracht, besagt die UFO-Theorie, daß außerirdische Lebewesen ein brennendes Interesse daran haben zu kontrollieren, was, wo, wie auf der Erde vor sich geht – vielleicht aus Furcht vor einer planetarischen Atomexplosion. Deshalb besuchen sie in Raumschiffen = UFOs die Erde und insbesondere das Bermuda-Dreieck. Ab und zu entführen sie ganze Flugzeuge, Schiffe oder deren Besatzungen, aus welchen Gründen auch immer. Manche Autoren sind der Ansicht, die Außerirdischen wollten Exemplare des Menschengeschlechts vor der kommenden Katastrophe bewahren, andere meinen, sie sammelten Menschen, so wie Menschen Briefmarken, Tiere oder Pflanzen sammeln.

Damit kommt ja nun das ganze UFO-Problem auf uns zu, die schier unendliche UFO-Literatur, die dazugehörige Legendenbildung – und die UFO-Gläubigen. Was hat das mit Magie zu tun? Müssen wir uns hier überhaupt damit befassen? Nun, *wenn Legendenbildung und Glaube tatsächlich eine gewisse Verwandtschaft zur Magie aufweisen* sollten, dann müßten wir auch dieser Spur nachgehen.

Zunächst freilich müssen wir wohl radikal in Frage stellen, was man landläufig als »Ufologie« bezeichnet. Allein schon vom Worte her. UFO heißt doch *U*nidentified *F*lying *O*bject, also Nichtidentifiziertes Flugobjekt. Das kann alles Mögliche sein: Wetterballons, Meteoriten, Stücke eines abgestürzten Weltraumsatelliten usw., Objekte, *die nicht als solche identifiziert sind*; all das sind definitionsgemäß UFOs. Bei den UFO-Gläubigen hingegen sind UFOs immer »*Fliegende Untertassen*« und also meist Weltraumschiffe der »Außerirdischen«.

UFO ist eine Abkürzung, die in der US-Luftwaffe seit langem im »Dienstgebrauch« ist. Aber die Untertassen? Der Name »Flying Saucers« stammt von einem amerikanischen Privatpiloten namens Ken Arnold; am 24. Juni 1947 seien ihm, so berichtete er, neun riesige glühende »untertassenartige« Scheiben begegnet. Diese Nachricht verbreitete sich eilends über die Titelseiten der amerikanischen Zeitungen und löste die bekannte »Untertassenhysterie« aus (Ernst Benz). Als sie abzuklingen begann, er-

Abb. 2

Im Jahre 2002: Unbekannte Flugobjekte (UFOs) über Winsen a. d. Luhe
(Karikatur von Tüte Hagedorn, 1977)

schien 1952 das Buch *Fliegende Untertassen aus dem Weltraum*
von Donal E. Keyhoe, einem pensionierten Major der US-Mari-
ne; 1955, vom gleichen Verfasser, *Die Verschwörung der Fliegenden Untertassen.* Damit war die UFO-Religion (so der bedeuten-
de Marburger Kirchen- und Religionshistoriker Ernst Benz, gestorben 1979) endgültig etabliert.

Ihr Hauptapostel war George Adamski, angeblich Professor
am Mount Palomar-Observatorium, der größten Sternwarte der
USA. Er hatte unter anderen mit dem Piloten eines Raumschiffes
von der Venus gesprochen – so verkündete er in zahlreichen
Vorträgen und Kongreßberichten (so auch in Wiesbaden 1967).
Auch Fotos legte er vor. Leider konnte man ihm nachweisen, daß
auf dem Foto »seines« UFOs statt eines Raumschiffes lediglich
der Deckel der Waschmaschine eines ganz bestimmten Fabrikats
abgebildet war; ferner, daß er gar nicht zum Observatorium
gehörte, sondern bloß einen Kiosk an der Straße dorthin hatte.

Benz schreibt dazu: »Auffällig ist nur, daß auch in der UFO-Religion – wie in ähnlichen Fällen der Religionsgeschichte – Entlarvungen den Glauben der Gläubigen selten erschüttern können.«

Fünfzehn Millionen US-Amerikaner glauben, selbst UFOs gesehen zu haben, unter ihnen Expräsident Carter. *Weitere* 30 Millionen glauben, daß es Fliegende Untertassen gibt. Nun, sehen wir einmal ab von all jenen, die sich mit erfundenen Beobachtungen wichtigmachen wollten – was immer die 15 Millionen Amerikaner gesehen haben, es waren höchstwahrscheinlich UFOs, aber eben keine extraterrestrischen Raumschiffe. Und wenn das amerikanische Nachrichtenmagazin *Newsweek* fragt: »15 Millionen Amerikaner können nicht irren – oder?«, so gibt die NASA (*N*ational *A*eronautics and *S*pace *A*dministration), die amerikanische Weltraumbehörde, die Antwort: Ja, sie irren, nämlich wenn sie UFOs automatisch für Flying Saucers halten.

In den fünfziger und sechziger Jahren hatte die US-Luftwaffe über 10 000 UFO-Berichte überprüft. 98 Prozent aller Beobachtungen und Fotos ließen sich als Mißverständnisse, Fehldeutungen und Fälschungen aufklären. Die restlichen zwei Prozent waren in ihren Angaben so ungenau, mangelhaft oder widersprüchlich, daß sie außer Betracht bleiben mußten.

Das alles ist seit über zwanzig Jahren bekannt, aber noch immer werden Fliegende Untertassen gemeldet, fotografiert (ganz selten: gefilmt!) und von Buch zu Buch weitergegeben; UFO-Gesellschaften tagen, UFO-Kongresse werden abgehalten, UFO-Gläubige berichten allen Ernstes, sie hätten ständig telepathischen Kontakt mit Mars- bzw. Saturn-Menschen (obgleich auf beiden Planeten nachweislich keine Spur menschenähnlichen Lebens existiert). Das Erschütternde daran ist, daß sie es wirklich glauben, *selbst* glauben (nicht nur zu glauben vortäuschen!) – so weit haben sie sich von der Realität entfernt. Was steckt dahinter, und wie kommt es, daß die UFO-Gläubigkeit immer weiter zunimmt?

Die NASA, die US-Luftwaffe, überhaupt jede amtliche oder wissenschaftliche Institution tut sich natürlich schwer in solchen Sachen. Unternehmen Sie nichts, so heißt es, sie verschweigen die Wahrheit und halten Material geheim. (Motto: »22 Jahre schwieg der CIA über die Existenz der UFOs«.) Befassen sie sich aber ernst und kritisch damit, so wird das gleich als Beweis für die Existenz der UFOs gewertet.

So veröffentlicht Berlitz den berühmten Fragebogen AFR 80-17 der amerikanischen Luftwaffe, mit Skizzen, Instruktionen und vielen, vielen Fragen. »Die Fragen sind insofern interessant, weil sie sich wie eine Zusammenfassung der Dinge lesen, die Leute berichteten, wenn sie glaubten, eine Fliegende Untertasse gesehen zu haben« (Berlitz). Nun, das ist überhaupt nicht interessant, sondern absolut selbstverständlich. Wonach in aller Welt sollte denn sonst gefragt werden?

Wenn dann herauskommt, daß es sich niemals um Fliegende Untertassen gehandelt hat, »so nimmt die Branche diesen Befund einfach nicht zur Kenntnis, sondern verbreitet die alten Behauptungen weiter« *(Der Spiegel)*. Manchmal erfindet sie noch Nachrichten dazu. So wird der Astronaut Gordon Cooper wörtlich zitiert: »Intelligente von anderen Planeten besuchen regelmäßig unsere Welt in der Absicht, mit uns Kontakt aufzunehmen. Ich bin verschiedenen Schiffen während meiner Raumfahrt begegnet« (*Bild am Sonntag* vom 2. April 1978). Cooper, vom *Spiegel* befragt: »Das ist eine totale Lüge. Ich habe so etwas nie gesagt. Irgend jemand hat sich diesen Quatsch aus den Fingern gesogen.« Hier fühlt man sich wieder einmal an den siebten Sohn eines siebten Sohnes erinnert.

Mehr braucht eigentlich über die Realität der Fliegenden Untertassen nicht gesagt zu werden. Es fragt sich nur noch, weshalb denn wohl die UFOs gerade an den Geheimnissen des Bermuda-Dreiecks beteiligt sein sollen. Nun, UFOs am Himmel sind der Legende nach im Dreieck eine geradezu alltägliche Erscheinung; sie tauchen hier viel häufiger auf als über anderen Gebieten (das ist nicht nachprüfbar). Es sei daher »nicht uninteressant, Vermutungen darüber anzustellen, warum sich die UFOs gerade auf dieses Gebiet konzentrieren« (Berlitz); beachten Sie bitte die lauwarmen Formulierungen! Ein Anziehungspunkt könnte natürlich der Weltraumbahnhof in Cap Canaveral sein.

Zu Vermutungen dieser Art haben nicht zuletzt angeblich historische Raumschiffberichte geführt, die bis in die Zeit des Pharaos Thutmosis III. (1504 bis 1450 v. Chr.) reichen. Auch der jüdische Prophet Hesekiel (Ezechiel, geboren vor 600 v. Chr.) soll mehrfach Besuch von einem Raumschiff erhalten haben. (Der NASA-Ingenieur Josef F. Blumrich hat aus der Bibel – Ezechiel Kap. 1, Vers 1 – nicht nur die *Vorgänge,* sondern auch das damalige *Raumschiff* bis ins letzte Detail rekonstruiert!). Überdies soll auch des Propheten Elia Auffahrt in den Himmel mittels eines »Feurigen Wagens«, also eines Raumschiffs, zustande gekommen sein.

Diese – und andere – »historischen Besuche« fanden der Legende nach jeweils in Gebieten und zu Zeiten besonderen kulturellen und technischen Fortschritts statt; offenbar überprüfen die Extraterrestrischen von Zeit zu Zeit, wie und wo es bei uns weitergegangen ist.

Bewiesen ist von alledem nichts, aber auch gar nichts. Und das war nach den NASA-Untersuchungen auch nicht anders zu erwarten. Mithin sollten und können wir die phantasievollen Interpretationen getrost beiseitelassen – wenn wir uns nicht erneut jenen Fragen zu stellen hätten, denen wir schon bei Uri Geller begegneten:

● Die Frage nach der gesellschaftspolitischen Relevanz (die sich allerdings bei den Extraterrestrischen wohl erübrigt, wenn wir von Hesekiels und Elias Raumfahrten absehen);

● die Frage nach der Massensuggestion und

● die Frage nach der Unbelehrbarkeit der Legenden-Gläubigen.

Zur zweiten Frage: Waren es bei Uri Geller jeweils ein paar hundert Zuschauer, die nach der Fernsehsendung meldeten, bei ihnen hätten sich Gabeln verbogen, so gibt es bei den UFOs *Millionen Gläubige.* Keinen von ihnen konnte die »Entlarvung« überzeugen; eher wurden sie noch in ihrem Glauben bestärkt. Wie munter die Legende vom »Flug 19« noch immer lebt und webt, zeigt der amerikanische Thriller-Film »Unheimliche Begegnung der dritten Art«. Er beginnt in der mexikanischen Sonora-Wüste. Im Sandsturm stehen da die fünf Avenger-Bomber, unversehrt, mit intakten Instrumenten, aufgetankt, kurz: startklar. Hier wird der Entführungsfaden also kräftig weitergesponnen, wider besseres Wissen. Aber freilich – der Film soll ja kein Dokument sein, sondern die 20 Millionen Herstellungskosten wieder einspielen und obendrein einen schönen Gewinn bringen.

Da muß man schon tüchtig mogeln, und da muß man auf die Wünsche und Bedürfnisse der Zuschauer eingehen – auf die offenen und geheimen Sehnsüchte nach dem Abenteuer, nach dem Übernatürlichen, nach den weisen und allmächtigen »Brüdern im All«, letztlich sogar nach dem Garten Eden und nach der Erlösung vom Irdischen, das uns gerade heute so wenig befriedigt. Klingt hier nicht doch die Magie an? Oder handelt es sich – wie Benz meint (S. 56) – um eine UFO-*Religion*, um eine echte, nicht bloß Ersatz-Religion?

Damit ist zugleich auch die dritte Frage, die nach der Unbelehrbarkeit, beantwortet – aber nur zum Teil. Denn nicht wenige UFO-Gläubige sind nicht bloß unbelehrbar, sondern fanatisiert, sind fixiert auf ihre Vorstellungen, das heißt: Sie können sich von ihnen um keinen Preis losmachen und sind aggressiv. Hier entdecken wir zum ersten Male eine Verbindung zu einem weiteren psychischen Phänomen, das der Psychoanalytiker und der Psychosomatiker *Zwangsneurose* nennt.

(Anmerkung: Die *Psychoanalyse*, von Sigmund Freud um die Jahrhundertwende geschaffen und ausgebaut, entdeckte und untersucht die unbewußten Vorgänge in der Seele des Menschen: Verschiebungen, Verdrängungen, Falsch-Erinnerungen und dergleichen mehr, eben auch die Neurosen; denen werden wir in den letzten Kapiteln diese Buches noch öfter begegnen. Die *Psychosomatik* befaßt sich mit den Wechselwirkungen zwischen Psyche [griech. Seele] und Soma [griech. Körper], mit krankmachenden und heilenden Vorstellungen, Neurosen, Zwangsneurosen usw. Beide, Psychoanalyse und Psychosomatik, haben vieles gemeinsam.)

Im Anschluß an diese sehr wichtigen Andeutungen und Fragen sollte noch ein weiteres Problem erwähnt werden, das uns immer wieder plagen wird: Die Mühsal der Widerlegung. Die Schilderung von »Flug 19« beanspruchte bei Berlitz fünf Seiten, bei Kusche deren sieben. Eine kritische *Untersuchung* fehlt bei Berlitz völlig; lediglich werden auf einer einzigen Seite ein paar Vermutungen geäußert. Kusche benötigt 21 Seiten, um zu zeigen, wie es beim »Flug 19« gewesen sein muß. Und das als Frucht monatelanger intensiver Suche und Arbeit.

Das Schlimmste aber: Es ist doch alles vergebens. Die Gläubigen glauben fester denn je; sie werden zornig und attackieren alle, die ihren Glauben zu erschüttern wagen; die Schriftsteller schreiben weiter Bestseller, der New Nonsense nimmt noch zu. Und wenn eine Fabel endgültig »erledigt« ist, sind schon wieder drei oder fünf oder zehn neue gestrickt worden, die aufzuklären wiederum monate- bis jahrelange Arbeit erfordert. Es ist nicht auszuschließen, daß die alten Griechen mit ihrer Sage von der Hydra (einem vielköpfigen Ungeheuer, dem für jeden abgeschlagenen Kopf schnellstens drei neue wuchsen) die Legenden, die Orakel und letztlich die Magie geißeln wollten.

Dennoch dürfen wir nicht aufhören, Betrug und Täuschung zu nennen, was Betrug und Täuschung ist, und sei es auch nur, damit die Unentschlossenen, die Gefährdeten (vgl. S. 33) davor bewahrt werden, sich von der Realität zu entfernen und in die Irrealität zu fallen.

3. Rückblick in die zwanziger Jahre: Thomas Mann und der Okkultismus

Nachdem sich die drei aktuellen Themen Geller, Bermuda-Dreieck und UFOs in Sachen Magie als völlig unergiebig erwiesen haben, wollen wir einmal sechzig Jahre zurückgehen, in eine Zeit, die lange fast verschollen war, heute aber wieder die Aufmerksamkeit der verschiedensten Gruppen auf sich zieht. Damals blühte der Okkultismus, und der schien mit der Magie nahezu identisch zu sein. Okkultismus (vom Lateinischen *occultus* = verborgen, geheim) ist ein alter Sammelname für alle Erscheinungen, die (scheinbar) mit den bekannten Naturgesetzen nicht erklärt werden können, also auch für Magie, Spiritismus, Mediumismus und dergleichen. Zwar begegnet man der Bezeichnung heute fast nur noch in den Titeln älterer Schriften und allenfalls als Stichwort in den Fachkatalogen der Buchhandlungen – aber das hat wohl etwas mit Mode zu tun.

Der Okkultismus wurde ungefähr in der Mitte des vorigen Jahrhunderts geboren. Sein Vater war Eliphas Levi = Alphonse-Louis »Abbé« Constant, ein Freimaurer, Kabbalist und eben Okkultist (1810–1875). Beginnend in den letzten Jahren vor der Jahrhundertwende, erlebte »sein« Okkultismus kurz vor und kurz nach dem Ersten Weltkrieg seine Hochblüte, dann folgte der Verfall. Insofern könnte er uns gleichgültig sein. Jedoch, im Verborgenen lebt er noch immer, wie alle Geheimwissenschaften und Legenden, nur nennt man ihn heute anders: Parapsychologie, Psi und ASW = Außersinnliche Wahrnehmung. Wir dürfen also nicht darauf verzichten, uns mit ihm zu befassen; jeder Weg muß uns recht sein, der uns der echten Magie etwas näherbringen könnte.

Was nun Thomas Mann angeht, so hat er nur gelegentlich mit dem Okkultismus zu tun gehabt, etwa 1920 bis 1922 – dies allerdings sehr hautnah, und er hat es in seiner ironisch-arroganten Manier ausgiebig geschildert. Ich selbst bin über Thomas

Mann mit der Magie bekannt und für mehrere Jahre zum Magie-Gläubigen geworden. Und damit begann eine merkwürdige Kette von Namen, die mancher Parapsychologe heute sicherlich als »Schicksal der dritten Art« interpretieren wird. Doch darüber später

Als Schüler und Student war ich fasziniert von Thomas Manns Romanen, und ich begann, seine Werke zu sammeln, soweit mir das damals finanziell möglich war. 1935, als Hitler schon zwei Jahre an der Macht war, konnte man in den Leipziger Antiquariaten noch Bücher aller »verfemten« Autoren finden, von Mann bis Tucholsky; so erstand ich auch einen Band *Gesammelte Abhandlungen* mit dem Titel *Bemühungen* (erschienen 1925). Er enthielt neben dem großen Fragment über *Goethe und Tolstoi* auch einen Aufsatz *Okkulte Erlebnisse*. Darin berichtet Mann auf einem halben Hundert Seiten, was sich auf einer *séance* (franz. Sitzung, eine nichtöffentliche Veranstaltung) bei Dr. med. Albert Freiherr von Schrenck-Notzing und seinem »Medium« Willy S. ereignete. (Ein Medium ist eine der außersinnlichen Wahrnehmung für fähig gehaltene Person.)

Wer sich ein bißchen in der älteren Okkultismus-Literatur auskennt, dem ist auch der Name Schrenck-Notzing geläufig; der Baron hat zwischen 1914 und 1924 ein paar einschlägige Bücher geschrieben über den Okkultismus und insbesondere den sogenannten »Physikalischen Mediumismus«; sie sind die Frucht seiner jahrelangen Arbeiten. Schrenck-Notzing (1862 bis 1929), fest vom Okkultismus überzeugt, wollte experimentell nachweisen, daß Übersinnliches geschehe, und zwar durch verschiedene Medien wie E. Carrière, Rudi und eben auch Willy S. (genauer: Willy Schneider). Er versuchte durch »strenge« Kontrolle jede Möglichkeit eines Betruges auszuschließen. Das hat freilich nicht verhindert, daß er von seinen Medien kräftig betrogen worden ist; er mußte es noch erleben, daß sie eindeutig als Betrüger überführt wurden. Und Willy S. erscheint hier stellvertretend für die zahllosen Medien, die seinerzeit ihre Künste für übernatürlich ausgaben.

Was haben dem Baron Schrenck-Notzing diese Séancen – mit kostenfreiem Eintritt – eingebracht? Außer einem zweifelhaften Ruf nur Ausgaben. Aber er konnte es sich leisten, Willy S. bei sich aufzunehmen (und zu monopolisieren) – er war einer der Erben der Farbenfabrik Siegle, und sein Vermögen wurde 1914 auf zehn Millionen Goldmark geschätzt (laut dem *Jahrbuch der Millionäre im Königreich Württemberg*, zit. nach Engelmann).

Eine Glocke läutet, ein Taschentuch erhebt sich, eine Schreibmaschine schreibt

Lassen wir uns einmal berichten, was auf einer dieser Sitzungen geschah, 1922 in München. An ihr nahmen außer Thomas Mann noch zwei Professoren der Zoologie (einer mit einer Handharmonika), zwei Ärzte, eine Nervenärztin, ein Schauspieler, ein polnischer Maler sowie die Pflegemutter des Mediums teil – alles honorige Leute, aber wohl kaum besonders befähigt, Betrugsspezialisten auf die Schliche zu kommen. Einer der Ärzte hatte übrigens einen Apparat zur Blutdruckmessung mitgebracht; wir müssen noch darauf zurückkommen. Vor Beginn wurde das Medium Willy S. mit einem schwarzen Trikot bekleidet. Damit er nicht fror, gab man ihm einen alten Schlafrock des Barons. Den hatte man mit Leuchtbändern benäht, obendrein mit großen Nadeln mit Leuchtköpfen besteckt, so daß man die »Umrisse« des Mediums erkennen konnte. Die ganze Veranstaltung fand nämlich im Dunkeln statt: im gesamten großen Raum gab es lediglich eine Deckenleuchte sowie eine kleine Tischlampe, beide rot und schwarz verhüllt. »Ich kämpfe um jeden Strahl!« sagte Schrenck-Notzing, »aber dies ist alles, was ich bis jetzt erreichen konnte.« (Anmerkung: Schwaches Rotlicht führt dazu, daß man alle Größen- und Höhenmaße falsch einschätzt.)

Dann setzte man sich zu einem Kreis zusammen, der zu etwa drei Vierteln geschlossen war; am einen »Ende« saß Willy S. mit zwei »Kontrolleuren«, am anderen der Hausherr. Nicht ganz in der Mitte, etwa anderthalb Meter von Willy S. entfernt, stand ein Tischchen mit dem Lämpchen sowie einer Handglocke, einem Teller mit Mehl, einer Schiefertafel und Kreide, daneben ein umgestülpter Papierkorb, auf ihm eine Spieldose, und neben dem Papierkorb, auf dem Teppich, schließlich noch eine Schreibmaschine.

Die Kontrolleure hatten folgende Aufgaben: Thomas Mann, als einer von ihnen, rückte seinen Stuhl an das Medium heran, nahm dessen Knie zwischen die seinen und faßte Willys Hände, während die Pflegemutter, als zweite Kontrollinstanz, die Handgelenke des Mediums hielt.

Eine Stunde saß man so, ohne daß etwas geschah. Willy S. fiel derweilen in Trance und wand sich in Stößen hin und her. Vor allem aber spaltete er sich in zwei »Leitgeister« namens Erwin und Minna. (Damals waren solche Praktiken üblich, s. S. 67.) Diesmal war Minna da und erklärte sich bereit, durch Händedruck (ja) oder seitliches Hin und Her der Hände und des Oberkörpers (nein) Antwort auf Fragen zu geben. Doch das klappte noch nicht; zunächst mußte eine Pause eingelegt werden.

Erst danach, als Thomas Mann die Rolle des zweiten Kontrolleurs übernommen hatte, die des ersten aber von dem polnischen Maler, »des Mediums Lieblingskontrolleur« (»Wenn er Willys Hände hielt und seine fröhliche Behandlungstechnik spielen ließ, so kam fast immer etwas zustande«), gab es Phänomene: Ein Taschentuch wurde mehrfach emporgehoben, die Glocke (mit Leuchtstreifen markiert) wurde »genommen« und kräftig geläutet und schließlich unter den Stuhl eines Anwesenden geworfen; der Korb wurde hochgehoben, Leuchtringe auf dem Teppich verschoben sich, die Schreibmaschine schrieb (»wirr aneinandergefügte große und kleine Buchstaben – was mutmaßlich anders gewesen wäre, wenn Willy sich aufs Maschineschreiben verstünde«), und endlich gab es sogar noch eine »Materialisation«: Ein Geist (Minna?) oder ein Gedanke verdichtete sich zu einem länglichen Etwas, weißlich schimmernd, von der Größe und Form etwa eines Unterarm-Stumpfes; das Etwas stieg ein paarmal auf und ab, beleuchtete sich blitzartig aus sich selbst und verschwand wieder. Solches geschah, während sich die Runde auf Minnas Anordnung krampfhaft unterhielt, Ziehharmonika gespielt wurde (von einem der beiden Zoologie-Professoren!) und eine (andere) Spieldose ihre Liedchen erklingen ließ – eine, wie man zugeben wird, ziemlich läppische Veranstaltung...

Ein Geist taucht seine Hand in Paraffin
und hinterläßt einen Handschuh

Thomas Mann ist offenbar mehrmals bei solchen Sitzungen zugegen gewesen, und er hat bei ihnen noch Weiteres kennengelernt: zum einen die Paraffinhand, und dann zum andern die Spuren von Tonerde an Willys Fingern. Beides hat ihm großen Eindruck gemacht.

Mit der Paraffinhand hat es folgendes auf sich: Die »Geisterhand« taucht in flüssiges Paraffin, das auf warmem Wasser schwimmt. Dabei bildet sich so etwas wie eine Gußform (»aus der keine Menschenhand sich befreien könnte, ohne sie zu zerbrechen«). Das telepathische Organ hingegen löst sich mühelos daraus. Man gießt dann den erkalteten Paraffinhandschuh mit Gips aus und hat so einen Abguß der Geisterhand – er soll angeblich keine Ähnlichkeit mit den Händen des Mediums oder denen der übrigen Teilnehmer aufgewiesen haben.

Beim zweiten Phänomen war ein handartiges, rosa leuchtendes Gebilde zu sehen, das auf der Oberfläche eines Blockes aus Tonerde hantierte. Nach der Sitzung fand man einen flachen Eindruck auf dem Block und Spuren von Tonerde an Willys Fingern. Thomas Mann dazu: »Der Blitz soll mich treffen, wenn ich lüge . . . Ich frage Natur und Geist, ich frage die Vernunft, die thronende Logik: Wie, wann und wo war die Tonerde an Willys Finger gekommen?«

Darauf gibt es eine einfache Antwort – und sie überführt zugleich das Medium: als Willy seine Hand in die Tonerde drückte. Es war *sein* Arm, der rosa leuchtend zu sehen war. Man hat – 1920 und 1923 – zum Zwecke der Überführung die Glocke mit klebriger Farbe angestrichen. Man fand anschließend die Farbe an Willys Hand.

Diese ernüchternde Antwort hätte sich vermutlich Thomas Mann selbst gegeben, wenn er (und die übrigen Teilnehmer der Runde, Schrenck-Notzing vermutlich eingeschlossen) gewußt hätte, was bereits 1923 aktenkundig und zum Teil im sogenannten *Dreimännerbuch* (s. S. 70) veröffentlicht wurde:

● daß Vater Schneider seinen Willy und den jüngeren Bruder Rudi schon in frühester Jugend zu allerlei »magischen« Kunststückchen abrichtete und sie in Braunau am Inn in kleinen Veranstaltungen gegen Geld auftreten ließ;

- daß Willy S. ein Angebot ablehnte, an der berühmten Sorbonne in Paris seine magischen Kräfte spielen zu lassen, gegen 2000 Francs pro Woche, 4 bis 6 Wochen lang zu zahlen, bei erfolgreicher Demonstration zusätzlich 12 000 Francs (das entspräche heute einer halben Million DM!);
- daß Willy S. im Frühjahr 1923 plötzlich und unter Mitnahme der Koffer seiner Münchner Hauswirtin nach Wien entfloh, um einer Verhaftung wegen Goldschmuggels zu entgehen;
- daß sein jüngerer Bruder Rudi, weniger geübt als Willy, in aller Öffentlichkeit des Betruges überführt wurde;
- daß die Professoren Przibram und Meyer sämtliche Leistungen Willys perfekt nachahmten – ohne mediales Gehabe.

Und wie war das mit der Paraffinhand? Willy S. hatte die Technik nicht erfunden. Dazu müssen wir umschalten auf ein anderes Medium: Die Amerikanerin Margery = Mina Stinson, die dritte Frau des Chirurgen Dr. Le Roi Goddard Crandon. Margery trat vor allem zwischen 1920 und 1926 auf, mit beispiellosem Erfolg. Sie beherrschte nicht nur Willys Glocken- und Schreibmaschinentrick, sondern bei ihr spielte »es« Klavier und Mundharmonika, bewegte Stühle, ließ Lichtkegel durch den Raum huschen und bewerkstelligte vieles andere mehr. Wie Willy bediente sie sich dabei eines »Leitgeistes« – meist war es ihr 1922 verstorbener Bruder Walter Stinson.

(Anmerkung: »Leitgeister« scheinen die große Mode der zwanziger Jahre gewesen zu sein; auch das Medium Nino Pecoraro sprach – 1922 – durch einen »Leitgeist« [und verblüffte auch Sir Arthur Conan Doyle, den »Erfinder« des Meisterdetektivs Sherlock Holmes]; diesmal war es das verstorbene, berühmte und des vielfachen Betruges überführte Medium Eusapia Palladino.

Dazu gleich noch eine weitere Anmerkung: Aller Wahrscheinlichkeit nach hatte Willy S. nicht nur Margerys Tricks gelernt, sondern kannte auch ihren wirklichen Namen Mina Stinson: Sollte sein weiblicher »Leitgeist« gar nicht Minna gewesen sein, sondern Mina? (Willy war der englischen Sprache unkundig.)

Dr. Crandon machte es sich mit der Kontrolle seines Mediums

recht einfach: Er ließ überhaupt keine Kontrolle zu. Erst 1924, als er seine Frau für den Wettbewerb des *Scientific American* anmeldete, mußte er sich Kontrollen gefallen lassen. (Neuerliche Anmerkung: 1922 schrieb dieses international anerkannte Wissenschaftsmagazin – von dem es seit wenigen Jahren auch eine deutsche Ausgabe gibt: *Spektrum der Wissenschaft* –, es könne anhand der vorliegenden Fakten nicht entscheiden, ob die Medien tatsächlich über psychische Kräfte verfügten oder nicht. Es wurden zwei Preise ausgelost zu je 2500 Dollar; eine für eine echte Psycho-Fotografie, der andere für ein echtes sichtbares Phänomen. Zur Jury gehörte auch Harry Houdini, der große Entfesselungs- und Zauberkünstler, der alles daransetzte, Schwindler bloßzustellen – wir werden noch mehr von ihm hören.)

Margery saß zwischen ihrem Mann (!) und Houdini so, daß sie mit ihrem rechten Bein das linke ihres Mannes und mit ihrem linken das rechte Bein Houdinis berührte. Houdini zog unbemerkt sein Hosenbein hoch und konnte nun mit bloßer Haut Margerys Bewegungen spüren. Und sie bewegte sich: Ihr Bein glitt an Houdinis Bein entlang und bewegte den Fuß zwischen Houdinis Füßen auf die Glocke zu.

Bei ihren öffentlichen Veranstaltungen führte sie über ihren »Leitgeist« Gespräche mit Toten, ja sie produzierte sogar deren Fingerabdrücke. Später wurde ihr nachgewiesen, daß die Abdrücke von ihrem Zahnarzt stammten. Übrigens, den Preis des *Scientific American* hat Margery doch nicht bekommen. Das war Houdinis Verdienst. Er selbst gab zu, daß er viel Mühe hatte, Margerys Tricks zu durchschauen. Aber es ging ihm gegen seine Zauberer-Ehre, daß ein Betrüger einen so renommierten Preis erhalten sollte.

Soviel zum Medium Margery und zur Kontrolle. Und nun endlich zur Paraffinhand. Den Trick entdeckte der – gerade anwesende – neuseeländische Arzt J. P. S. Jamieson bei einer Untersuchung der Geisterhandschuhe Margerys. Das ganze Geheimnis besteht darin, daß man den Umfang einer Hand um etwa 10 Prozent vergrößern kann: Man läßt die Hände des Mediums herabhängen und legt dann den Abklemmschlauch eines Blutdruckmeßgerätes an (wie es einer der Ärzte bei Willy mit sich führte!). Dadurch wird die zuführende Arterie nicht zusammengedrückt, wohl aber die Rückflußvene. Die solchermaßen geschwollene Hand wird zum Abdruck in das Paraffin getaucht, bis eine hinreichend dicke Schicht entstanden ist. Zum Erhärten taucht das Medium die Hand samt Paraffinhandschuh in kaltes Wasser. Anschließend hebt das Medium seinen Arm, der Schlauch wird gelockert, und auch der Handschuh lockert sich. Wenn nun noch die Hauptarterie geschlossen wird, etwa durch Einklemmen eines Buches, läßt sich der Handschuh bequem abstreifen. Das Paraffin ist dann noch nicht ganz fest, und so kann man sogar noch die Handgelenksöffnung nachträglich verkleinern. Dann sieht es wirklich so aus, als ob eben nur eine nichtmaterielle Geisterhand im Handschuh gewesen sei.

Über zweifelhafte Versuche, Medien zu kontrollieren

Wie aber konnte Willy S. – um endlich wieder zu ihm zurückzukehren – solche Manipulationen selbst ausführen, wo er doch durch beide Kontrollpersonen festgehalten wurde? Nun, da gibt es mehrere Möglichkeiten. Am einfachsten geht es, wenn die Kontrolleure links und rechts vom Medium sitzen und dessen Hände halten. Bei den stoßartigen Trancebewegungen legt das Medium die rechte Hand seines linken Nachbarn in die linke seines rechten; solch ein Tausch wird im allgemeinen nicht bemerkt. Willy brauchte dann nur noch aus dem Schlafrock zu schlüpfen; die darangesteckten Leuchtstreifen blieben ja ungefähr an Ort und Stelle, und Willy konnte seine »telekinetischen« Akte vorführen.

Schwieriger ist es, die Aufmerksamkeit der Kontrollpersonen abzulenken, die Willys Knie zwischen den ihren hielten. Aber auch das ist kein ernsthaftes Problem. Während Thomas Mann die Knie hielt, geschah ja auch nichts. Erst als Willys »Lieblingskontrolleur« Thomas Manns Platz einnahm, ereignete sich das »Unglaubliche«. Sollte der polnische Maler mit im Bunde gewesen sein, vielleicht auch Willys Pflegemutter? Schließlich wäre noch zu fragen, weshalb denn einer der Ärzte einen Apparat zur Blutdruckmessung mitgebracht hatte; besondere Aufschlüsse waren doch von solchen Meßdaten nicht zu erwarten. Hingegen war der dazugehörige Abklemmschlauch unentbehrlich bei der Herstellung der Paraffinhand ...

Es ist durchaus wahrscheinlich, daß Thomas Mann, ausdrücklich als Kontrollperson benannt, nichts dergleichen bemerkt hat. Hören wir ihn selbst: »Mein Wohlwollen war grenzenlos. Ich fühlte mich voller Laxheit und Wohlwollen, geneigt, die Überwachung als Formalität zu behandeln. Wie komme ich dazu, diesen Jungen, der sich anschickt, Merkwürdiges zu leisten, durch Kundgebungen des Verdachts herabzustimmen, er wolle mich betrügen? Ich bin ein Skeptiker, der wünscht, daß etwas zustande kommt ...«

Und die gleichfalls vor Beginn kontrollierende Ärztin? Als Willy sich das Trikot überstreifte, »blickte sie heiter in die Luft«. Das ist freilich nicht die richtige Einstellung zur Kontrolle; es hat nichts mit wissenschaftlicher Exaktheit zu tun und fordert geradezu zum Betrug heraus.

Leider wissen wir nicht, wie die Kontrollen bei Thomas Manns anderen, von ihm nicht beschriebenen Besuchen waren. Ob wieder der polnische Maler mit von der Partie war? Aber da gibt es das – leider viel zu wenig bekannte – *Dreimännerbuch* von Gulat-Wellenburg, v. Klinckowstroem und Rosenbusch (1923) über den »Physikalischen Mediumismus«. Hier werden Dutzende von okkulten Phänomenen beschrieben und genau überprüft – mit ermüdender Regelmäßigkeit zeigen sie die Fragwürdigkeit, ja die unglaubliche Schlamperei solcher Kontrollen – darunter auch solche bei Sitzungen mit Willy S. beim Freiherrn von Schrenck-Notzing. Ein Musterbeispiel, vorgeführt von namhaften Universitätsprofessoren, lautet schlicht und einfach: »Die Kontrolle war einwandfrei.« (Prof. Stefan Meyer, nach Schrenck-Notzing, S. 80).

Das *Dreimännerbuch* ist weithin unbekannt, weil es von den Okkultisten totgeschwiegen wurde. Aber Thomas Mann hätte es kennen müssen. Dann würde er sicher nicht behauptet haben, daß eines Tages diejenigen, die von Schwindel, Taschenspielerei und Betrug sprachen, »leugnen, je so geurteilt zu haben«. Das war vor sechzig Jahren. Heute findet man in den Lexika meist nur den Baron Schrenck-Notzing, nicht aber die Autoren des *Drei-*

männerbuches. – Willy S. und sein Bruder Rudi haben später den Betrug eingestanden.

Der Zufall und das Schicksal

Ich selbst habe das *Dreimännerbuch* damals auch nicht gekannt. Ich habe Thomas Mann geglaubt. Erstens, weil ich ihn sehr hoch schätzte. Das allein ist noch kein hinreichender Grund. Wenn selbst ernste und kritische Wissenschaftler hintergangen wurden, dann durfte das auch bei einem Schriftsteller der Fall sein.

Der zweite Grund, aus dem ich Thomas Mann glaubte, war, daß ich *Mathilde Ludendorff* nicht glauben wollte und konnte. Mathilde Spieß, verehelichte und geschiedene Kemnitz, wiederverehelichte Ludendorff, war und ist durch ihren maßlosen, ja geradezu hysterischen Antisemitismus und Antiokkultismus bekannt und berüchtigt. Sie bekämpfte in zahlreichen unqualifizierten Schriften die Freimaurer, die Juden, die Kirche. Auf der anderen Seite hatte sie auch Anteil an der Aufdeckung der Betrugsmanöver bei Schrenck-Notzing. Und damit war sie im Recht.

(Anmerkung für jüngere Leser: General Erich Ludendorff [1865 bis 1937] war während des Ersten Weltkrieges unter Hindenburg Chef des Generalstabes und maßgeblich an der Verschärfung der Kriegführung beteiligt. Nach dem Krieg stand er bei den »Völkischen« ganz weit rechts und nahm auch am Hitlerputsch 1923 teil, trennte sich dann aber vom »Führer«.)

Da war ich also auf dem Umweg über Thomas Mann und den Baron zu Mathilde Spieß gekommen. Aber das ist nicht das eigentlich Verwunderliche. Mathilde Spieß war Schülerin und Mitarbeiterin des Münchener Professors Emil Kraepelin, des Begründers der modernen Psychiatrie. Ich kannte ihn damals freilich nur dem Namen nach. Anders war es mit seinem Bruder Karl. Dessen Buch *Naturstudien im Garten* (1890) schenkten mir meine Eltern schon frühzeitig, kaum daß ich lesen konnte; es hat maßgeblichen Anteil an meiner Absicht, Biologe zu werden. Damit noch nicht genug: Eine Enkelin des großen Kraepelin, Frau Professor Gunda Kraepelin, die jetzt an der TU Berlin die

Botanik vertritt, wurde meine Schülerin und für einige Zeit meine Mitarbeiterin.

Solch seltsame Verknüpfungen und Begegnungen, die uns so unwahrscheinlich vorkommen und manchmal das Leben bestimmen, ereignen sich gar nicht so selten. Man nennt sie meist Zufälle (Zufall = »das Eintreten oder Zusammentreffen von Ereignissen, die nach möglicher Voraussicht nicht zu erwarten waren« – so das Lexikon). Wilhelm von Scholz, Romancier und Mystiker zugleich (1874 bis 1969, von 1926 bis 1928 Vorsitzender der Preußischen Dichterakademie), hat derlei absonderlich anmutende Verknüpfungen gesammelt und publiziert, und zwar unter dem Titel, der über diesem Abschnitt steht: *Der Zufall und das Schicksal* (Taschenbuchausgabe 1959). Er sieht in diesen Verknüpfungen »die Anziehungskraft des Bezüglichen« und meint damit, daß Personen, Dinge und Ereignisse, die auf eine magische Weise aufeinander Bezug haben, zueinander finden, oft auf seltsamsten Umwegen.

Das ist natürlich nur eine Interpretation und keine Analyse; wir sollten sie dennoch in Erinnerung behalten, denn im nächsten Kapitel wird der Zufall eine erhebliche Rolle spielen.

Doch nun zum letzten Mal zurück zu Willy Schneider.

Betrug oder »Wahn der Negation«?

Willy Schneider war gewiß kein besonders einfallsreiches Medium. Andere (Trickbetrüger) vollbrachten sehr viel eindrucksvollere »Materialisationen« mit ganz abenteuerlichen Formen und Figuren, ja Fratzen: Im Fast-Dunkel des Sitzungsraumes erschienen sie als weißliche gespensterartige Gebilde und verschwanden wieder. In einigen Fällen durften sie sogar angefaßt werden. Sie erwiesen sich als feucht und kalt – sie hatten also nicht die Temperatur menschlicher Lebewesen. Hin und wieder gelang es auch, das Materialisierte zu erfassen und zu analysieren. Meist handelte es sich um Gaze oder Mull; es war vor dem Versuch in Mund, Mastdarm oder Scheidenpessar eingeschmuggelt worden.

Daß Baron Schrenck-Notzing – und manche andere Medien-Manager – betrogen wurden, ist sicher. Daß er hingegen selbst betrogen hat – wie die meisten Medien-Manager – ist nicht erwiesen. Sehr wahrscheinlich war er viel zu gutgläubig, viel zu wenig kritisch, als daß er an Betrug geglaubt hätte. Dafür nur ein Beispiel. Bevor er Willy S. in seine Obhut nahm, experimentierte er, gemeinsam mit Prof. J. Ochorowiecz, mit dem polnischen Medium Stanislawa Tomczyk. Der Baron veröffentlichte Fotos, auf denen zu sehen ist, wie zwischen den Händen des Mediums eine Kugel scheinbar frei schwebt. Eine – gleichfalls publizierte – *Vergrößerung* zeigt indessen, daß die Kugel auf zwei feinen Fäden liegt. Das war für Schrenck-Notzing aber lediglich ein Anlaß, sie für »fluide Fäden zu halten, die vom Medium ideoplastisch produziert werden«. Darf man da noch von Leichtgläubigkeit sprechen, oder handelt es sich womöglich nur um eine Schutzbehauptung, mit der sein Renommé gewahrt werden sollte? Gleichviel, ob Willy S., Schrenck-Notzing oder beide betrogen – es war nachweislich Betrug im Spiel.

In diesem Zusammenhang sei schon jetzt ein Hinweis auf den Freiburger Professor Hans Bender (scherzhaft »Geisterprofessor« genannt) erlaubt. In seinem Buch *Unser sechster Sinn* (1971!) hat Bender auch das erste Foto von S. Tomczyk aufgenommen, *nicht aber das entlarvende zweite,* obwohl selbst Schrenck-Notzing beide nebeneinander reproduziert hat. Wenn solchergestalt die Aufdeckung des Betruges jahrzehntelang beharrlich negiert und der Betrug selbst emphatisch als Psi-Erscheinung dargeboten wird, und zwar sozusagen von Amts wegen (Bender leitet das Institut für Grenzgebiete der Psychologie und Psychohygiene in Freiburg), dann mag man mit solchen Parapsychologen gar nicht mehr so gern diskutieren.

Thomas Manns Prophezeiung ist nicht eingetroffen, der Okkultismus ist gewissermaßen aus der Mode gekommen. An seiner Statt regiert Psi die Stunde, heute experimentiert man mit »Zufallsgeneratoren« (siehe das folgende Kapitel), verbiegt Gabeln, liest mit den Fingern und hält die Götter für Astronauten. Und seit kurzem beginnt man sogar mit Ratten, Mäusen und selbst mit Pantoffeltierchen zu arbeiten (»Psi bei Tieren«). Auch darüber wird im nächsten Kapitel berichtet.

Es bleibt noch eines nachzutragen: Nicht nur bei Margery, sondern auch bei Willy S. hat ein Berufszauberer den Nachweis geführt, daß Schrenck-Notzing das Opfer von Taschenspieler-künsten gewesen ist: nämlich Harry Houdini, der Meisterzauberer und engagierte Kämpfer gegen den Betrug – bereits 1924 –, so wie es bei Uri Geller Milbourne Christopher war. Und genau wie bei Uri Geller zeigt sich, daß allen Widerlegungen zum Trotz – bei Willy 1920 und 1924, bei Margery 1923 – viele Menschen, auch kritische Wissenschaftler, an mediale Fähigkeiten glauben, daß die Bloßstellungen einfach negiert oder gar als böswillige Absicht hingestellt werden.

Ja, Hans Bender kehrt sogar den Spieß um und wirft den »Negativisten« vor, »sie werden sich niemals davon überzeugen lassen, daß sie selbst einem Wahn der totalen Negation zum Opfer fielen«.

Die Krone der totalen Perversion gebührt aber ohne Zweifel Johann Karl Friedrich Zoellner (1834 bis 1882), Professor für Physik (!) und Astronomie (!) an der Universität Leipzig. Er gilt als Schöpfer der Astrophysik und hatte einen ausgezeichneten wissenschaftlichen Ruf. Leider ließ er sich in seinen letzten Jahren mit dem Amerikaner Henry Slade ein, der eine Zeitlang Triumphe als Magier gefeiert hatte, in Australien, Großbritannien, Rußland u. a. Er ließ z. B. einen Geist Botschaften auf eine Tafel schreiben, ohne sie zu berühren (ein ganz billiger Trick; die Sladeschen Zaubertafeln sind heute in jedem einschlägigen Geschäft zu haben). Dem Professor Zoellner führte er andere Wunder vor, z. B. Ringe, die sich um das feststehende Bein eines Holztisches schlossen, Seile, die sich verknoten und dann wieder öffnen – alles heute ins Standardprogramm vieler Varieté-Zauberer übernommen.

Nun, das war alles längst als Trickbetrug bekannt und bedarf nicht der Erwähnung. Das Merkwürdige kommt denn auch jetzt erst: Ein Kollege Zoellners erzählte ihm, er kenne einen gewissen Dr. Christiani; der könne Slades Knotenexperiment nachmachen, ohne zu zaubern, und für jedermann sichtbar. Zoellners Reaktion war erstaunlich: Christiani sei in Wirklichkeit ein Medium und *zugleich insofern ein Betrüger*, als er dem Publikum *vorspiegle*, daß er nur ein gewöhnlicher Taschenspieler sei und das Sladesche Experiment jederzeit mit Hilfe seines bewußten Willens ausführen könne, während er doch in Wirklichkeit mit übernatürlichen Kräften begabt sei!

Wir sollten weder Professor Zoellners Perversion (lat. Verdrehung, Verkehrung; sollte nur in Spezialfällen auf Sexuelles bezogen werden!), noch Professor Benders »Wahn der Negation«, noch die Unbelehrbarkeit als Kuriosität abtun, denn hier wird in erster Andeutung sichtbar, daß zwischen Okkultem und Wahn nicht immer eine scharfe Grenze gezogen werden kann, sondern daß *Beziehungen* bestehen. Dabei ist es zunächst unerheblich, ob sie Gläubige oder Negativisten betreffen. Wir werden diese erste Andeutung weiter zu verfolgen haben . . .

4. Der Fall Rhine, oder wie man Unwahrscheinliches produziert

Um es zu wiederholen und um noch bei meinen persönlichen Ansichten zu bleiben: daß Willy S. seinen Gönner und Manager Schrenck-Notzing betrogen hat, obgleich seine Tricks bereits aufgedeckt und publik geworden waren, als Thomas Mann in den Kreis der Betrogenen geriet – das habe ich erst Jahre nach dem Zweiten Weltkrieg erfahren. Bis dahin glaubte ich an Thomas Mann und das Okkulte, das Übersinnliche, an die Magie.

Freilich, nach 1935, im Kriege und in der Nachkriegszeit waren andere Dinge wichtiger als jenes merkwürdige Geschehen im schummrigen Dunkel, und so geriet der Okkultismus bei mir in Vergessenheit. Ich wurde erst wieder darauf aufmerksam, als ich etwa 1950 von den Versuchen Professor Rhines las.

Professor Joseph Banks Rhine (geb. 1895) war Direktor des von ihm gegründeten Parapsychologischen Instituts der Duke University in Durham (USA). Hier wurde seit 1934 mit wissenschaftlichen Methoden gearbeitet, im hellen Licht nüchterner Labors, mit endlos langen Versuchsreihen. Aus ihnen ergab sich, wie die Berichte offenbar erwiesen, mathematisch sorgfältig abgesichert, daß viele Mitarbeiter Rhines, aber auch fremde Versuchspersonen in einer Art Ratespiel überdurchschnittliche Ergebnisse erzielten: Sie lagen außerhalb des Zufalls, außerhalb der sogenannten Durchschnittserwartung und konnten also nicht auf natürliche Weise zustande gebracht worden sein: *Psi mußte im Spiel sein.*

Ich fand meinen Glauben an Thomas Mann und an die Magie bestätigt (sowie meine Abneigung gegen Mathilde Ludendorff). Allerdings muß ich gestehen, daß ich es für einige Jahre mit dem flüchtigen Kennenlernen der Rhine'schen Versuche bewenden ließ. Erst als mir das Dreimännerbuch unter die Hände kam, mit seiner betont kritischen Einstellung auch gegen Willy S., wurde ich stutzig – zumal Thomas Mann mir längst nicht mehr so viel bedeutete wie früher –, und ich begann, mich auch mit Professor Rhine kritisch zu beschäftigen. Eines mußte ich sogleich feststellen: Die Rhine-Versuche, insbesondere aber ihre mathematische Behandlung, waren *von Anfang an wissenschaftlich umstritten, und so ist es bis heute geblieben.*

Nun aber zu Rhines Versuchen. Zunächst einmal: Es handelt sich um eine Art Ratespiel mit 25 Karten: Sie werden nach ihrem Erfinder – einem Mitarbeiter Rhines – *Zener-Karten* genannt.

Abb. 3

DIE TESTKARTEN FÜR TELEPATHIE UND HELLSEHEN
Experimente von Professor Rhine, USA

Die Zeichnungen sind vom Universitätsassistenten Dr. Zener, einem Mitarbeiter Prof. Rhines, entworfen worden. Ein Spiel enthält 25 Karten, je 5 von jeder Figur.

Fünf verschiedene Karten, mit einem Kreis, einem Kreuz, einem Quadrat, mit Wellenlinien und einem Stern gekennzeichnet, sind je fünfmal vertreten. Sie werden gemischt und nacheinander vom Versuchsleiter aufgenommen, ohne daß die Versuchsperson (das Medium) die Symbole erkennen kann. Das Medium hat vor sich eine Fünferreihe mit den fünf verschiedenen Symbolen liegen und versucht nun, zu »erraten« oder durch »Außersinnliche Wahrnehmung« (ASW oder ESP = Extransensory Perception) herauszubekommen, welche Karte der Versuchsleiter aufgenommen hat. Jede Angabe des Mediums wird registriert. Der Versuchsleiter führt seinerseits gleichfalls Protokoll über die aufgelegten Karten; beide werden verglichen, Übereinstimmung und »Fehlleistung« markiert.

Die entscheidende Überlegung ist nun folgende: Wenn alles nur per Zufall läuft, dann ist bei einem Durchgang von 25 Karten (einem *run*) fünfmal Übereinstimmung zu erwarten = 20 Prozent, zwanzigmal keine Übereinstimmung = 80 Prozent. Alles, was über die 20 Prozent Übereinstimmung hinausgeht, kann dann nicht mehr zufällig sein, sondern muß (!?) auf Psi-Kräfte zurückgeführt werden. Dazu bedarf es allerdings sehr vieler Durchgänge. Bei einem einzelnen *run* können rein zufällig sechs oder acht »Erfolge« auftreten, aber auch drei oder gar keiner. Das sagt überhaupt nichts. Denn erst wenn man viele Durchgänge macht, hundert oder vielleicht tausend, heben sich die echten Zufallsabweichungen nach oben und nach unten gegenseitig auf.

Die Mathematiker haben verschiedene Methoden bzw. Formeln entwickelt, mit denen man den Zufall sozusagen berechnen und Überzufälliges sicher herausfinden kann. Das ist die sogenannte Standardabweichung. Mit ihrer Hilfe läßt sich ausrechnen, wie groß die »natürliche« = zufällige Streuung um den Mittelwert ist. Was darüber hinausgeht, ist allerdings noch nicht eine *gesicherte* Abweichung. Um *die* herauszufinden, bedarf es weiterer Formeln. Erst dann darf man sagen, die Abweichung ist signifikant – die Abweichung ist statistisch gesichert.

Streng genommen handelt es sich offensichtlich um eine *Wahrscheinlichkeits*rechnung; den *Zufall* kann man (per definitionem!) *nicht* berechnen. Wer es dennoch tut (oder zu tun vorgibt), sagt nichts anderes als dies: Wir treffen eine Übereinkunft derart, daß es *wahrscheinlich* kein Zufall ist, wenn das und das so und so ist. In den Naturwissenschaften hat sich eine Signifikanzgrenze eingebürgert: Die *Wahrscheinlichkeit,* daß das abweichende Ergebnis dennoch rein zufällig ist, ist 1 zu 100. Andere sprechen von 99 Prozent Signifikanz oder der Wahrscheinlichkeit $p = 1$ Prozent oder $p = 0,01$ oder $p = 10^{-2}$ (was alles auf dasselbe hinausläuft). Es ist also tatsächlich eine Wahrscheinlichkeitsrechnung, und damit kommen alle ihre Risiken ins Spiel.

Was bei Rhines Versuchen herauskam, war ganz erstaunlich und, wenigstens auf den ersten Blick, sensationell. Aus zahlreichen Versuchsreihen ließen sich »Unwahrscheinlichkeiten« von $p = 10^{-6}$ und mehr herausrechnen. In die Umgangssprache übersetzt, heißt das, die Wahrscheinlichkeit, daß das Ergebnis reine Zufälligkeit widerspiegelt, ist 1 zu einer Million. Aber auch Milliarden- und Billionenwerte wurden ermittelt. Wenn also *nur* der Zufall im Spiel ist, findet sich unter einer Million (Milliarde, Billion) 25er Durchgänge nur ein einziger *run* mit dem notierten hohen Rateerfolg. Folgerung: Die Karten *müssen* mit außersinnlicher Wahrnehmung erkannt worden sein, also mit Psi-Kräften. (Anmerkung: Die Wahrscheinlichkeitsrechnung vermag nicht »vorauszuberechnen«, *wann* dieser millionenste Fall eintritt – das kann beim ersten *run* sein, beim 780. oder beim 999 999. *run*. Vgl. hierzu die Rouge-Serien in Monte Carlo von S. 81).

Gleich nachdem Rhine seine ersten Ergebnisse publizierte, erhob sich ein heftiger Gelehrtenstreit. Viele Mathematiker lehnten Rhines Berechnungen als falsch bzw. unzulässig ab, andere glaubten, da sei gemogelt worden, weil das Medium unter gewissen Lichtverhältnissen sehr wohl die Karten des Versuchsleiters habe erkennen können. Wieder andere argwöhnten, Versuchsperson und Versuchsleiter steckten unter einer Decke. Aber es gab auch viele, die Rhine bescheinigten, daß seine Auswertung mathematisch einwandfrei sei. Und so ist es bis auf den heutigen Tag geblieben; noch immer gelten die Ergebnisse der Rhine-Schule als umstritten.

Wundersames und Ungereimtes: Student Pearce schafft 100 Prozent

Manches freilich ist, aller Laboratmosphäre zum Trotz, ungewöhnlich und erinnert an die Wankelhaftigkeit der Medien aus der Okkultismus-Zeit: Der hochbegabte Student der Theologie Hubert E. Pearce schaffte einmal »25 Richtige« (das heißt er sagte sämtliche Karten eines *run* richtig an. Auch sonst hatte er oftmals hohe Übereinstimmungszahlen, konnte andererseits aber auch keinen einzigen Treffer landen – und das offenbar sogar nach Wunsch und Laune. Leider hat diese Begabung nicht sehr lange vorgehalten. Nach seinen großen Erfolgen, die sogleich beschrieben werden sollen, konnte er keinerlei überdurchschnittliche »Rate«-Leistung mehr erbringen. Nun ja, das war wohl die übliche Unzuverlässigkeit der Psi-Begabten; doch änderte das nichts an den bereits erzielten Erfolgen.

Pearces eben erwähnte große Erfolge kamen zustande, als Rhine den Einwand zu widerlegen trachtete, das Medium könne die Karten des Versuchsleiters einsehen. Deshalb wurden – auf dem Campus der Duke-Universität – »Sender« und »Empfänger« räumlich voneinander getrennt: In Serie A 90 Meter, B 230 Meter, C wieder 90 Meter und D nochmals 90 Meter, wobei diesmal Rhine selbst ständig anwesend war.

Das Ergebnis gibt die Tabelle wieder:

Serie	Zahl der *runs*	Trefferabweichung	Wahrscheinlichkeit p
A	12	+59	10^{-14}
B	44	+75	10^{-6}
C	12	+28	10^{-4}
D	6	+26	10^{-6}
Gesamt	74	+188	10^{-22}

Als ich diese Tabelle zu Gesicht bekam (sie ist auch in Benders Buch *Unser sechster Sinn* von 1971 abgedruckt), wurde ich argwöhnisch. Ich selbst hatte 1939 begonnen, die Ergebnisse bzw. Differenzen meiner physiologischen Experimente statistisch zu sichern und weiß daher ein wenig über Wahrscheinlichkeitsrechnung. Was zuerst auffiel: In den Serien A bis D ist die Zahl der Durchgänge verschieden groß, zwischen 6 und 44. Die statistische Sicherung ist aber am besten, wenn *alle* Serien die *gleiche* Anzahl von Einzeldaten der zu vergleichenden Messungen (hier: Durchgänge) umfassen. Sollten hier, im Interesse möglichst großer Trefferüberhänge, nur »gute« *runs* erfaßt worden sein, während man die schlechten, die also die Abweichung nach oben hätten kompensieren können, vernachlässigte?

80

Das zweite war die horrende Unwahrscheinlichkeit von 10^{-22}, die sich ergibt, wenn man alle vier Serien zusammenzählt. Das heißt doch, man müßte 10^{22} *runs* – eine 1 mit 22 Nullen! – machen, um einmal dieses Ergebnis zu erhalten. Ich hielt das für übertrieben.

Freilich, wer kann sich unter einer Billion = 10^{12} oder gar 10^{-22} schon etwas vorstellen? Selbst den Älteren, die noch die große Inflation von 1922/1923 miterlebt haben und sich erinnern, daß zuletzt der Dollar 4,2 Billionen Mark kostete, kommen damit nicht zurecht. Um hier Zufälle bzw. Antizufälle verständlicher zu machen, berufen wir uns einmal auf das Casino von Monte Carlo – wo ja auch der Zufall regiert. Da geht es u. a. auch um Rot und Schwarz. Mathematiker haben ausgerechnet, daß 2000 Jahre an sämtlichen grünen Tischen von Monte Carlo gespielt werden müßte, bevor eine der beiden Farben in lückenloser Folge dreißigmal herauskäme. Trotzdem konnte die *Revue des Jeux de Monte Carlo*, eine wissenschaftliche Zeitschrift, protokollieren, daß am Spieltisch II 29mal hintereinander »Rouge« erschien; nach anderen Quellen soll schon kurz nach Gründung der Spielbank eine Serie von 32 »Rouge« beobachtet worden sein. Dem entspricht eine andere Darstellung: 25 aufeinanderfolgende Treffer bei den Zehnerkarten könnte auch heißen, daß diese Serie in -zig Billionen Einzelversuchen womöglich dreimal hintereinander auftritt, dann aber vielleicht nie mehr, solange die Welt besteht. Ich besorgte mir also die Originalarbeiten Rhines und versuchte, hinter das Geheimnis des »Antizufalls« zu kommen.

Besonders interessierte mich Pearce, der Mann, der – ein einziges Mal – 25 Treffer von 25 möglichen erzielte. Rhine hielt ihn einmal für »einen ganz außergewöhnlichen Fall«; an anderer Stelle bezeichnet er ihn als »nicht gerade sensationell« . . . Es gibt noch mehr Widersprüchliches: Da heißt es: »Zwei Jahre lang hat Pearce . . . täglich – also in jeweils wenigen Versuchen – eine positive Abweichung vom Zufall erzielt. Nie lagen seine Angaben unter der Wahrscheinlichkeit« (S. 103). Vorher liest man aber, ihm seien nur selten lange Reihen von Treffern gelungen (S. 85), danach »schien es ihm leichter, die Wahrscheinlichkeit zu unterschreiten« (S. 90). Beziehen sich diese Aussagen womöglich auf *verschiedene* Protokolle?

Ferner ist anzumerken, daß Pearce offenbar sehr eigensinnig war. Seine größten Erfolge hatte er immer dann, wenn *er selbst* die Versuchsanordnung bestimmte. »Wenn ich auch nur eine kleine Änderung vorschlug, blieb der Erfolg aus« (Rhine). Das ist seltsam genug. Und seltsam ist auch, was Pearce sagte, als er 25 Treffer hatte: »Es wird Ihnen nicht gelingen, mich zu bewegen, das noch einmal zu tun.« Rhine fragte: »Warum, es schien doch so leicht zu gehen?« Pearce antwortete nur: »Gewiß, aber ich weiß nicht, wieder tun werde ich das gewiß nicht.« Kein Wunder, daß Miß Ownbey, eine Mitarbeiterin Rhines, ihn beschuldigte, er betrüge. Rhine ließ sich dadurch nicht beirren. Aber es war wohl tatsächlich Betrug.

Wie ein solcher Betrug möglich ist, demonstrierte 1966 der Psychologieprofessor C. E. M. Hansel. Er spielte, vor einem ahnungslosen Rhine-Assistenten, die Rolle eines erfolgreichen Psi-Mannes – im Rhine-Institut – und absolvierte seine *runs* wie üblich. Nachdem der Versuch beendet war, schlich er sich ungesehen zum Assistentenzimmer (es lag 90 Meter entfernt, weil das Experiment als Distanzversuch gewertet werden sollte) und blickte durch einen Türspalt auf die Liste des Experimentators. Erfolg: 22 Richtige. Rhines Assistent schöpfte keinen Verdacht, bevor Hansel ihn aufklärte. Aber die Glaubwürdigkeit der Rhine'schen Versuche war aufs schwerste erschüttert (so sollte man wenigstens meinen).

Doch gehen wir noch einmal zu Pearce's Starrsinn zurück. Rhine machte gute Miene zum bösen Spiel, denn er war der Überzeugung, daß gute Erfolge, d. h. ein nennenswerter Trefferüberhang, nur bei guter Stimmung, bei Interesse an der Sache zu erwarten waren. »Kann diese Stimmung und dieses Interesse nicht aufrechterhalten werden« (d. h. gibt es keine Erfolge mehr, d. Verf.), *»so bricht man besser den Versuch ab.«* Dies sei, so sagte Rhine, das erfolgreichste Versuchsverfahren. »Bei starrer Schablone keine gute Leistung.« Damit gesteht Rhine ein, so meinen viele seiner Kritiker (und auch ich), daß Versuchsergebnisse »aussortiert« wurden, also nur die guten *runs* zählen, die erfolglosen nicht (»Materialselektion«, bei wissenschaftlichen Arbeiten streng verboten!). Dann ist es allerdings ein Kinderspiel, durch Addition der positiven *runs* »astronomische« Unwahrscheinlichkeiten zu produzieren. Ich wollte es zunächst nicht glauben, aber Rhine schreibt mehrfach und ausdrücklich,

- daß beim Nachlassen der Sensitiven (Versuchspersonen) von dem offiziellen auf *inoffizielle Protokolle* übergegangen wurde;
- daß Versuche mit einer bis dahin erfolgreichen Versuchsperson *abgebrochen* werden, wenn sich Mißerfolge einstellen;
- daß Probetestungen – bei denen festgestellt werden sollte, ob der Proband gut konditioniert war – vorerst nur ins inoffizielle Protokoll aufgenommen wurden.

Damit aber bezichtigt sich Rhine selbst der Verfälschung seiner Versuche, denn das Unterschlagen von (»unpassendem«) Material bei der statistischen Auswertung ist eine Todsünde; sie wird zu Recht mit dem »wissenschaftlichen Tod« geahndet.

Wir brauchen folglich gar nicht nach weiteren Formen des Betrugs zu suchen. Allein das Unterschlagen reicht völlig aus, die hohen Antizufallswahrscheinlichkeiten aufzuklären. Das soll im folgenden Abschnitt noch genauer dargelegt werden.

Wie sich so manches doch noch zusammenreimt

Betrachten wir den Fall doch einmal unvoreingenommen (Rhine war nicht unvoreingenommen, siehe S. 87) und nüchtern, mit den Augen des Wissenschaftlers. Also: 25 Karten sind zu erraten bzw. durch ASW zu erkennen. Per Zufall und ohne ASW werden fünf davon erkannt – das funktioniert sogar, wenn man stur 25mal Kreis (oder ein anderes Symbol) angibt, denn dann hat man eben alle fünf Kreiskarten herausgefunden. Übrig bleiben 20 Karten. Ein Psi-Begabter müßte doch imstande sein, mit Hilfe seiner übersinnlichen Kräfte auch diese 20 herauszufinden. Aber nur Pearce als einzigem Mitarbeiter gelang dies, und es gelang ihm auch nur ein einziges Mal. (In einer anderen Publikation Rhines steht, daß einmal auch ein sechsjähriges Mädchen 25 Richtige erbrachte.) Wie hoch sind denn nun aber die »gewöhnlichen« Treffer bzw. Überhänge wirklich?

Dazu nehmen wir uns noch einmal die Tabelle von S. 80 vor, und zwar die Gesamtrechnung der so überaus erfolgreichen Distanzversuche. Die Trefferabweichung wird mit + 188 angegeben. Das hört sich gut an. Aber die 188 Zusatztreffer verteilen sich auf insgesamt 74 *runs,* und das macht pro *run* knapp 2,6 (dazu kommen noch die fünf »Zufälligen«). Also statt fünf wurden 7,6, d. h. sieben bis acht Richtige geraten. Man müßte jedoch eigentlich sagen: Statt 20 der Überzufälligen gab es nur 2,6, also eine Erfolgsquote von 13 Prozent. Das ist, gerade herausgesagt, kümmerlich, wenn man die Materialselektion berücksichtigt!

(Machen Sie doch selbst einmal einen einfachen Versuch. Nehmen Sie einen Würfel, fangen Sie an zu würfeln und protokollieren Sie die Resultate! Nehmen Sie sich vor, möglichst viele Sechsen zu würfeln. Die Durchschnittserwartung für einen Sechser ist pro Wurf 1 zu 6, bei einem *run* von sechs Würfen müßte also *eine* Sechs vorkommen. Die bleibt manchmal aus; dann streichen Sie den Versuch, weil Sie nicht disponiert sind. Anders, wenn Sie

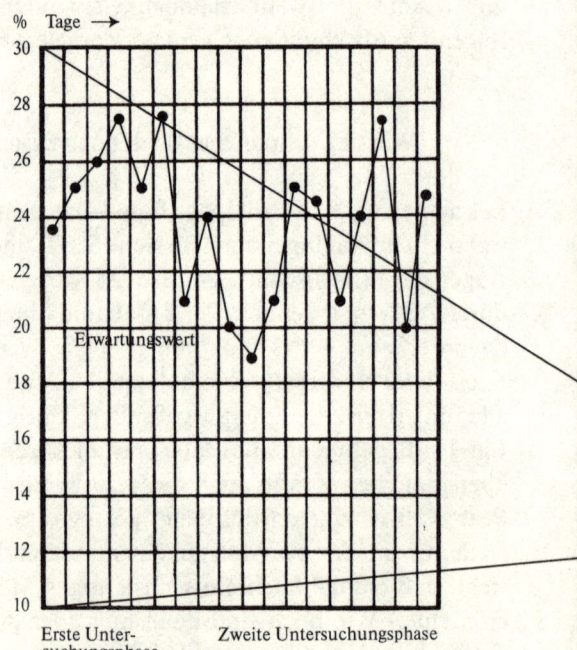

Abb. 4

Erste Unter-   Zweite Untersuchungsphase
suchungsphase

Professor Benders Darstellung erfaßt nur den Bereich zwischen 10 und 30%; er entspricht der schwarzen Markierung in der Darstellung rechts.

84

eine, zwei oder gar drei Sechsen in einem 6er *run* würfeln – und das kommt viel öfter vor, als man gemeinhin annimmt. Dann sind Sie »in guter Stimmung« und nehmen das ins offizielle Protokoll, genau wie alle anderen erfolgreichen Serien, genau wie alle anderen »positiven«; die negativen lassen Sie weg. Machen Sie das 75mal, und ich garantiere Ihnen, daß Sie einen Treffer-Überhang erzielen, der sich mit dem von Pearce durchaus messen kann.)

Wie aber sind die starken Schwankungen und die scheinbar hohen »Antizufälle« zu erklären, die z. B. Bender abbildet; *Unser sechster Sinn*, S. 67)? Das könnte möglicherweise darauf zurückzuführen sein, daß im Benderschen Institut z. T. mit sogenannten Zufallsgeneratoren gearbeitet wird. Das sind Geräte, die mit einem erheblichen Aufwand an Elektronik einen Ringzähler ro-

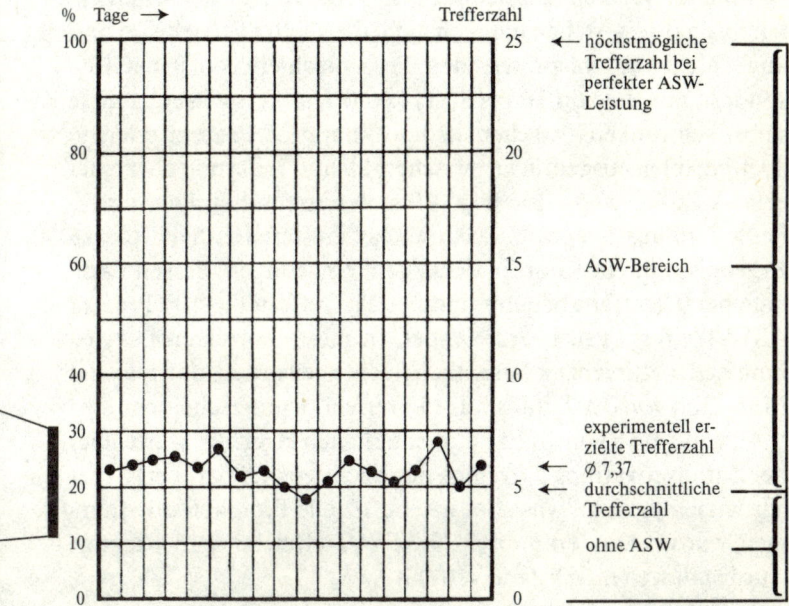

Korrigierte Darstellung. Sie umfaßt den gesamten Bereich von 0 bis 100% und zeigt, daß sich die wildbewegte Kurve Benders zu einem sehr bescheidenen Kurvenzug abflacht. Sie zeigt ferner, daß von den 20 möglichen ASW-Treffern (25 minus 5 ohne ASW) lediglich 2,37 (7,37 minus 5 ohne ASW) erzielt wurden – eine dürftige ASW-Leistung.

tieren lassen, »der die für die fünf Zener-Symbole vorgesehenen Zustände 170 000mal in der Sekunde durchläuft und in einem dieser Zustände stehenbleibt, sobald die Abruftaste gedrückt wird. Dann leuchtet das zufällig gewählte Symbol auf« (vom Empfänger nicht zu sehen). Das gesamte Programm läuft, wie könnte es anders sein, über einen Computer. Sollte mit einem solchen Apparat die Antizufallswahrscheinlichkeit exakter erfaßt werden?

Anscheinend nicht immer, denn »es gibt Versuchspersonen, die erfolgreicher mit Karten experimentieren; die technische Perfektion scheint sie abzuschrecken, während andere gerade durch die Automatisierung angesprochen werden« (Bender). Für den wildbewegten Kurvenzug scheint also der Zufallsgenerator nicht verantwortlich zu sein. Bei genauer Betrachtung stellt man alsbald etwas ganz anderes fest: Der Kurvenzug ist einfach *außergewöhnlich überhöht* gezeichnet, also verzerrt. Auf der senkrechten Skala (links) stehen nämlich nicht die Treffer von 0 bis 25 und auch nicht die entsprechenden Prozentzahlen von 0 bis 100, sondern nur die von 10 bis 30 Prozent. Die Versuchsergebnisse selbst schwanken zwischen 19 und knapp 28 Prozent oder, in Trefferzahlen ausgedrückt, zwischen 4,9 und 7. Da nun aber 5 der echte »Zufallswert« ist, liegt 4,9 unterdurchschnittlich, und 7 heißt 7 minus 5 = 2 außersinnliche Treffer. Ich habe die 18 Ergebnisse in ein Koordinatensystem eingetragen, dessen Ordinate bei 0 Treffern beginnt und bei 25 Treffern (= 100 Prozent ASW-Treffern, vgl. Pearce) endet. In dieser korrekten Darstellung ist der Kurvenzug wesentlich flacher geworden, und man hat Mühe, ihn von der Zufallslinie (5 Treffer) zu unterscheiden.

Gewiß, an 15 von 18 Experimentiertagen lagen die Werte über der Zufallserwartung 5 (freilich nur höchstens 1,9 darüber). Aber wir wissen ja nicht, was alles ins inoffizielle Protokoll übernommen wurde! Das Traumziel 20 ASW-Treffer bzw. 25 Richtige wurde mit weitem Abstand verfehlt.

Eine sichere »Telekommunikation«, etwa zwischen Astronauten und Bodenstation oder zwischen Befehlsbunker und U-Boot, läßt sich darauf nicht aufbauen. Die NASA bleibt daher lieber beim guten alten Dampfradio. Und von großen Psi-Erfolgen beim Lotterie- oder Lottospiel hat man ja auch nie etwas gehört –

86

dabei ist das allwöchentliche Fußball-Toto ein Experiment mit
Millionen Versuchspersonen!

Soll ein Wissenschaftler missionieren?

Ich bin übrigens davon überzeugt, daß Rhine guten Glaubens
gehandelt hat und für sich wie folgt argumentiert: Außersinnliche
Wahrnehmung manifestiert sich in überdurchschnittlichen Trefferzahlen; fehlt ASW, dann ergeben sich nur Durchschnittszah-
len. Wozu dann die ASW-losen Versuchsserien überhaupt mit
hereinnehmen?

Rhine und seine Frau Louise sind denn auch keinesfalls unkri-
tische Menschen. Dafür zwei Beispiele. Schon 1926 bezeichneten
sie die Margery-Experimente als »reinen und unverschämten
Schwindel«. 1937 untersuchte Rhine in seinem Laboratorium Pat
Marquis, der sich seine Augen mit Klebestreifen »versiegeln«
ließ und dann Zeitung las, Tischtennis spielte usw. Rhine stellte
sehr schnell fest, daß Marquis unter der Binde hervorlugen konnte. Das gilt bis heute für alle »Fingerleser«.

Überdies darf man Rhine auch nicht für alles verantwortlich
machen, was mit seinem Namen verbunden wird. Da berichtet
Georg Holmsten 1950 (*Okkultismus, die Welt der Geheimnisse*)
über großartige Erfolge des Telepathen David Vogel. In der
Londoner Society for Psychical Research fand – so heißt es –
folgender Versuch statt: Rhine in Amerika stellte sich im Geiste
ein Schiff vor, und im selben Augenblick brachte es D. Vogel zu
Papier. Briefliche Anfragen von W. Gubisch (mehr über ihn auf
S. 93 ff.) bei Rhine und der genannten Gesellschaft ergaben, daß
dort ein David Vogel völlig unbekannt sei und dergleichen Versuche mit einem Mann dieses Namens nie stattgefunden hätten
(zitiert nach Gubisch). Die Meldung erinnert uns wieder daran,
daß Berichte über Psi-Erfolge grundsätzlich mit äußerster Skepsis
aufgenommen werden sollten.

Und nun zu meiner Behauptung, Rhine sei nicht unvoreingenommen. Das ist insofern richtig, als er schon in seiner Jugend
dem Okkultismus zuneigte. Er glaubt an ein Weiterleben der
Seele nach dem Tode, und er betrachtet es als die höchste Aufga-

be eines jeden Menschen, dem diese Erkenntnis ward, der Welt die Heilsbotschaft zu künden. *Ihm, Rhine, falle es zu, den wissenschaftlichen Beweis dafür zu liefern,* und er glaube, in den Kartenversuchen das überzeugende Mittel gefunden zu haben. »Mit Erregung und Abenteuerlust widmen wir uns dieser Aufgabe.«

Das ist ihm mehrfach zum Vorwurf gemacht worden; ein Wissenschaftler habe ein Problem »sine ira et studio« anzugehen, d. h. ohne Zorn und eiferndes Voreingenommensein. Aber das ist sicher eine überspitzte Forderung. Denn jeder Forscher kennt nur zu gut die Erregung, die ihn erfaßt, wenn er ein Problem und die Möglichkeit zu dessen Lösung sieht. Ein bißchen Abenteuerlust sollte man jedem Wissenschaftler schon konzedieren – auch dem Professor Rhine. Sie darf nur nicht dazu führen, den Missionar zu spielen oder Versuchsergebnisse zu verfälschen.

In einem Punkt können wir Rhine auf keinen Fall zustimmen. Er argumentiert wie folgt: Wenn das alles systematisch Betrug wäre, dann setze das nachgerade eine weltweite Verschwörung von Forschern voraus, die als Geheimbund zur Vortäuschung parapsychischer Phänomene miteinander konspirierten, eingeschlossen Wissenschaftler hinter dem Eisernen Vorhang.

Dem ist entgegenzuhalten:

- daß auch hinter dem Eisernen Vorhang mindestens ebensoviel gemogelt wird wie im Westen;
- daß Wissenschaftler von Trickbetrügern ebenso leicht getäuscht werden wie Laien;
- daß Psi-Gläubige einander die Bälle zuwerfen, auch wenn längst feststeht, daß es eigentlich bloß Seifenblasen sind;
- daß Selektion von Material zwar streng verboten ist, aber immer wieder unkontrolliert praktiziert wird;
- daß die Rhine'schen Ergebnisse stets umstritten waren und noch heute umstritten sind.

Gewiß, ein *Geheimbund* existiert sicher nicht; alles geschieht öffentlich. Nur bleiben die Psi-Gläubigen gern unter sich und nehmen Widerlegungen einfach nicht zur Kenntnis, sondern »arbeiten« mit dem Betrugsmaterial fröhlich weiter – jahrzehntelang. (In diesem Punkt unterscheiden sie sich nur unwesentlich von den UFO-Gläubigen und ihren Kongressen . . .)

Rhine selbst glaubt jedenfalls nach wie vor an das Wirken von Psi-Kräften bei seinen Versuchen. Als man ihm im *Spiegel*-Interview entgegenhielt, daß die Beweiskraft seiner Experimente angezweifelt werde, weil die Ergebnisse nicht wiederholbar seien, antwortete Rhine:»Machen Sie sich wegen der Wiederholbarkeit keine Gedanken. Jede Wissenschaft beginnt mit neuen Methoden, ohne ihre Forschungsergebnisse zunächst ständig wiederholen zu können .... Wir wissen über die Grundstruktur unseres Geistes so wenig, daß niemand das Recht hat, auf die arme geplagte Parapsychologie mit der Forderung zu zeigen: Ihr wißt noch nicht genug, ihr müßt uns erst überzeugen. Dem können wir nur entgegenhalten: Und wie habt ihr euer heutiges Wissen erworben? Doch nur durch Geduld mit jenen, die die notwendigen Forschungen anstellen.« Soweit Rhine.

Man kann das großzügig hinnehmen, *aber man sollte das keinesfalls tun*. Daß z. B. die Naturwissenschaft ihre Forschungsergebnisse anfänglich nicht wiederholen konnte, ist ganz einfach falsch. Daß die Versuchsergebnisse *reproduzierbar* sind, und zwar von jedermann, der über entsprechende Materialien, Apparate und ein bißchen Erfahrung verfügt – *das ist ja die Grundlage und Voraussetzung aller experimentellen Naturwissenschaft* und damit Ursache des unglaublichen Fortschritts, den sie in den letzten hundert Jahren gemacht hat.

Demgegenüber steht die Parapsychologie heute noch da, wo sie zu Zeiten des (später geständigen) Henry Slade (1878) und des Willy S. (1925) stand. Eigentliche Fortschritte sind nicht zu verzeichnen (wenn man nicht das Bermuda-Dreieck und die UFOs so etikettieren will); noch heute hält man es mit den Poltergeistern, Hellsehern, Fingerlesern und Streichholzbewegern – auch hinter dem Eisernen Vorhang. Und auch die aus den Rhine'schen Kartenversuchen gezogenen Schlüsse können nicht als gesicherte wissenschaftliche Erkenntnis gelten.

Daran ändert auch nichts (oder nicht viel), daß sich die neueste ASW-Forschung mit ihren Zufallsgeneratoren und ihrer Nomenklatur ungemein wissenschaftlich gibt. Lesen Sie bitte, was in einer Arbeit, publiziert 1980 in der *Zeitschrift für Parapsychologie und Grenzgebiete der Psychologie* über die Eysenck-Theorie gesagt wird (Professor Eysenck, geb. 1916 in Berlin, seit 1934 in

London tätig als Psychologe, jetzt als Universitätsprofessor.) – »Nach Eysencks Ansicht ist einerseits nachgewiesen, daß die Dimensionen Extra-Introversion sich ebenso innerhalb der Gesamtpopulation normal verteilen wie die Dimension Neurotizismus und die biologische Basis dieser Erlebnis- und Verhaltensbereitschaft erhärtet sei (Eysenck 1967). Dabei neigen Introvertierte habituell zu einer stärkeren kortikalen Erregung als Extrovertierte; dies wird psychologisch verständlich aus dem höheren Steuerungsaufwand der Introvertierten zur Bewältigung der Lebensvollzüge im Vergleich zu den Extrovertierten. Für Eysenck ergibt sich im Hinblick auf ASW-Experimente die Konsequenz, daß eine hohe kortikale Erregung gegenüber der ASW unzuträglich sei, Extrovertierte infolgedessen bessere Leistungen im Experiment erbringen als Introvertierte [. . .].«

Seien Sie bitte nicht frustriert, weil Sie höchstens die Hälfte verstanden haben – mir geht es nicht anders. Lassen Sie sich durch das sprachliche Imponiergehabe nicht verprellen. In schlichtem Tucholsky-Deutsch würde der Abschnitt etwa besagen, daß in sich gekehrte Menschen weniger außersinnlich wahrnehmen als solche, die dem Äußeren aufgeschlossen sind (im Grunde eine Banalität). Der eigentliche Haken liegt denn auch ganz woanders: Wer definiert und entscheidet, ob eine Versuchsperson extra- oder introvertiert ist? Professor Eysenck? Oder der ASW-»Erfolg«? Im letzteren Fall hätte sich die Katze erfolgreich in den eigenen Schwanz gebissen.

Uns bleibt nur noch, über einen besonders traurigen Fall zu berichten. Als Rhine in den Ruhestand trat, wurde einer seiner Lieblingsschüler, Dr. Jay Levy, 26 Jahre alt, zu seinem Nachfolger und zum Direktor am Parapsychologischen Institut der Duke University ernannt. Auch er arbeitete mit Zufallsgeneratoren, aber seine »Empfänger« waren Kleintiere, hauptsächlich Meerschweinchen. Der Zufallsgenerator schaltete zu unvorhersehbaren Zeiten einen Wärmestrahler ein. Die Tiere brachten es fertig, den Strahler öfter einzuschalten, als per Zufall zu erwarten war. Sie schafften es immer wieder, und sie schafften es, zum Ärger seiner Kollegen, mit jener Konstanz, die man sonst bei Psi-Versuchen vergeblich zu erreichen trachtete.

Aber die Kollegen waren mißtrauisch. Sie überwachten Levy

und beobachteten, wie er den automatischen Trefferzähler manipulierte. Das war am 21. Juni 1974. »Wir konfrontierten ihn mit den Fakten, und er akzeptierte sehr schnell seine Entlassung« – das berichtete Rhine kurz darauf der Presse.

5. Hellsehen, Wahrsagen und Vorauswissen

Wohl jeder kennt eine oder mehrere Geschichten von Psi-Begabten, die miterlebt haben, wie sich weit von ihnen Begebenheiten zutrugen, oder die erst nach Tagen oder nach Jahren stattfindende Geschehnisse voraussagten und dergleichen mehr. Da wird von ganz erstaunlichen Dingen berichtet, die eigentlich nur durch übernatürliche Kräfte, durch ASW, erklärt werden können. Haben wir Hoffnung, bei unserer Suche nach der Magie wenigstens auf diesem Gebiet fündig zu werden? Schließlich gab es oder gibt es so berühmte Hellseher wie Emanuel Swedenborg (1688 bis 1772), Erik Jan Hanussen, »Fürst der Hellseher« oder auch »Rasputin von Berlin« genannt (1899 bis 1933), Gerard Croiset, der, eigenen Angaben zufolge, etwa 400 vermißte Personen wiederaufgefunden hat (1909 bis 1980), Peter Hurkos (geb. 1911) und nicht zuletzt Frau Buchela, die von vielen Größen aus Politik, Wirtschaft und Presse um Auskunft gebeten wird. Von allen werden Erfolge gemeldet. Wie steht es damit?

Was wir in schlichtem Deutsch in die Überschrift gesetzt haben, das wird von der Parapsychologie seit längerem sorgsam unterteilt und mit Kunstworten benannt:

a) *Telepathie* (griechisch »Fernfühlen«) – das ist die Informationsübertragung von einem Menschen auf einen anderen, von einer Psyche zur anderen; d. h. ein Telepath erfaßt Stimmungen, Sachverhalte und Kenntnisse, die ein anderer hat oder empfindet. Bekanntestes Beispiel, in allen okkulten Büchern angeführt und schon von Kant zitiert: der bereits genannte Emanuel Swedenborg. Er schilderte in Gothenborg (Göteborg) 1756 alle Einzelheiten eines *gleichzeitig* in Stockholm wütenden Brandes, wobei er seine Informationen von einem Augenzeugen telepathisch empfangen haben soll. Nicht nur deshalb galt Swedenborg als großer Seher. Er war eigentlich Naturwissenschaftler, aber seine zahlreichen Visionen ließen ihn schließlich zum Theosophen und Begründer einer »Kirche des neuen Jerusalem« werden. Außerdem litt er an Schizophrenie. Kant schrieb (in seinem Werk *Träume eines Geistersehers*): »Ich bin es müde, die wilden Hirngespinste des ärgsten Schwärmers unter allen zu kopieren.« (Die Parapsychologen verschweigen in aller Regel Kants vernichtendes Urteil.)

b) *Hellsehen im engeren Sinne:* direkte außersinnliche Wahrnehmung eines objektiven Ereignisses oder Sachverhaltes, von dem niemand Kenntnis hat, d.h. ohne Mitwirkung eines Mittlers. Beispiel: Auffinden versteckter oder verlorener Gegenstände, Auffinden von Vermißten u. dergl.

c) *Präkognition* (lateinisch Voraus-Erkennen) = unerklärliches Vorauswissen des Zukünftigen, also Voraussage kommender Ereignisse, Blick in die Zukunft. Wobei stillschweigend vorausgesetzt wird, daß diese Zukunft *rational* nicht vorausgesagt werden kann.

Alle drei Arten rubrizieren also unter Außersinnlicher Wahrnehmung ASW, und die meisten Hellseher glauben, alle drei Formen des Hellsehens praktizieren zu können. Schließlich gibt es noch die

d) *Psychokinese* (griechisch *kinein* = bewegen) = seelische Einwirkung eines Menschen auf körperliche Dinge; hierbei werden nicht Informationen übertragen, sondern »Kräfte«.

Wilhelm Gubisch und keine Folgen

Wir werden einige Taten der schon genannten Hellseher (-innen) kennenlernen; beginnen aber möchte ich mit Wilhelm Gubisch, einem wenig auffälligen, eher bescheiden wirkenden Mann, der sich oftmals als Hellseher ausgab. Er ist weitgehend unbekannt, und das nicht ohne (unguten) Grund. Da wir ihm aber mehr verdanken als den oben Genannten zusammen, soll vorerst über sein Wirken ausführlich berichtet werden.

Gubisch trat vor allem in öffentlichen Abendveranstaltungen auf, die er ganz allein bestritt, ohne jeden Mitarbeiter. Meist wurde er vom Veranstalter begrüßt und vorgestellt als Hellseher, dem man besondere Fähigkeiten nachsagt. Seine ersten Versuche bestanden darin, versteckte Gegenstände aufzufinden: In Abwesenheit Gubischs wird ein Zuschauer ausgesucht und bei ihm eine Uhr, ein Geldstück, ein Zettel oder auch ein Haar versteckt. Eine weitere Person – aus dem Publikum! – fungiert als »Denker« , d. h. sie soll versuchen, dem Hellseher das fehlende Wissen durch Telepathie zu übermitteln. Es ist sichergestellt, daß beide, Versuchsperson und Denker, keine Mitarbeiter oder Helfer des Hellsehers sind, sondern frei ausgewählte Besucher. Ebenso ist dafür gesorgt, daß Gubisch nichts von der Verabredung erfahren kann.

Sobald er den Saal wieder betritt, geht er ins Auditorium, gefolgt vom »Denker.« Ohne merkliches Zögern erreicht er die Stuhlreihe, in der die Versuchsperson sitzt, geht auf sie zu, »erkennt« sie und bittet sie, mit auf das Podium zu kommen und den Inhalt der Tasche auf dem Tisch auszubreiten. Sehr bald hat er den gesuchten Gegenstand herausgefunden. Manchmal dauert es etwas länger, und Gubisch sucht Fingerkontakt mit dem Denker; meist aber gelingt der Versuch ohne solchen Kontakt. Das Ganze läuft oft innerhalb weniger Sekunden ab, zur großen Verblüffung der Zuschauer.

Die nächste Versuchsgruppe gehört zur sogenannten Psychometrie (das heißt eigentlich »Seelenmessung«): Dem Hellseher wird ein Gegenstand – eine Uhr, ein Schlüssel, ein Ring, eine Brosche oder dergleichen in die Hand gegeben. Die Parapsychologen gehen davon aus, daß ein Gegenstand gewissermaßen imprägniert ist mit psychischen Eigenschaften, Sachverhalten usw. des Besitzers; der Hellseher erfaßt sie durch »innere Sicht« und schildert die Sachverhalte wie eine *Rückschau in die Vergangenheit.* Dabei fordert er den Besitzer auf, sich dazu kritisch zu äußern. Hier ein paar Beispiele von Experimenten, die Gubisch in seinem Buch anführt:

Beispiel 4: Gubisch sagt: »In dem Haus, in dem Sie wohnen, ist ein Mordanschlag verübt worden – es liegt noch nicht weit zurück. Sie müssen an der Tür vorüber, wo es geschehen ist. Es kann noch nicht lange her sein.« Die Versuchsperson, ein Hochschulprofessor, sagt zustimmend, der Fall liege sechs Wochen zurück.

Beispiel 10: »In dieser Tasche« (Gubisch zeigt auf die rechte Brustseite) »haben Sie eine Amateuraufnahme sechs mal neun Zentimeter groß mit vier Personen, daneben ein kleiner Hund.« In der Brusttasche der Versuchsperson fand sich tatsächlich ein solches Foto (im Buch abgebildet).

Beispiel 21: Gubisch sagt: »Da schwingen Namen in Ihrem Unterbewußtsein – ich notiere« (auf einem Notizblock): »Der Name des verstorbenen älteren Bruders, der Gattin, des Schwagers, eines Neffen, der nicht zurückkam, ein alter Freund. Beachten Sie die Handschrift. Sie werden sehen, daß diese Personen so unterschreiben.« Der Betreffende bestätigt die Ähnlichkeiten der Handschrift bei jenen Namen auf dem Protokollblock.

Diese Versuche hat Gubisch sehr oft wiederholt; sehr häufig erkannten die Versuchspersonen ihre eigenen Vornamen, ihren Familiennamen, Familiennamen anderer Personen sowie Vornamen von Verwandten, Freunden und Nachbarn. In vielen Fällen wurde die Handschrift als »fast genau« bezeichnet.

Auch Nebensächlichkeiten werden bestätigt:

»Hinten am Haus ist ein kleiner Neubau geschaffen worden . . .«

»Ich sehe ein Muttermal an Ihrer rechten Hüfte . . .«

»Sie waren gestern Zeuge eines Streites . . . «

»Im Vorraum stehen Säcke . . .«

»Im oberen Schuber dieser Kommode sehe ich einen Pappkarton mit einer zweireihigen Perlenkette . . .« usw.

(Anmerkung: Wer viele Hellseherberichte gelesen hat, wird die eine oder andere Ansage Gubischs von anderen Hellsehern her kennen – wir kommen noch darauf zurück.)

Als Besonderheit hatte sich Gubisch folgendes ausgedacht – *und hierin unterscheidet er sich von der übergroßen Mehrheit der Hellseher:* Die Versuchspersonen der »Psychometrie-Serie« werden nach jedem Versuch aufgefordert, die Zahl der zutreffenden Aussagen nach Prozenten zu schätzen. Wie bei Hellsehern üblich, schwanken die Zahlen stark; sie liegen zwischen 10 und 100. Im Durchschnitt aber betragen sie 77,8 Prozent, in der Hanussen-Zeit (S. 106) sogar 80 Prozent. Das ist ganz erheblich mehr als bei den Rhine'schen Kartenversuchen. Darf man hier endlich annehmen, daß Außersinnliche Wahrnehmung bewiesen ist? Die Besucher der von Gubisch über dreißig Jahre lang gehaltenen Veranstaltungen waren jedenfalls – zunächst – fast ausnahmslos dieser Meinung.

Indessen, die hier beschriebenen Versuche waren immer erst der Anfang der Veranstaltung; sie dienten eigentlich nur der Einstimmung des Auditoriums. In den Hauptversuchen wurden zwei bis drei Versuchspersonen ausgewählt und, ohne »Denker« und ohne psychometrischen Gegenstand, mit einer Aussage über Charaktereigenschaften, vergangene Ereignisse, Telefon- und Kontonummern, Unterschriftenproben und dergleichen konfrontiert – wie in der psychometrischen Versuchsserie. Die verschiedenen Aussagen waren zwar ähnlich aufgebaut, schienen aber doch individueller gestaltet zu sein. Auch hier wurden die Versuchspersonen aufgefordert, den Prozentsatz der richtigen Angaben zu schätzen, vorher aber noch einmal kritisch und in Ruhe (»Sie haben Zeit bis zur Pause«) Punkt für Punkt zu überprüfen. Diese Ermahnung änderte nichts am Erfolg; die Prozentzahlen lagen wie vorher um die 77,8.

Nach Abschluß dieser Versuchsreihen wurde eine Pause eingelegt, in der zunächst lebhafte Diskussionen unter den Zuschauern geführt wurden, mit teilweise abenteuerlichen Geschichten über Erfolge des Experimentators. Meist war man grenzenlos begeistert über Gubischs hellseherische Leistungen.

Um so größer war die Verblüffung, die Enttäuschung und – bei einigen Zuschauern – die Verärgerung, wenn nach der Pause Gubisch wieder auftrat und erklärte und *bewies,* daß er keinerlei mediale Fähigkeiten besitze, sondern daß *alle Versuche mit den Tricks und Täuschungen* angeblicher Hellseher gemacht wurden – um zu zeigen, wie Hellseher betrügen. Aber wie hat er das nun wirklich gemacht? Beginnen wir mit der ersten Serie:

Das versteckte Haar: Ideomotorik und Muskellesen

Das Auffinden eines versteckten Gegenstandes beruht eigentlich gar nicht auf einem Trick, sondern auf einer rein physiologischen Tatsache, der nämlich, daß sich jede lebhafte Gedankentätigkeit, aber auch Gemütserregung, körperlich manifestiert, indem sie als kaum merkliche Bewegung »nach außen dringt«, ohne daß es dem Betroffenen bewußt wird. Der Hellseher braucht bloß den »Denker« und dessen unwillkürliche Bewegungen genau zu beobachten. Das geschieht am einfachsten durch körperlichen Kontakt, z. B. Fingerberührung. Der Experimentator fühlt die feinen Richtungsbewegungen des »Denkers« (man nennt das Ideometrik) und richtet sich nach ihnen. Aber es geht auch ohne Kontakt. Hat der Hellseher auf der Suche nach einer Versuchsperson die richtige Stuhlreihe erreicht, so bemerkt oder hört er das Zögern des »Denkers«. Schlägt er die falsche Richtung ein, so folgt ihm der Denker ausgesprochen unlustig; Gubisch muß also auf die andere Seite oder sogar eine Stuhlreihe zurückgehen. Das funktionierte selbst dann, als sich Gubisch die Augen verbinden ließ und Watte in die Ohren steckte: Die Augenbinde kann durch Bewegung der Stirn- und Wangenmuskel allmählich gelockert werden; bis es so weit ist, richtet sich der Experimentator nach den Geräuschen im Saal, nach der »atemlosen Spannung«, wenn er richtig liegt. Die Geräusche aber vermag das bißchen Watte in den Ohren nicht zu dämpfen.

Genauso geht Gubisch vor, wenn er auf dem Podium den versteckten Gegenstand aus dem ausgebreiteten Tascheninhalt heraussucht: Er sieht die – geringfügigen – zustimmenden Ausdrucksbewegungen der Beteiligten (des »Denkers«, aber auch des Veranstaltungsleiters, denn auch dieser weiß ja, was herauszufinden ist).

Natürlich gehören viel Übung und viel Sensibilität dazu, die schwachen Bewegungen zu sehen bzw. zu fühlen bzw. zu hören und sofort darauf zu reagieren. Doch das ist schließlich Übungssache. (Ein bekannter Zauberkünstler gestand, daß er zwei Jahre gebraucht habe, bis er einen bestimmten Kartentrick ganz beherrschte.) Auf keinen Fall aber ist es Telepathie. Es sei noch darauf verwiesen, daß Gubsich – im Unterschied zu vielen Hellsehern – meist auf den Fingerkontakt mit dem Denker verzichtete; er arbeitete freiwillig unter erschwerenden Bedingungen, um möglichen Einwänden der Parapsychologen zu begegnen. Bei den »Wahrsage-Versuchen« arbeitete Gubisch gleichfalls ohne betrügerische Tricks und auch ohne ASW. Alle seine Aussagen, ganz gleich ob »psychometrisch« von einem Gegenstand »abgelesen« oder ohne einen solchen vorgebracht

- waren entweder frei erfunden, aus der Luft gegriffen,
- oder aber den Sätzen anderer »Hellseher« entnommen.

Sie wurden lediglich, soweit möglich bzw. nötig, der jeweiligen Versuchsperson (Geschlecht, Alter) und der Umgebung angeglichen. Mit anderen Worten: Den Versuchspersonen wurden Charaktereigenschaften und Lebensfakten aufs Geratewohl *angedichtet*. Und die Betreffenden akzeptierten sie zu 77,8 Prozent als hellseherische Leistung!

Das erscheint unglaublich und macht die Überraschung der Zuschauer, die sich teilweise zur Enttäuschung steigert, verständlich. Die meisten von ihnen erwiesen sich freilich als einsichtsvoll und dankbar für die Aufklärung. Soweit sich Verstimmung oder gar Erbitterung erkennen ließ, handelte es sich regelmäßig um Menschen, die mit Aberglaube und Wahrsagerei Geschäfte machen und nur um ihre Einnahmen fürchteten, oder um okkultistische bzw. parapsychologische Glaubensfanatiker.

Aber wie ist es zu erklären, daß mehrstellige Zahlen als Konto- oder Telefonnummern identifiziert wurden – hier mußte doch ASW im Spiel sein? Nun, die Zahlen wurden eben doch nicht *identifiziert,* sondern »bloß« *akzeptiert.* Die Versuchspersonen waren zwar geneigt zu beschwören, daß sie sich nicht irrten. Aber *immer,* wenn sie Gubisch selbst nachprüfen konnte, stellte sich heraus, daß sich die Personen eben doch geirrt hatten. In *keinem* Fall deckten sich die vom Experimentator angegebenen und ins Protokoll aufgenommenen Ziffernreihen exakt mit den von den Zuschauern wiedererkannten Zahlen. Hin und wieder stimmten einige Ziffern überein, niemals jedoch die Reihenfolge.

Ähnlich war es um die Unterschriften bestellt, die Gubisch ins Protokoll schrieb; hier war es meist noch einfacher nachzuweisen, daß die Versuchsteilnehmer etwas in die Unterschrift *hineingesehen* hatten. Und der Wahrsageerfolg mit dem Foto von den vier Personen und einem Hund? Gubisch machte diese und ähnliche Angaben immer wieder. Dabei erzielte er Fehlschläge und Annäherungserfolge, und ab und zu dann auch solche Glanzfälle wie den hier beschriebenen. Das ist im Grunde nicht überraschend: Wie viele Menschen tragen Fotos in der Tasche! In den Jahren der Gubisch-Experimente, also von 1930 bis 1960, hatten sie zumeist das Format sechs mal neun Zentimeter (heute würde Gubisch Farbfotos der Größe neun mal dreizehn oder Polaroid-Bilder ansagen). Und wenn das Foto auch nur ungefähr der Ansage entspricht, dann gibt die Versuchsperson freudig ihre Zustimmung. Gerade kleine Ungenauigkeiten und Undeutlichkeiten werden als Beweis für das »Hell-*sehen*« gewertet. Im beschriebenen Fall stimme die Ansage auch nicht ganz, denn auf dem Foto waren zwei Hunde zu erkennen.

Aber auch wenn drei oder fünf Personen statt der vier abgebildet waren, das Format anders, der Hund links statt rechts stand oder am Herrchen emporstrebte (oder überhaupt nicht vorhanden war) – fast immer wird es zu einem Treffer ergänzt, angeglichen oder umgedeutet.

Ähnlich steht es um die auf S. 95 erwähnten Säcke im Vorraum. Die hartnäckige Rückfrage ergab: »Nicht bei uns zu Haus standen Säcke im Vorraum, sondern in der Mühle, wo ich als Kind täglich Milch holen mußte. Blitzartig stand das Bild vor mir, als Sie von ›Säcken im Vorraum‹ sprachen; ich glaubte, Sie hätten den Raum in der Mühle hellgesehen.«

Gubisch hat solche Erfahrungen tausendfach gemacht, und immer wieder haben ihm die Probanden erklärt, sie hätten alles klar und mit den Aussagen des Experimentators übereinstimmend gesehen; erst nach erfolgter Aufklärung – sobald sie einen strengen Maßstab angelegt hätten – entdeckten sie, daß *viele oder alle Aussagen unzutreffend* gewesen waren.

Wahr ist, was wahr sein soll

Was aber veranlaßt sie, aufs Geratewohl zuzustimmen oder sogar wider besseres Wissen? Die Wissenschaft nennt dergleichen ein Verifikationsphänomen. Verifikation heißt, wörtlich übersetzt,

Wahrmachung, und so soll das Wort auch verstanden werden: Etwas wird wahr »gemacht«, obgleich es gar nicht wahr ist. Ursachen sind manchmal »echte« optische und akustische Täuschungen – wir werden ihnen ein eigenes Kapital zu widmen haben –, meist aber ist es der vorgefaßte Glaube. Wo er herrscht, werden buchstäblich die unglaublichsten Dinge für wahr erklärt. Das aber ist für unsere Betrachtungen äußerst wichtig. Nicht nur wegen Uri Geller, des Bermuda-Dreiecks und der UFOs, sondern und insbesondere für unsere Suche nach der Magie; hier, im vorgefaßten Glauben, haben wir nämlich *eine* der Wurzeln – allerdings wirklich nur eine von mehreren, und wahrscheinlich noch nicht einmal die Hauptwurzel.

Jetzt wird es uns auch verständlich, weshalb Gubisch seine Veranstaltungen mit den verblüffend einfachen und verblüffend zuverlässigen »Suchexperimenten« begann; sie gestatteten es ihm, ohne Tricks überzeugende Erfolge zu erzielen und so eine Atmosphäre des Glaubens an das Übersinnliche zu schaffen; das war der richtige »Nährboden« für die Bereitschaft, auch Nicht-Stimmendes zu verifizieren, also es für wahr zu erklären.

Um es noch einmal zu betonen: Gubisch hat ohne alle Tricks gearbeitet, nur mit der Psychomotorik einerseits und dem Verifikationsphänomen andererseits. Dazu gesellte sich meist noch eine gut geschulte Kombinatorik, nämlich die Fähigkeit, aus ersten Zustimmungen, gelegentlichem Zögern und ähnlichem den Faden der »hellgesehenen« Geschichte weiterzuspinnen. Das genügt, bei entsprechender Übung und Praxis, scheinbar echte Hellseher-Erfolge zu erzielen.

Wilhelm Gubisch war denn auch nie und nimmer ein Hellseher. Er wollte es auch gar nicht sein. Im Gegenteil: Er unternahm seine Experimentalveranstaltungen im Auftrage des Hygienischen Instituts in Dresden, gewissermaßen als Aufklärungsvorträge, um vor den Schäden des Okkultismus, der Hellseherei usw. zu warnen. Wir haben ihn bzw. sein Buch *Hellseher, Scharlatane, Demagogen* (1961) an den Anfang dieses Kapitels gestellt, weil es danach viel leichter ist, Tricks von Hellsehern, »Paragnosten« (s. S. 108) und Psi-Leuten abzuhandeln.

Für die Parapsychologen war das eine böse Angelegenheit, die sie noch immer nicht verwunden haben. 1964 widmete ihm die

Zeitschrift für Parapsychologie und Grenzgebiete der Psychologie
ein Doppelheft (!) voller Kritik. Der Haupteinwand: »Herr Gubisch« (so tituliert man ja in Deutschland den Gegner, wenn man
ihn kritisch abwerten will) habe unzulässige Analogieschlüsse
gezogen; weil er ein paar Trickbetrüger bloßgestellt habe, sollten
alle Angaben über ASW falsch sein. Aber das ist erst recht
irreführend, denn Gubisch hat »anerkannten« ASW-Leuten Un-
redlichkeiten nachgewiesen, so z. B. dem »Paragnosten« Croiset,
der mit den Professoren Bender (einer der Herausgeber der
genannten Zeitschrift) und Tenhaeff ASW-Experimente durch-
führte (s. S. 108), oder den Bischof Lanyi, der angeblich am
28. Juni 1914   03.45 Uhr die – am gleichen Tag später erfolgte –
Ermordung des österreichischen Thronfolgerpaares in Sarajevo
geträumt und diesen Traum niedergeschrieben hat. Frau Moser
nennt diesen berühmt gewordenen Traum einen » erschütternden
Beweis für das Vorkommen von Prophetie, wie es besser nicht
gedacht werden könnte«*(Das große Buch des Okkultismus,* 1934;
mehr darüber auf S. 116).
Seither wird Gubisch totgeschwiegen.

So einfach kann man hellsehen

Die meisten der sogenannten Hellseher bedienen sich des Verifi-
kationsphänomens und der Kombinatorik zum Erzielen ihrer
Erfolge. Weniger beliebt, weil zu mühevoll, ist die Ideomotorik.
Um die für ihr Vorhaben so wichtige Glaubensbereitschaft herzustellen, benutzen sie die verschiedensten Tricks, die nie versagen,
weil sie vom Publikum nicht durchschaut werden (können). Einige davon seien im folgenden beschrieben.
    Ganz einfach geht es, wenn man nicht, wie Gubisch, mit einem
Unbekannten (dem »Denker«) arbeitet, sondern mit einem Assi-
stenten (sprich Komplizen). Der läßt sich von den Zuschauern
Gegenstände geben – Uhren, Brieftaschen, Ringe, Streichhölzer
und ähnlich häufig vorhandene Dinge, fragt dann seinen Meister: »Was habe ich in meiner (der) linken (rechten) Hand, und
was (habe ich) jetzt (nun) in der (meiner) Hand usw. – und der
Meister sagt präzise an, worum es sich handelt. Das Ganze ist

101

natürlich ein verabredeter Code, der von Zeit zu Zeit gewechselt werden kann und immer funktioniert, wenn Seher und Helfer gut aufeinander eingestimmt sind. So machten es, noch vor dem Ersten Weltkrieg, in Österreich ein gewisser Mario Rubini (= Leo Rubiner) und sein Assistent Hermann (Herschel) Steinschneider, der sich später Erik Jan Hanussen nannte und einer der berühmtesten Hellseher wurde (1889 in Wien geboren, 1933 von Hitlers SA erschossen).

Solche plumpen Codes wurden zwangsläufig (weil zu durchsichtig) immer mehr verfeinert. Besonders gut machten es »Cora, das Gedankenwunder« (Gudrun Gräfin von Haslingen) und ihr Gatte Joachim-Gert. Die beiden spielten »Gedankenübertragung« mit einem Code aus Mimik und Gebärden so raffiniert, daß Cora (auf einer Pressekonferenz) sogar »erriet«, daß man dem Grafen einen Zettel mit der Aufschrift »Kornwestheim« gegeben hatte.

Bei dem gleichfalls sehr beliebten und »todsicheren« Zetteltrick geht es indessen ohne Raffinement zu, geradezu genial einfach:

Der Hellseher oder sein Helfer verteilen kleine Zettel – etwa drei Quadratzentimeter groß – im Auditorium, lassen sie mit einem Wort, einem kurzen Satz oder auch einer Zahl beschriften und danach eng zusammenfalten. Sie werden in einer Schale gesammelt. Der Hellseher nimmt einen Zettel, ohne ihn zu entfalten, sagt, was darauf geschrieben steht, entfaltet ihn, nickt bestätigend mit dem Kopf und reicht ihn zur Kontrolle ins Auditorium. Was der Hellseher angesagt hat, stimmt genau mit dem geschriebenen Text überein, bei allen Zetteln, und das Ganze läßt sich beliebig ausdehnen. Diese hundert Prozent Treffer – die ein Hellseher sonst niemals erreicht (vom Studenten Pearce im Rhine'schen Kartentest abgesehen), erklären sich wie folgt:

Der Hellseher entnimmt der Schale den Zettel Nr. 1, denkt nach und sagt einen Text an. Es ist aber gar nicht der Text von Zettel Nr. 1, sondern der von einem Zettel Nr. 0, den er vorher selbst beschriftet und in der Hand verborgen gehalten hat. Er verliest diesen Text, den er vorher auswendig gelernt hat – meist etwas peinlichen Inhalts, so daß es verständlich erscheint, daß sich niemand als Schreiber bekennt. Dann entfaltet er den Zettel

Nr. 1 und lernt auf diese Weise mühelos dessen Aufschrift. Er merkt sie sich, gibt aber erst, mit einem leichten Taschenspielertrick, den Zettel Nr. 0 zur Kontrolle ins Auditorium weiter, nimmt Zettel Nr. 2, liest den Text Nr. 1 vor, den er sich gemerkt hat, entfaltet Zettel Nr. 2, gibt Zettel Nr. 1 ins Auditorium und so fort, bis zum letzten Zettel.

Aus der Zustimmung der Kontrollierenden wie der Schreiber wird offenbar, daß die Texte haargenau stimmen. Kein Wunder: Sie wurden ja, *vor aller Augen,* ganz schlicht abgelesen, mit einem einfachen Vertauschungstrick!

Über diesen Trick berichtet Gubisch eine amüsante Geschichte – sie paßt vorzüglich in das Konzept vom Verifikationsphänomen: Ein Psi-Forscher arbeitete einmal mit einem Hellseher, dem er echte ASW-Begabung zutraute. Als dieser aber nur den alten Zetteltrick vorführte, ging der Forscher daran, die Zettel heimlich zu verkleben. Jetzt war es natürlich mit dem Hellsehen vorbei. Das Seltsame an der Geschichte ist, daß der Forscher den Anwesenden erklärte, der Hellseher habe offenbar soeben und vorübergehend seine wunderbare Begabung verloren, wie es ja zuweilen bei Psi-Begabten vorkommen soll. Hier wurde das *Wunder* geglaubt, damit man nicht den *Betrug* anerkennen mußte.

»Vom Wahrsagen läßt sich wohl leben,
aber nicht vom Wahrheit sagen«

Georg Christoph Lichtenberg 1742 bis 1799, Professor der Physik in Göttingen

Erik Jan Hanussen hatte sich einen besonderen Zetteltrick ausgedacht. Wie ihn später sein Sekretär Erich Juhn ausplauderte, entnehmen Sie bitte selbst seiner Eidesstattlichen Versicherung, wie sie in den Polizeiakten zu finden ist:

Eidesstattliche Versicherung

»Ich war vom Juni 1927 bis Juli 1929 Impresario und Sekretär des Hermann Steinschneider, der sich Erik Jan Hanussen nennt und sich als Hellseher ausgibt.

Wir kamen auf eine wunderbare Vereinfachung unseres Hellsehschwindels, indem wir in das Programm zwei Pausen einschalteten. Am Ende des ersten Teiles machte Hanussen die Zuschauer auf seine Hellsehproduktion aufmerksam und forderte sie auf, Zettel mit Daten interessanter Ereignisse aus ihrem Leben mir, seinem Sekretär, in den kommenden Pausen abzugeben.

Ich begann auch sofort in der ersten Pause mit dem Einsammeln der Zettel, wobei ich natürlich von den Fragestellern nach der Art des Niederschreibens der Daten befragt wurde. Bei dieser Gelegenheit war es nicht schwer, die Leute nach dem Ereignis selbst auszufragen, was natürlich auf geschickte Art vor sich gehen mußte.

Im allgemeinen ist es außerordentlich leicht, aus den Menschen alles Wünschenswerte herauszubekommen, da sie ja direkt darauf brennen, erzählen zu dürfen. Viele waren natürlich auf der Hut und gaben keinerlei Auskunft. Andere wieder schrieben in naivem Mißverstehen von Hanussens Aufforderung nicht nur Tag, Ort und Stunde, sondern auch genau die Art des Ereignisses nieder, wie z. B.: »Todestag der Mutter. Ist kein Testament vorhanden?«

Wie gewöhnlich bekam ich in der ersten Pause etwa zwanzig Zettel ausgehändigt. Wenn man nun bedenkt, daß wir für das sogenannte Hellsehen nur vier bis fünf Fälle benötigten, so wird man einsehen, daß es nicht schwer war, diese Anzahl zusammenzubekommen. Dann forschte ich fast nie mehr nach anderen Fällen.

Wenn dann der zweite Teil des Abends, der gewöhnlich graphologische Experimente brachte, begann, dann verschwand ich aus dem Saale und schrieb gewöhnlich auf dem Klosett auf ein kleines Zettelchen die mir bekannt gewordenen Hellsehfälle nieder. Zum Beispiel: ›Schmidt, 3. Februar 1924, Essen, Mord an der Schwester, Schuß durch die Lunge. Täter bis heute nicht gefunden.‹ Oder: ›Peter, 2. März 1901, Hamborn, Geburt, Mutter dabei gestorben.‹

Diesen Zettel praktizierte ich dann in die Manteltasche des Hanussen, gewöhnlich in einer Streichholzschachtel versteckt, nachdem ich mich von rückwärts in das Künstlerzimmer geschlichen hatte. Hanussen hatte nun nichts anderes zu tun, als den

Inhalt meines Zettels in der zweiten Pause, deren Zweck nunmehr einleuchtet, auswendig zu lernen, und dann beim ›Hellsehen‹ hellseherisch und recht dramatisch die einzelnen Ereignisse zu schildern.

Hanussen hat also während der zweijährigen Mitarbeiterschaft meiner Person bei ihm nicht ein einziges wirkliches Hellseherexperiment ausgeführt oder sogar nur versucht, vielmehr immer nur Trickhellsehen auf Grund meiner Information vorgeführt. Er hat natürlich auch niemals selbst daran geglaubt oder gar mir gegenüber die Echtheit auch nur eines Experimentes behauptet, sich mir gegenüber vielmehr in zynischer Weise geäußert. Sein Hellsehen in den Sprechstunden war noch viel einfacher. Da ließ er sich von den Leuten erst genau den Fall schildern, ließ sich ein hohes Honorar bezahlen, bestellte den Frager auf später, da er doch Hellsehexperimente machen müsse, und erzählte ihnen später irgend etwas Belangloses, ohne selbstverständlich auch nur den Versuch eines Experimentes zu machen.

Wäre ich in dem Leitmeritzer Prozeß vernommen worden, so hätte das Verfahren wohl anders geendet.« (Gemeint ist hier der Prozeß von 1931 gegen Hanussen wegen fortgesetzten Betruges, in dem er freigesprochen worden ist. Hanussen hatte es verstanden, das Gericht mit Hilfe eines okkultgläubigen Sachverständigen für sich einzunehmen.)

»Berlin, den 21. Dezember 1932   Erich Juhn.

Vorstehende vor mir gezeichnete eigenhändige Unterschrift des Adolf Erich Juhn aus Warnsdorf in der Tschechoslowakei beglaubige ich hiermit.

Berlin, den 21. Dezember 1932.   Siegfried Choziesner, Notar. Nr. 158 des Notariatsregisters 1932.«

Jetzt wird auch klar, weshalb denn Hanussen seinen todsicheren Trick erst nach der zweiten Pause brachte, als er doch sein Publikum schon anderweitig beschäftigt und bearbeitet hatte, mit Psychometrie und Kombinatorik: Wie die meisten Hellseher, so lebte auch Hanussen nicht von seinen öffentlichen Auftritten

105

(obgleich sie ihm in seinen Glanzzeiten pro Abend 2000 Mark einbrachten: damals das Monatsgehalt eines Ministers); diese dienten nur dazu, Privatkunden anzuwerben, die dann kräftig zur Kasse gebeten wurden, wenn er ihnen die Zukunft vorhersagte.

Glanz und Ende des Jan Erik Hanussen

Fürs Hellsehen Geld anzunehmen, war freilich gesetzlich unzulässig. Aber – so schreibt Geza von Cziffra – »Hermann umging dieses Gebot mit einem Trick: Seine Kunden mußten, bevor sie den großen Magier sehen durften, einen Revers unterschreiben, in dem sie bestätigten, daß sie Hanussen nicht für seine Ratschläge, die er ihnen aufgrund seiner etwaigen hellseherischen Fähigkeiten erteilte, honorierten, sondern ihm lediglich die Zeit vergüteten, die der Meister für sie verschwendete. Auf der Rückseite mußte der Klient Adresse, Alter, Familienstand, Beruf und noch einiges mehr angeben. Dann wurde er, etwa nach zwei bis drei Stunden Wartezeit, dem Meister vorgeführt. Zu diesem Zeitpunkt hatte Hanussen die Angaben schon längst gelesen. In besonders honorarträchtigen Fällen ließ er sogar einen Mitarbeiter in der Umgebung der angegebenen Adresse recherchieren.«

Von Zeit zu Zeit landete er einen besonderen Coup, der ihn wieder in aller Munde und in alle Schlagzeilen brachte. So 1932 eines Abends in der »Scala«, dem berühmten Berliner Varieté: Mitten im Ablauf des Programms scheint er zusammenzubrechen. Keuchend, sozusagen mit Geburtswehen, gibt er in einer meisterlichen Vorstellung bruchstückweise bekannt, daß ein Autobus eine Straßenbahn rammt – ein furchtbarer Verkehrsunfall, in Mailand, dort, wo der Corso Vittorio Emanuele von der Via Durini gekreuzt wird. Am nächsten Tage berichten die Zeitungen alle Einzelheiten über das Ereignis, das Hanussen »hellgesehen« hat.

Und die Wirklichkeit: Hanussen hatte manche Freunde und Helfer in anderen Städten. Er bezahlte sie gut, wenn sie ihm telefonisch, vor der Vorstellung, brandneue Meldungen brachten. So auch an diesem Abend, als sein »Kollege« in Mailand zufällig Zeuge des Unglücks war. Übrigens ist der Trick uralt.

Bereits die berühmten Orakel des Altertums, Delphi, Dodona, Didyma, Saïs (von hier bezog Solon sein Atlantis-Wissen!) verfügten nachweislich über wohlorganisierte Nachrichtendienste. Ihre Kunden mußten freilich oftmals lange warten, nämlich bis ein von der Orakel-Verwaltung ausgesandter Kundschafter zurückgekehrt war. Daß dabei auch hin und wieder Herrscher nach ihren Wünschen und Absichten gefragt wurden und die Weissagung dementsprechend ausfiel, zeigt, daß schon frühzeitig mit »Hellsehen« Politik gemacht worden ist.

Hanussen verdiente damals Millionen. Er besaß Villen und Yachten, wo er Kunden aus den höchsten Kreisen der damaligen Gesellschaft opulent bewirtete – auch mit Mädchen. Seine ewige Angst, als Jude erkannt zu werden, hatte ihn schon früh veranlaßt, sich auf die Seite der Nationalsozialisten zu schlagen. So verkehrte er auch mit SA-Größen wie Gruppenführer Ernst (erschossen beim sogenannten Röhm-Putsch 1934) und Graf Helldorf (später Polizeipräsident von Berlin, 1944 wegen Beteiligung am Stauffenberg-Attentat hingerichtet). Hanussen unterstützte die Nazis schon, bevor sie an die Macht kamen, großzügig, auch mit Geld – gegen Schuldscheine. Als man im März des Jahres 1933 seiner jüdischen Vergangenheit auf die Spur kam, soll er – Geza v. Cziffra zufolge – mit ein paar Kumpanen und mit Wissen einiger SA-Führer den Holländer Marinus van der Lubbe angestiftet haben, das Reichstagsgebäude in Brand zu stecken. Am 16. Februar 1933 »sieht« er während einer Privat-Séance »ein öffentliches Gebäude, groß, mit hoher Kuppel, nein, keine Kirche, rotes Licht, Feuer im Haus, alles brennt . . .«. Genau 24 Stunden später brennt das Reichstagsgebäude wirklich ab. Das wurde ihm zum Verhängnis. Nachdem in seiner Wohnung zwei Safes aufgebrochen und die Schuldscheine entnommen worden waren, erschienen zwei »Zivilisten« in Ledermänteln – das war damals die »Uniform« der Leute von der Geheimen Staatspolizei (Gestapo), verhafteten ihn, fuhren mit ihm in ein Waldstück zwischen Zossen und Baruth und erschossen ihn. Sein Leiche wurde am 7. April 1933 gefunden; das Gesicht war mit Nagelstiefeln bis zur Unkenntlichkeit entstellt.

Anmerkung: Dr. Fanny Moser, die »Grande Dame« des Okkultismus, nannte noch 1935 in ihrem vielzitierten kritischen

Standardwerk *Okkultimus – Täuschungen und Tatsachen* Hanussen den größten Hellseher, obgleich sie an anderer Stelle sagt, bei den Medien gehe es zu 98 Prozent um Schwindel, und die restlichen zwei Prozent seien mindestens einmal beim Betrug erwischt worden. (Nachsatz: *Das große Buch des Okkultismus* von Fanny Moser, 1974 erschienen, ist nur die von Professor Bender herausgegebene originalgetreue Wiedergabe des oben genannten Werkes.)

Wer wird morgen abend auf Platz Nr. 73 des Saales erscheinen?

Gerard Croiset, ein 1910 geborener niederländischer Hellseher und »Paragnost«, lebte zur Hauptsache von seinen Einkünften als Heilkundiger (Magnetiseur). In den sechziger Jahren behandelte er bereits täglich 80 bis 100 Patienten, zum Preis von einem Gulden – das war damals noch viel Geld. Daneben betrieb seine Familie noch ein altholländisches Restaurant. Seine hellseherischen Fähigkeiten zeigte er in Experimenten besonderer Art. Er sagte nämlich voraus, welche Person bei einer *zukünftigen* Veranstaltung einen bestimmten – von Croiset an Hand des Bestuhlungsplanes ausgesuchten – Platz einnehmen wird. An dieses sogenannte Platzexperiment knüpfte er psychometrisch ermittelte Einzelheiten über diese Person.

In einem Versuch, 1953 in Anwesenheit von Professor Bender und dessen Utrechter Kollegen Professor W. H. C. Tenhaeff in Pirmasens unternommen, wählte Croiset Platz Nr. 73 aus. Auf ihn werde sich eine etwa dreißig Jahre alte Dame mit weißer Bluse setzen; sie komme viel in ein rotes Gebäude mit hohen Säulenträgern und hohen Stufen (Anmerkung: Das ist in Pirmasens die Friedhofskapelle; Croiset dürfte sich vorher auch darüber Kenntnis verschafft haben). Vor kurzem habe sie etwas über Oberschlesien gelesen oder ein Gespräch über Oberschlesien gehabt. Danach sah Croiset einen Drachen, der nicht aufsteigt – ein holländisches Sprichwort, das bedeutet, etwas erreichen wollen, das sich dann nicht erfüllt. Das bezieht sich auf einen Mann (er wird genauer beschrieben), der einen Plan gehabt habe. Die Dame sei aber dazwischengekommen (Zitat nach Bender). Zum Schluß sah

Croiset noch eine grüne Zigarettendose, vor der die Dame die Nase rümpft.

Als dann die Vorstellung stattfand, erkannte Croiset sofort die Dame mit der weißen Bluse – sie saß allerdings nicht auf Platz 73, sondern zwei Plätze entfernt. Sie war 32 Jahre alt, hatte vor zwei Tagen an einer Beerdigung teilgenommen (Friedhofskapelle!), hatte am Tage zuvor einen Brief von einem mittlerweile verheirateten Mann (von C. »zutreffend« beschrieben – wie?). Sie lehnte es ab, wieder Beziehungen zu ihm aufzunehmen. Er hatte ihr einmal ein gelbgrünes Zigarettenetui geschenkt.

Das hört sich recht gut an. Aber betrachten wir die Ergebnisse einmal etwas genauer. Die Hauptsache stimmt nicht: Die Dame saß nicht auf Platz 73 (Anmerkung: Dreißig Jahre alte Damen in weißer Bluse sind nicht eben selten!). Die Sache mit dem *häufigen* Besuch der Friedhofskapelle stimmt gleichfalls nicht. Die Angelegenheit des Herren mit der gelbgrünen Zigarettendose kann zwar im Sinne des holländischen Sprichwortes interpretiert werden, aber auch entgegengesetzt (»Die Dame« – welche? – »sei aber dazwischengekommen«). Oberschlesien stimmt, das Naserümpfen fehlt. Insgesamt ist also eine Übereinstimmung von höchstens 50 Prozent festzustellen – und das ist genau der Zufallswert. Obendrein ist noch nicht berücksichtigt, was nach Gubischs Erfahrungen auf das Konto der Verifikation zu rechnen ist.

In einem anderen, für das Fernsehen arrangierten Versuch machte Croiset in Utrecht insgesamt 20 Angaben über eine Person, die am folgenden Tage im Münchener Atelier ein bestimmtes Los ziehen würde. Von diesen Angaben war eine falsch, 9 waren mehr oder weniger spezifisch für den Losinhaber, 6 bezogen sich auf den Produktionsleiter (der auch die Lose ausgab), 4 auf beide zusammen (zit. nach Bender). Das sind bei wohlwollender Berechnung zwölf mehr oder weniger Richtige = 65 Prozent. Gubisch konnte es, ohne Hellsehen, besser.

Sehr bemerkenswert ist ein Versuch in Stuttgart, gleichfalls für das Fernsehen vorbereitet. Der Hauptversuch war ziemlich kläglich ausgegangen. Croiset fand sich zu einer Zugabe bereit. Vor sechzehn Journalisten machte er Angaben über einen Stuhlinhaber, der erst nachher ausgelost wurde – es war die Nr. 20. Die Angaben erwiesen sich buchstäblich als nichtssagend – mit einer

Ausnahme:»Ich sehe eine Zeitung . . . Hat er etwas zu tun gehabt mit einer Zeitung, die im Kriege nicht als prodeutsch angerechnet wird?« (Man beachte die Frageform!) Es war doch wohl zu erwarten, daß ein Journalist einmal etwas mit einer antideutschen Zeitung (oder einem deutschfeindlichen Rundfunksender!) »zu tun« gehabt hatte – eine undeutliche Aussage mit beträchtlicher Streuwirkung. Aber nichts dergleichen: Zur allgemeinen Enttäuschung der Teilnehmer erklärte der Inhaber des Stuhles Nr. 20, es stimme nichts, aber auch gar nichts. Insofern war also auch dieses Experiment gescheitert.

Aber das Bemerkenswerte kommt erst noch. Einige Zeit nach dem mißglückten Stuttgarter Experiment erfuhr Gubisch, von Professor Tenhaeff sei in einem Vortrag an der Stockholmer Universität behauptet worden, Croiset habe mit seiner Aussage über einen Herrn, der im Kriege Verfasser deutschfeindlicher Artikel gewesen sei, großen Erfolg gehabt. Von dem Herrn sei das zwar abgestritten worden, doch einer der Anwesenden habe ihn erkannt und die Aussage bestätigt. Gubischs Rückfrage in Stuttgart ergab, die Protokolle seien Professor Bender überlassen worden; derjenige, der den Stuhlinhaber 20 erkannt habe, sei ein Angestellter des Studios, wolle aber nicht genannt sein. Sein Name war nicht zu erfahren, auch nicht von Professor Bender.

Hingegen äußerte sich nun Professor Neuhäusler zu der Aussage, aber das hört sich ganz anders an:»Es ist ein Herr deutscher Staatsangehörigkeit, der während des letzten Krieges auf seiten einer ausländischen Macht Artikel gegen Deutschland bzw. gegen das deutsche Regime geschrieben hat.« Nun vergleichen Sie bitte diese sehr präzise Formulierung Neuhäuslers mit der – vom Tonband abgehörten – unbestimmten Äußerung Croisets (s. oben), und Sie werden leicht erkennen, daß hier eine Aussage manipuliert worden ist, und zwar von jenem Professor Neuhäusler, der stets»methodische Strenge« für sich in Anspruch genommen hat. Wieder wird offenbar, ja sogar aktenkundig, mit welcher Vorsicht Nachrichten über Psi-Erfolge aufzunehmen sind, und wie schwierig oder unmöglich es ist, sie zu überprüfen.

Croiset zum zweiten:
Interpretationen, Schlagzeilen, Kontrollverbot

Croiset selbst schätzt, daß seine hellseherischen Angaben eine Fehlerquote von nur 20 bis 30 Prozent hätten, das heißt zu 70 bis 80 Prozent richtig seien. Gubisch brachte es gleichfalls auf 80 Prozent *ohne* Psi! Übrigens, im Rhine'schen Kartentest versagte Croiset völlig.

Nun, über die Platzexperimente und ihren Mangel an »gesellschaftspolitischer Relevanz« kann man notfalls hinwegsehen. Anders ist es bei Croisets Versuchen, vermißte Personen aufzufinden. Croiset behauptet, daß durch seine Angaben etwa 400 (vierhundert!) Kinder wieder aufgefunden worden seien – tot oder lebendig. Wie viele dieser Fälle in den Bereich des Anekdotischen gehören und/oder nicht mehr nachprüfbar sind, bleibt offen. Bender schildert vier Fälle.

Fall 1: Jelle Schenk, ein Junge aus einem Fischerdorf am Rande der früheren Zuidersee, wurde vermißt. Croiset, deswegen angerufen, sagte, der Junge sei in einer Entwässerungsanlage ertrunken; ihre Lage wurde beschrieben. Dort fand man tatsächlich die Leiche des Jungen.

Fall 2: Ähnlich erfolgreich, so wird geschrieben, war Croiset im Fall »Wim Slee«. Er sagte voraus, die Leiche werde in der Nähe einer Schleuse, einer Brücke oder etwas ähnlichem an die Wasseroberfläche getrieben, und zwar am Dienstagmorgen. So geschah es wirklich, an der sogenannten »Kerkbrücke«.

Fall 3: 1967 verschwand in Schottland ein junges Mädchen namens Pat McAdams; man vermutete, es sei ermordet worden. Der Journalist Frank Ryan konsultierte Croiset und erhielt detaillierte Angaben, wo die Leiche zu finden sei. Dort fand man zwar nicht das Mädchen, wohl aber ein Taftkleid – doch das hatte gar nicht der Vermißten gehört. Da nun Tyan von einem Taftkleid der Verstorbenen gewußt haben soll, Croiset aber nicht, vermutet Bender, daß Croiset das Suchbild »Taftkleid« dem Journalisten »telepathisch abgezapft« und demzufolge in der fraglichen (?) Gegend ein ähnliches Kleid gefunden hat. Das ist eine kühne Interpretation – mit wissenschaftlicher Analyse hat dergleichen nichts zu tun. Und es zeugt auch nicht gerade von wissenschaftli-

111

chem Geist, wenn zu dieser Geschichte eine zweiseitige Fotomontage aus Zeitungsausschnitten der Boulevardpresse abgebildet wird. An deren Zuverlässigkeit bestehen bekanntlich erhebliche Zweifel.

Fall 4: Eine Frau wird vermißt; man vermutet, daß sie sich bei Meersburg am Bodensee ins Wasser gestürzt habe. Bender befragt Croiset; dieser zeigt, ohne zu zögern, auf einer Landkarte sogleich auf Meersburg und beschreibt den Yachthafen. Dort sei die Frau ertrunken. Aber die Vermißte fand sich bald danach wieder zu Hause ein. Croisets Aussage »erwies sich als telepathische Spiegelung der mir ›(Bender)‹ bekannten Vermutung«. Also wiederum: Interpretation, keine Analyse.

Wird so verfahren, dann ist und bleibt es unverantwortlich, wenn Hellseher in Mordfällen einen Verdacht über einen Täter äußern: Es könnte reine Phantasie (»Spiegelung einer Vermutung«) sein und dem zu Unrecht Verdächtigten großen Schaden zufügen. Dabei braucht es nicht immer so glimpflich abzugehen wie im Falle Croiset 1975: Er »sah« einen unbeteiligten Bürger als Mitwisser eines Mordes; daraufhin wurde dieser von dessen Söhnen mehrere Stunden lang »vernommen« und dann mit schweren Verletzungen in ein Krankenhaus eingeliefert. Hier sollte aus sozial- und psychohygienischen Gründen ein Riegel vorgeschoben werden. (Anmerkung: Benders Institut führt den Namen »Institut für Grenzgebiete der Psychologie und Psycho-*hygiene*«).

Es ist zu begrüßen, daß Professor Bender nicht, *wie sonst durchgängig üblich*, nur Erfolge meldet, sondern wenigstens zwei Fälle anführt, in denen Croiset geirrt hat – auch wenn er sie nachträglich in Erfolge umdeutet. Schließlich war Croiset in den beiden ersten Fällen anscheinend erfolgreich – obgleich wir auch hier vorsichtig sein sollten, denn Einzelheiten sind darüber nicht veröffentlicht worden bzw. nicht mehr nachprüfbar. Wer kann heute noch sagen, was davon lediglich Schlagzeile einer Boulevardzeitung war? Wenn wir dann auch noch berücksichtigen, wie seltsam Bender und vor allem sein Kollege Neuhäusler mit Aussagen und Protokollen umgehen – man denke an das Stuttgarter Platzexperiment mit den Journalisten (s. S. 109) –, dann ist äußerste Skepsis geboten. Im übrigen: Zufallstreffer wird es vielleicht öfter geben, als man meint: Siehe dazu Wilhelm von Scholz, Seite 72.

Überhaupt ist es um Kontrolle und Nachkontrolle bei Hellsehversuchen schlecht bestellt, insbesondere im Falle Croiset. Während der von Bender und Tenhaeff veranstalteten Platzexperimente waren Kontrollen offenbar *unerwünscht:* »Objektive Sicherungen und Kontrollen sind unökonomisch und hemmen den wissenschaftlichen Fortschritt«; »Kontrollierte Experimente unter strengen Prüfungsbedingungen können niemals ... Erfolg haben ...«. Mag sein, daß die Psi-Begabten wirklich so wechselhaft und unbeständig in ihren Leistungen sind. Aber dann ist es völlig unmöglich, daß ein Parapsychologe jemals der ihm auferlegten Beweislast gerecht werden kann: Das Paranormale funktioniert nur, wenn es nicht kontrolliert wird, es funktioniert nicht, wenn es kontrolliert wird. *Psi und wissenschaftliche Kontrolle schließen einander aus.* Durch das Fehlen jeder »strengen« Kontrolle sind dem Betrug Tür und Tor geöffnet. Damit muß die Parapsychologie leben.

Und noch etwas ist bei den Croiset-Experimenten zu beanstanden und zu tadeln: die *Suggestivfragen.* Bender und Tenhaeff stellten sie im Rahmen von Veranstaltungen der Volkshochschule: Die Versuchspersonen wurden nach den Aussagen des Mediums durch die beiden Professoren gefragt, was daran richtig sei; sie machten sie mit Nachdruck darauf aufmerksam, wie groß die Bedeutung ihrer Antworten für die parapsychologische Forschung sei und daß man sie dieserhalb auf Tonband aufnehmen werde. Was Wunder, daß die solchermaßen eingeschüchterten Personen bestätigten, was ihnen auch nur halbwegs vertretbar erschien. Trotzdem lag Croiset in seinen Erfolgsprozenten nur zwischen 70 und 80 – genau wie Gubisch, der erstens kein Medium war und zweitens seine Versuchsteilnehmer immer wieder aufforderte, ihre Aussagen noch einmal in aller Ruhe zu überprüfen ...

(Anmerkung: Erst nach Fertigstellung dieses Abschnittes, im Oktober 1980, erfuhr ich, daß Croiset am 21. Juli 1980 im Alter von 71 Jahren gestorben ist.)

Ein Holländer in den Staaten: Peter Hurkos

Wie Croiset, so stammte auch Peter Hurkos (= Pieter van der Hurk, geboren 1911 in Dordrecht) aus den Niederlanden. Mit 32 Jahren, zur Zeit der Besetzung durch die Deutschen, stürzte er von einer Leiter und war drei Tage bewußtlos. Als er wieder zu sich kam, glaubte er, Psi-begabt zu sein. Die SS verschleppte ihn in das Konzentrationslager Buchenwald, doch da er kein Jude war, überlebte er die grauenvolle Zeit. 1946 begann er, im Varieté- theater »Kass Lange« mit Hellsehnummern im Stile Hanussens aufzutreten. Andreja Puharich, den wir schon von Uri Geller her kennen (s. S. 19), und der immer auf der Suche nach ASW-Medien war, holte ihn in die USA, um ihn zu testen. Puharich glaubt, daß Hurkos sowohl psychometrische als auch telepathische Fähigkeiten besitzt; angeblich habe er in siebzehn Ländern Morde aufgedeckt.

Davon scheinen zwei Fälle gesichert zu sein. In der holländischen Stadt Limburg war ein junger Bergarbeiter erschossen worden (1947). Hurkos bezeichnete einen älteren Mann mit Brille, Schnurrbart und Holzbein als Täter – den Stiefvater des Opfers. Hurkos »sah« auch noch den Ort, wo dann die Tatwaffe mitsamt den Patronenhülsen gefunden wurde. Der Genannte wurde abgeurteilt. Weitere Einzelheiten sind nicht bekannt; die Polizei streitet jede Zusammenarbeit mit Hurkos ab.

Der zweite Fall ist etwas komplizierter, denn hier ging es nicht nur um das Auffinden einer Leiche, sondern auch um großangelegte geschäftliche Transaktionen, bei denen Hurkos den amerikanischen Einzelhandelsmagnaten Belk beraten hatte. Dessen Tochter war 1967 plötzlich spurlos verschwunden. Belk bat Hurkos telefonisch um Rat. Hurkos beruhigte ihn zunächst; seine Tochter werde sicherlich zurückkehren. Dann aber habe er, Hurkos, »gesehen«, wie das Kind ertrunken in der Nähe des Belkschen Bootshauses im Wasser lag. Dort wurde die Leiche tatsächlich gefunden.

Aber dazu muß einiges gesagt werden – und das rechtfertigt es, den Fall Hurkos gesondert abzuhandeln: Belk kannte Hurkos schon längere Zeit; er hatte ihn um präkognitive Beratung in geschäftlichen Angelegenheiten gebeten. Sie betrafen unter anderem Investitionen in den Belk-Warenhäusern in Atlanta und Miami Beach, brachten aber nur Verluste ein. Auch eine Suche nach Uran in Utah hatte Hurkos angeregt – Belk verlor dabei 20 000 Dollar. Hurkos war mehrfach in Belks Haus gewesen, er kannte auch das Bootshaus. Waren es wirklich Psi-Kräfte, die ihm eingaben, dort nach der Leiche suchen zu lassen? Belk war jedenfalls nicht mehr davon überzeugt, daß Hurkos wirklich in die Zukunft sehen könnte. Er hätte ihn doch rechtzeitig warnen müssen, um so das Leben seiner Tochter zu retten. Das Verhältnis zu Hurkos ist seitdem gestört.

Im übrigen ist bekannt, daß Hurkos in mehreren Fällen falsche Mörder »entlarvt« hat (Jackson-Mordfall 1961, »Der Würger von Boston« 1964, Falls Church, Virginia 1966 usw.) Als dann noch das große Geld ausblieb, das er sich von einer Goldmine in Colorado versprach, kehrte Hurkos wieder zu seiner Tätigkeit als Varietékünstler zurück.

1968 wurde er von zwei Psychologen getestet: Er sollte in insgesamt vier Sitzungen an zwei Tagen 53 versiegelte Umschläge prüfen; in ihnen befanden sich Haarlocken von 53 Personen. In den ersten drei Serien entsprachen seine Treffer »fast genau der Zufallswahrscheinlichkeit«; in der letzten Serie war das Ergebnis zwar etwas besser, aber immer noch »insignifikant«, d. h. statistisch nicht als Abweichung gesichert. Schlußfolgerung: »Wir können keinen Beweis für ASW finden.« Folgerichtig überlebte Peter Hurkos auch den 17. November 1961 – diesen Tag hatte er als seinen Todestag vorhergesagt.

Indessen, Hurkos hat nach wie vor seine Gemeinde und seine Privatkunden, allen »Entlarvungen« zum Trotz. Und nicht nur er lebt davon gut; es gibt genügend andere Hellseher, und es gibt genügend Menschen, die ihre Hilfe – gegen Entgelt – in Anspruch nehmen. Sie gehören vorwiegend den sogenannten höchsten Kreisen an.

Frau Buchela und die Fußball-Weltmeisterschaft 1978

Eine Hellseherin, die bei uns hohes Ansehen genießt, ist Frau Buchela. Wir wollen ihr hier keinen Betrug nachsagen (wie es ja überhaupt nicht das Anliegen dieses Buches ist, alle Psi-Fälle daraufhin zu untersuchen, ob Betrug im Spiele sei. Hier geht es nur darum zu zeigen, daß im Psi-Geschäft wohl nichts von Magie zu finden ist). Frau Buchela also – zu ihren potentesten Kunden gehören Ministerpräsidenten, Wirtschaftsmanager, Pressezaren, Nobelpreisträger und viele andere Prominente mehr – hat sich im Zusammenhang mit der vorletzten Fußball-Weltmeisterschaft in aller Öffentlichkeit geäußert, nämlich im Fernsehen. Am 21. Juni 1978 sagte sie:»Ich sehe das Endspiel zwischen Holland und Brasilien.« Diese Prognose war gewiß nichts Ungewöhnliches, denn so wurde es doch von aller Welt erwartet – zumal Holland als einer der Endspielteilnehmer bereits feststand. Nur ganz wenige glaubten daran, daß die argentinische Mannschaft die Peruaner noch mit 6 zu 0 schlagen und somit zum Endspielgegner avancieren würde. Auch Frau Buchela»sah« nicht das Endspiel zwischen Holland und Argentinien voraus. Aber sie»sah« – wiederum wie die meisten Fußballfans – Holland als Weltmeister. Doch am 25. Juni 1978 siegte Argentinien. Da sie augenscheinlich alles falsch gesehen hat, steht zu vermuten, daß sie im beschriebenen Falle von ihren etwaigen übersinnlichen Kräften völlig verlassen war. Aber was tut's? Wer erinnert sich heute noch daran?

Aber es gibt doch Wahrträume: Der Traum des Bischofs Lanyi

Wir sind von der Telepathie und dem Hellsehen in engerem Sinne ganz unvermerkt zur *Präkognition* gekommen, zum Vorauswissen, zu den Prophezeiungen. Das braucht uns nicht zu wundern: Wir hörten ja schon zu Anfang dieses Kapitels, daß Psi-Begabte meist auf allen drei Teilgebieten erfolgreich sind bzw. sein sollen.

Die wenigsten Prophezeiungen sind so leicht zu kontrollieren wie die der Frau Buchela über die Fußball-Weltmeisterschaft – die wurde ja im Fernsehen sozusagen zu Protokoll gegeben und auf Magnetband festgehalten. Demgegenüber fehlen bei angeblich erfolgreicher Prophetie fast immer *beweiskräftige* Dokumente wie Zeugenaussagen, Tonbandaufnahmen und dergleichen, so daß man sie zumeist getrost in das Reich der Fabel verweisen darf.

Aber in der parapsychologischen Literatur wird immer und immer wieder über zutreffende Prophezeiungen, vor allem über *Wahrträume*, berichtet. Eines der Renommierstücke ist bzw. war der Traum des Bischofs Lanyi, der die Ermordung des österreichischen Erzherzogspaares in Sarajevo voraussah – »ein erschütternder Beweis für das Vorkommen von Prophetie, wie er besser nicht gedacht werden könnte« (Dr. Fanny Moser).

Zunächst ein paar allgemeine Worte. Träume beschäftigen sich mit bewußten und unbewußten Wünschen und Befürchtungen des Träumers, wobei sie häufig sogenannte »Tagesreste« verwerten, Geschehnisse also, Gedanken und Gefühle des vorangegangenen Tages. Träume sind sehr häufig. Die Traumphysiologen (S. 123) rechnen an Hand von Messungen der Hirnströme, daß der Mensch in jeder Nacht etwa einundeineviertel Stunde lang träumt, insgesamt rund hundert Träume. In der Bundesrepublik werden somit allnächtlich an die sechs Milliarden Träume geträumt – da müssen schon per Zufall immer ein paar zutreffen (»in etwa«).

Nun behaupten viele Menschen, sie träumten niemals (meist widerlegen sie sich selbst schon an einem der nächsten Tage). Das hängt damit zusammen, daß eine Instanz, von den Psychoanalytikern Traumzensur genannt, Traumteile als Ausdruck unbewußter und manchmal unerwünschter Regungen *unterdrückt* (»verdrängt«) – wer hat nicht schon selbst erlebt, daß er einen besonders lebhaften Traum bereits Sekunden nach dem Aufwachen vergessen hat! Was dennoch erinnert wird, ist vielfach verändert, verfälscht und nicht mehr zuverlässig. Obendrein macht sich hier und da das »Verifikationsphänomen« bemerkbar.

Sigmund Freud, der Begründer der Psychoanalyse, hat sich ja viel mit der Traumdeutung befaßt. Da er oftmals von den Parapsychologen für Psi in Anspruch genommen wird, sollen hier scinc Worte über Wahrträume wiedergegeben werden: »Ich meine, wenn man ... die Unzuverlässigkeit, Leichtgläubigkeit und

117

Unglaubwürdigkeit der meisten Berichte zusammenhält mit der Möglichkeit affektiv erleichterter Erinnerungstäuschungen und der Notwendigkeit einzelner Zufallstreffer, darf man erwarten, daß sich der Spuk der prophetischen Wahrträume in ein Nichts auflösen wird.«

Aber nun zum Traum des Bischofs Joseph Lanyi von Großwardein. Die ersten Berichte erschienen 1918 – also vier Jahre *nach* dem Doppelmord – nahezu gleichzeitig in vielen Zeitungen des In- und Auslandes, und die gingen sämtlich auf die erste Veröffentlichung in der Zeitung *Balkanstimmen* zurück. Diese wiederum stammte vom Jesuitenpater Puntigam in Sarajevo. Sie enthielt freilich nicht die von Bischof Lanyi – in Wien! – selbstverfaßte Niederschrift des Traumes, sondern bloß eine Abschrift. Der Bischof, eng mit dem Thronfolgerpaar befreundet und häufig Gast in der Wiener Hofburg, hatte sie (die Abschrift) seinem Bruder, dem Professor Eduard Lanyi in Freising bei München, übergeben, weil dieser sie für eine Buchveröffentlichung haben wollte. Daß Bruder Eduard sie an Pater Puntigam weitergab und der sie in einer Zeitung unterbrachte, hat den Bischof nicht wenig geärgert. Aber er sollte noch mehr Ärger bekommen.

Vorerst aber der Text, wie er in der Zeitung stand und den Traum referiert:

»Am 28. Juni 1914, ¼ 4 Uhr früh« (also am Tage des Mordes, d. Verf.) »erwachte ich aus einem schrecklichen Traum. Mir träumte, daß ich in den Morgenstunden an meinen Schreibtisch ging, um die eingegangene Post durchzusehen. Ganz oben lag ein Brief mit schwarzen Rändern, schwarzem Siegel und Wappen des Erzherzogs. Sofort erkannte ich dessen Schrift. Ich öffnete und sah am Kopf des Briefpapieres in himmelblauem Ton ein Bild wie auf Ansichtskarten, welches eine Straße und eine enge Gasse darstellte. Die Hoheiten saßen in einem Automobil; ihnen gegenüber ein General, neben dem Chauffeur ein Offizier. Auf beiden Seiten der Straße eine Menschenmenge, zwei junge Burschen springen hervor und schießen auf die Hoheiten. Der Text des Briefes ist wörtlich derselbe, wie ich ihn im Traum gesehen: › Euer bischöfliche Gnaden! Lieber Doktor Lanyi! Teile Ihnen hiermit mit, daß ich heute mit meiner Frau in Sarajevo als Opfer eines Meuchelmordes falle. Wir empfehlen uns Ihren frommen Gebeten. Herzlichst grüßt Sie Ihr Erzherzog Franz. Sarajevo, 28. Juni 1914, ¼ 4 Uhr morgens.‹ Zitternd und in Tränen aufgelöst sprang ich aus dem Bett, sah auf die Uhr, welche ¼ 4 Uhr zeigte. Ich eilte sofort zum Schreibtisch, schrieb nieder, was ich im Traum gelesen und gesehen hatte. Beim Niederschreiben behielt ich sogar die Form einiger Buchstaben, wie sie vom Erzherzog niedergeschrieben waren, bei. – Mein Diener trat denselben Morgen ¼ 6 Uhr in mein Arbeitszimmer ein, sah mich blaß dasitzen und den Rosenkranz beten. Er fragte, ob ich krank sei. Ich sagte: ›Rufen Sie gleich meine Mutter an und den Gast, ich will gleich eine Messe für die Hoheiten lesen, denn ich hatte einen schrecklichen Traum‹. Mutter und Gast kamen ¾ 7 Uhr. Ich erzählte ihr in Abwesenheit des Gastes und Dieners den Traum. Dann ging ich mit ihnen in die Hauskapelle. Der Tag verging in Angst und Bangen, bis ein Telegramm um ½ 4 Uhr« (nachmittags, d. Verf.) »die Nachricht von der Ermordung brachte.«

Im großen und ganzen hat sich der Mord wirklich so abgespielt, wenngleich zwischen Bericht und Skizze einerseits und den Tatsachen andererseits manches nicht übereinstimmt. Puntigams Behauptung: »Das Straßenbild mit dem Wagen der Hoheiten, das Bischof Lanyi im Traum geschaut und dann auf Papier gezeichnet hat, entspricht ebenfalls ganz der Wirlichkeit« bedarf diverser Korrekturen. (Ich möchte hier nicht auf alle Details eingehen, sondern auf das Buch von Wilhelm Gubisch verweisen.)

Schlimmer ist, daß Puntigam den Text eindeutig und mit bestimmter Absicht verfälscht hat. Ihm zufolge schrieb der Bischof: »[. . .] sofort erkannte ich dessen Schrift.« Richtig muß es heißen: »Sofort erkannte ich die Handschrift meines unvergeßlichen höchsten Herren.« *So etwas aber schreibt man von einem Toten.* Puntigams Text entspricht also nicht der Originalniederschrift, sondern einer *Abschrift,* und zwar einer Abschrift, die der Bischof selbst angefertigt hat – im Jahre 1916 –, also zwei Jahre nach der Bluttat.

Schon Fanny Moser hat beim Bischof angefragt, denn, so schreibt sie in ihrem Buch: »Es blieb aber vor allem unsicher, ob der Bericht des Bischofs 1916 aus dem Gedächtnis verfaßt wurde, oder ob die seinerzeit sofort gemachten Aufzeichnungen dabei

vorlagen, so daß der Traum unverfälscht wiedergegeben wurde.«
Der Bischof antwortete recht ärgerlich und ohne exakte Angaben:

»Indem ich den Traum vom 28. 6. 1914 einzig und allein nur dem H. Universitätsprof. Donat in Innsbruck anvertraut habe, gebe ich prinzipiell niemandem diesbezügliche Antwort. Über 100 Anfragen kamen an mich und wurde wie ein Schulknabe, ja sogar wie ein Missetäter ausgefragt. Manche wollten sogar wissen, was ich am 27. 6. abends gespeist und getrunken habe. [. . .] Von den 3 Zeugen lebt niemand mehr [. . .]«

Merkwürdigerweise zweifelte Frau Moser nach diesen Zeilen, die keinerlei sachliche Angaben über die Niederschrift enthalten, nicht mehr daran,»daß der Traum sofort nach dem Erwachen vom Bischof niedergeschrieben« wurde. Gubisch gab sich damit natürlich nicht zufrieden. Mit detektivischem Spürsinn hat er, nach 25 Jahren, herauszufinden versucht, wo sich die Originalniederschrift befindet und wie sie lautet. Er hat an Dutzende von Personen geschrieben, die irgendwie mit der Sache zu tun hatten – Professoren, Patres, einen Erzbischof und schließlich die Zeugin Anna S., die – entgegen Bischof Lanyis Behauptung – seinerzeit noch lebte (es war ihrem Gedächtnis gänzlich entschwunden, ob der Bischof über seinen Traum an demselben Tag sprach, als er die Nachricht erfuhr, oder am Tage darauf . . .!).

Die Antworten widersprechen einander derart, daß eine heillose Wirrnis entstand, in der sich niemand mehr zurechtfinden kann. Nur eines ist sicher: Die Originalniederschrift, mit Bleistift geschrieben und angeblich von zwei Zeugen unterschrieben, ist nirgends aufzufinden, weder im Nachlaß noch in den sonstigen Schriften des Bischofs.

Und so erhebt sich die Frage, ob diese Niederschrift überhaupt existiert, oder ob der Bischof womöglich nur einen unbestimmten Angsttraum hatte, den er nach Erhalt der Nachricht vom Attentat in einer späteren Niederschrift (1916?) mit Einzelheiten ausschmückte. Grund zur Angst (man vergleiche die Anmerkungen über Träume auf S. 117) hatte er gewiß genug. Mit dem Erzherzog befreundet, mußte er wissen,

● daß das Besuchsprogramm der Reise durch Bosnien schon im Frühjahr 1914 festgelegt worden war;

- daß der Einzug in Sarajevo ausgerechnet am St.-Veits-Tag, dem Nationalfeiertag der Serben, eine Provokation (so Professor Lanyi) darstellte und auch so empfunden wurde;
- daß die österreichische Regierung einige Tage vor dem 28. Juni 1914 vom serbischen Gesandten in Wien in Kenntnis gesetzt worden war, in Sarajevo bereite sich etwas gegen den Thronfolger vor;
- daß der Erzherzog, wiewohl von »Todesahnungen« gequält (Professor Lanyi), auf Durchführung der Reise bestand, damit man ihm nicht Schwäche und Unsicherheit vorwerfen könne.

Solche Sorgen manifestieren sich, vielleicht nur als Tagesreste, nicht selten in Träumen. Ob es so war, wissen wir nicht; es läßt sich nichts mehr nachweisen. Doch daß der Bischof Lanyi einen exakten prophetischen Traum *vor dem Attentat* hatte, läßt sich gleichfalls nicht nachweisen. Es ist aber höchst unwahrscheinlich. Also sollten wir es bei einer »natürlichen« Erklärung belassen.

Dazu noch zwei Ergänzungen: Die eine stammt von einem Erzbischof, dem Gubisch geschrieben hatte (in seinem Buch verschweigt er taktvoll dessen Namen). Der Erzbischof kannte Lanyi und andere Beteiligte gut. Er schreibt: Lanyi »hat aber eine abnorm lebhafte Phantasie gehabt, welche die Objektivität seiner Behauptungen manchmal beeinflußte. Es war seine Gewohnheit, sich mit Weissagungen zu beschäftigen« ... »Die Aufzeichnungen« (waren) »zu subjektiv und den Tatsachen nicht in allem entsprechend« (aus dem Brief an Gubisch).

Die andere bezieht sich auf die Worte, mit denen Bischof Lanyi die »noch nicht veröffentlichten, einleitenden Zeilen« der 1916 entstandenen Niederschrift des Traumes unterfertigt: »Habe viele Träume, die in Erfüllung gehen. Hochachtungsvoll ... Josephus, somniator ›non quidam Aegyptiacus, sed M. Varadïensis.‹« (Joseph der Träumer, ›nicht der äyptische, sondern der von Großwardein‹.)

Mehr ist über den überzeugten Okkultisten nicht zu sagen. Und sein Traum ist zu Recht aus den Psi-Büchern verschwunden.

Moderne Traumtelepathie:
Bilder werden im Schlaf übertragen

Mit diesen Ausführungen soll keineswegs das Urteil über alle Wahrträume gesprochen werden – hier ging es lediglich um den weltberühmten Lanyi-Traum, um den sich so viele, zu viele Ungereimtheiten, Widersprüche und Fälschungen gerankt haben. Die moderne Traumforschung der Parapsychologen hat denn auch ganz andere Ziele und Methoden. Ihr Zentrum ist das Maimonides Medical Center in Brooklyn, New York, wo Dr. Montague Ullmann Direktor des Community Mental Health Center war (etwa mit Städtischer Nervenklinik zu übersetzen). (Das hört sich ungemein »amtlich« an. Aber in den USA liegt das Gesundheitswesen zu einem erheblichen Teil in privater Hand, teils mit Spenden, teils auf rein kommerzieller Basis betrieben.)

»Das Traumlaboratorium des Maimonides Medical Center stellt heute das einzige Schlafforschungszentrum dar, das ausschließlich parapsychologischen Untersuchungen gewidmet ist« (Ullmann, Krippner und Vaughan, 1977).

Anmerkung: Moses Maimonides, geboren 1135 in Cordoba, gestorben 1204 in Al Fustat (= Kairo), gilt als der bedeutendste jüdische Religionsphilosoph des Mittelalters.

Bei den Experimenten, die hier ausgeführt werden, bedient man sich des EEG = Elektro-Enkephalogramms (griech. *enképhalon* = Gehirn, *gramma* = Schrift). Ein Apparat registriert die elektrischen Aktionsströme des Gehirns. Deren gibt es mehrere; wichtig für die Traumforschung ist die sogenannte REM-Phase (engl. Rapid Eye Movement = schnelle Augenbewegung); sie gilt als eigentliche *Traumphase.*

Ziel der Versuche war es, einem Schlafenden (als »Empfänger«) in dessen REM-Phase »telepathisch« Bildinhalte zu übermitteln. Der »Sender« sitzt in einem anderen Raum und betrachtet ein zufällig ausgewähltes Bild – Reproduktion von Gemälden von Chagall, Orozco, Sheets, Beckmann und vieler anderer Künstler, sämtlich Bilder mit sehr vielen Details und Farben. Ganz auf die Betrachtung konzentriert, notiert er alle Assoziationen, die er zu dem Bild hat. Gegen Ende der REM-Phase des Empfängers wird dieser geweckt; er berichtet seinerseits über seinen Traum (auf Tonband aufgenommen). Am nächsten Morgen geht der Versuchsleiter jeden einzelnen Traum noch einmal mit der Versuchsperson durch und schreibt deren Assoziationen auf.

Die Niederschriften werden zusammen mit den jeweiligen Bildern drei unabhängigen Beurteilern zugeschickt. Diese »bewerten« die Übereinstimmung zwischen Traumbild und Bericht von Rang 1 (höchste) bis Rang 12 (geringste Übereinstimmung). 1 bis 6 gilt als Treffer, 7 bis 12 als Versager(!). Die Zahlen wurden später von einem Statistiker ausgewertet. Ergebnis: Meist mehr Treffer als Versager, manchmal ganz erstaunliche Übereinstimmung. Die Verhältniszahlen schwanken je nach Bild zwischen 10 zu 2 und 5 zu 3, aber auch umgekehrt: 10 zu 12 bis 5 zu 23.

Im großen und ganzen liegen die Dinge (und die mathematischen Methoden) hier so wie bei Rhine's Kartenversuchen. Und wie bei diesen gibt es auch bei der Traumtelepathie Praktiken, die nicht jeder als unvoreingenommen bezeichnen wird:

- Die Versuchspersonen wurden auf Grund ihrer positiven Einstellung zur ASW und zum Experiment ausgewählt;
- die Beurteiler waren auf Grund ihrer Vertrautheit mit psychologischen und parapsychologischen Prozessen ausgelesen worden;
- Auch die Versuchspersonen selbst beurteilten die Übereinstimmung ihrer Träume mit den Bildern und hofften, daß »ihr« Zielbild in der oberen Hälfte von Rang 1 bis 6 zu finden war (nach Originalzitaten).

Die Parapsychologen waren also wieder einmal unter sich. Berücksichtigt man dann noch, daß die Bilder viele Farben und Details enthielten, viel »erzählten« und keineswegs als einfach und eindeutig angesprochen werden konnten, so waren Zufallstreffer geradezu programmiert (vgl. S. 117). Solange vom Empfänger keine klaren, unmißverständlichen Sachverhalte erkannt werden, sollte man lieber nicht von Traumtelepathie sprechen und schreiben.

Eigentlich sollte es hiermit genug sein und der erste Teil des Buches sein Ende haben. Denn: Sehen wir von Fällen ab, die ungeklärt geblieben sind, weil sie nicht mehr nachgeprüft werden können, und ziehen wir das Aussortieren »unpassender« Resultate sowie deren zweifelhafte statistische Behandlung ab, so haben wir nichts gefunden als eine schier endlose Kette von Tricks, Lügen, Erfindungen und Betrügereien – entmutigend für den Leser nicht anders als für den Autor. Dabei müßte die Kette noch um ein Vielfaches verlängert werden, beispielsweise um die »Gedankenfotografie« des (später geständigen) Ted Serios, der in den sechziger Jahren großes Aufsehen erregte, dessen Produkte in Benders Buch abgebildet und parapsychologisch diskutiert wurden und der sogleich seine paranormalen Fähigkeiten verlor, als Zauberer wie der schon mehrmals bemühte James Randi ihn erfolgreich kopierten: Serios benutzte eine dickwandige Pappröhre, »Gismo« genannt; in ihrer Wandung lagen je eine kleine Linse und ein Ausschnitt aus einem Dia; beide konnten nach Bedarf mit einem kräftigen Schlag ausgeklappt werden. So vor eine Polaroid-Kamera gehalten, ergaben sich schöne Bilder – genau wie sie aus Illustrierten und Dia-Serien bekannt waren (Prokop, 1974).

Aber wir wollen es bei diesen Zeilen belassen; es ist zu unergiebig, immer neue Fälle aufgetischt zu bekommen und immer aufs neue herausfinden zu müssen, daß doch bloß wieder betrogen wurde. Aber die Psi-Gläubigen sind ja unermüdlich; da sollten wir ihnen nicht nachstehen und ihnen noch auf ein besonders altes und populäres Gebiet folgen.

6. Spuk und Poltergeister

Das Spukhaus in Borley

Spuk ist eigentlich die Domäne Englands. Nirgend anderswo wird so viel über Spukschlösser und Spukhäuser berichtet. Gespenster aller Art treten auf und stiften vielerlei Unfug und Schaden. Im Falle des Pfarrhauses in Borley, Essex, war es der Geist einer Nonne; er warf Steine, Schlüssel, Münzen und dergleichen durch die Zimmer (»Teleportation« = übernatürlicher Fern-Transport); Haushaltsgegenstände drangen durch die Wände und gingen zeitweilig verloren; Flüssigkeiten wurden zu Tinte; die Anlieger vernahmen Klingeln, Glockenläuten und Klopfzeichen usw. Das ging schon seit dem Jahre 1900 so, und es hielt an bis 1944, als die Pfarrei schon fünf Jahre leerstand und halb verfallen war.

»Das unheimlichste Haus in ganz England« wurde von einer Kommission untersucht, bestehend aus drei Mitgliedern der SPR, der renommierten Society For Psychical Research in London – also keineswegs von Leuten, die dem »Wahn der Negation« (Bender) verfallen waren. Ihr 180 Seiten umfassender Bericht erschien 1965; seine Autoren kamen, nach Anhörung aller noch lebenden Zeugen und nach Prüfung aller vorhandenen Unterlagen und Aussagen, zu dem Schluß, daß es in der Pfarrei von Borley wahrscheinlich niemals gespukt habe, daß vielmehr alle Phänomene Einbildung der Bewohner oder aber Betrug gewesen seien.

Der Bericht sagt das nicht ganz so deutlich, sondern etwas verklausuliert, mit »vielleicht-aber-doch«-Floskeln *(Der Spiegel)* – schließlich sollten die Gläubigen unter den Mitgliedern der SPR, die das ganze Unternehmen finanziert hatten, nicht völlig verprellt werden. Aber daß es auf die obige Feststellung hinausläuft, ist überhaupt nicht zu bestreiten.

125

Spuk als Tätigkeit von Geistern Verstorbener wird übrigens von Bender abgelehnt und als psychokinetische Leistung *Lebender* angesehen. (Wenn des Wort »psychokinetisch« gestrichen wird, bin ich gern bereit, ihm zuzustimmen.)

Dem Spuk verwandt sind die Leistungen der sogenannten Poltergeister, und daran sind regelmäßig junge Menschen im Pubertätsalter beteiligt. Ich möchte drei Fälle anführen, die nachgeprüft worden sind – alle weiter zurückliegenden Berichte, die ja zum Teil bis ins Altertum zurückgehen, müssen notgedrungen im Anekdotischen bleiben.

Lauter am Chiemsee: Das beschmierte Heiligenbild

1946 ereigneten sich in Lauter seltsame Dinge: Tomaten und Äpfel flogen durch die Wohnung, Brotrinde und Suppe verschwanden, Heiligenbilder wurden mit Ichthyol-Salbe beschmiert, und unter den Betten fanden sich Kothaufen und Urinlachen. Professor Bender untersuchte den Fall, konnte aber nichts feststellen (eine oft vermeldete Erscheinung, daß nämlich der Spuk aufhört, sobald ein »Kontrolleur« am Werk ist). Auch die Kriminalistik nahm sich der Sache an. Schäfer fand heraus, daß die Phänomene mit einem vierzehnjährigen Mädchen zusammenhingen, das sich von seiner Pflegemutter vernachlässigt fühlte. (Heute würde man so etwas Protestreaktion nennen.) Schäfer befragte es und berichtete, die Aussagen des Mädchens in ein wundersames Protokolldeutsch übertragend: Das Mädchen »gab offen zu, daß an den Berichten über die Spukvorfälle in Lauter kein Wort wahr ist, da ich diese Vorfälle und angeblichen Erscheinungen wissentlich und vorsätzlich verursacht habe. Meine Pflegemutter weiß das auch seit 1949 [. . .] Glaublich im Sommer 1947 hat Professor Dr. Bender diese Vorgänge untersucht. *Ich* wurde dabei von ihm nicht befragt.« (Protokoll vom 26. April 1955.) (Auf die Ähnlichkeit der Erscheinungen mit den Spukphänomenen in Borley braucht wohl nicht ausdrücklich hingewiesen zu werden.)

Neudorf bei Karlsruhe: Würste im Weinkrug

Im Hause des Bürgermeisters von Neudorf, Notheis, war dessen dreizehnjähriger Sohn am Spuk beteiligt, als nämlich Glühbirnen lockergeschraubt wurden, fünf Würste sich in einem Weinkrug wiederfanden, eine Bettflasche aus dem Bett flog, eine Seifenschale ins Bett kam, als es Nägel regnete (16mal in 45 Minuten, so wird vermerkt), eine Bürste durch den Raum segelte und dabei ein Fenster zertrümmerte.

Wieder untersuchte Bender den Fall, wieder hörte der Spuk in seiner Gegenwart auf. Bender sagt dazu,»daß keinerlei Verdachtsmomente für einen bewußten oder unbewußten Betrug zu finden waren«. Nun, allein die Tatsache, daß in Gegenwart eines Beobachters kein Spuk stattfand, weckt bei Wissenschaftlern in aller Regel den Verdacht auf Betrug. Aber darum geht es ja im Grund gar nicht. Sondern: Der Berichterstatter muß *beweisen,* daß Parapsychologisches im Spiel ist. Die Beweislast liegt bei ihm, nicht bei den Naturwissenschaftlern. Die Feststellung, daß seiner Ansicht nach kein Verdacht auf Betrug besteht, reicht eben in keiner Weise aus. Ob Psi-Kraft oder natürliche Kräfte – darüber müssen Naturwissenschaftler urteilen. Das beklagt Bender als einseitig. Ja aber – wer sonst soll denn entscheiden, ob ein Beweis geführt worden ist oder nicht? Parapsychologen, die noch immer längst erwiesene Betrugsfälle kolportieren, haben doch wohl mittlerweile jeglichen Kredit verspielt!

Rosenheim: Telefon aus dem Jenseits

Und damit zum letzten Polterfall, zum Fall Rosenheim. Er wurde seinerzeit von der Boulevard-Presse weidlich hochgespielt und ausgeschlachtet und von Hans Bender ausführlich in seinem Buch *Unser sechster Sinn* dargestellt. Ort des Geschehens war das Büro des Rechtsanwalts Adam in Rosenheim, Zeit: November 1967 bis Januar 1968. Das Geschehen selbst: Leuchtstoffröhren wurden um 90 Grad in der Fassung gedreht, Entwicklerflüssigkeit des Fotokopiergerätes verspritzt, Beleuchtungskörper explodierten, lautes Knallen und Klopfen ertönten, Pendelleuchten schwangen, Scherben flogen durch den Raum, Teller fielen von der Wand – nun, das kennt man von anderen Poltergeistern. Neu waren elektrische Phänomene: Sicherungsautomaten sprangen heraus, Telefongespräche brachen zusammen, es wurden Telefonnummern gewählt – z. B. die Nummer 01 19 (= Zeitansage) in zwölf Minuten 36mal – und manch anderes mehr. Das sind nun freilich Ereignisse, die sich mühelos herbeiführen lassen. Trotzdem prüften die Rosenheimer Stadtwerke den Fall und fanden abnorm hohe Ausschläge auf den eigenen Meßinstrumenten – auch dann noch, als die Kanzlei durch ein gesondertes Notstromaggregat versorgt wurde.

Als die Leute vom Fernmeldeamt das Telefon in der Kanzlei des Rechtsanwalts installierten, zu der nur er selbst den Schlüssel hatte, war die Zeitansage nicht mehr gefragt, und wenn es klingelte, meldeten sich ganz normale Menschen.

Bender fand bald heraus, daß sich das Rätselhafte immer nur dann ereignete, wenn die neunzehnjährige Kanzleiangestellte Annemarie Schaberl ins Büro kam. »Ging das Mädchen durch den Flur, begannen die Lampen hinter ihr zu schwingen.« Hierzu die Aussage eines der untersuchenden Kriminalbeamten (von Bender nicht erwähnt): »Ich stellte mich im Speisezimmer so auf, daß ich die Lampen im Flur durch einen Türspalt beobachten konnte. Nach einiger Zeit wurde die S. in die Küche gerufen. Sie lief durch den Wohnungsflur unter der Lampe hindurch, ohne daß sich etwas bewegte. Einige Minuten später lief sie wieder durch den Flur zurück, und ich sah ganz deutlich, daß sie, als sie unter der Lampe hindurchlief, dieselbe mit der rechten Hand blitzschnell in Schwingungen versetzte.« (Protokoll vom 17. Januar 1968, Traunstein.) Sollte Annemarie das alles selbst bewerkstelligt haben? Rechtsanwalt Sigmund Adam mochte es nicht glauben.

Alsbald fand sich im Büro ein gewisser Allan ein, mit bürgerlichem Namen Albin Neumann, der sich gern als »Geisterjäger« betätigte. Herr Adam empfing ihn und seine beiden Freunde Schiff und Kramer freundlich, wenn auch distanziert. Die drei entdeckten merkwürdige Dinge. So fand sich an der Lampe, die der Kriminalbeamte hatte schwingen sehen, ein Stück feinen Nylonfadens, ebenso an einem Gasrohr unmittelbar neben dieser

Lampe sowie an einem Drahtgestell, das einen Wandteller hielt – er war als besonders »springfreudig« bekannt.

Ja, und dann fanden sie, hinter einem Wandregal versteckt, einen richtigen Gummiknüppel. Allans Freunde nahmen ihn, klopften damit kräftig gegen die Wand – und die Hausgehilfin bestätigte, genauso habe das ominöse Geisterklopfen geklungen. Sogar die seltsamen schwarzen Wischspuren an der Wand glichen den »experimentell« mit dem Gummiknüppel erzeugten aufs Haar. Herr Adam aber meinte, er benutze den Knüppel, wenn er nachts allein über Land fahre.

Was die Elektrophänomene angeht, so erinnerte man sich schließlich, daß im gleichen Gebäude ein Röntgengerät arbeitete (zu Dienststunden wie im Büro des Anwalts). Das könnte eine Erklärung für die Stromstöße in den Meßgeräten sein. Aber ein ganz gewöhnlicher Kurzschluß (von Annemarie veranstaltet?) kann ja das gleiche zuwege bringen. Und eine heiße Glühbirne zerplatzt mit einem lauten Knall in viele Splitter, wenn man sie mit einer Flüssigkeit bespritzt.

Als Annemarie S. Mitte Januar 1968 eine andere Stelle antrat, hörten die Spukerscheinungen bei Anwalt Adam »schlagartig« auf. An ihrem neuen Wirkungsort bei Anwalt Weinzierl »traten, entgegen verschiedenen Behauptungen, vor allem von Herrn Professor Bender, niemals Spukerscheinungen auf«.

Das Fazit aller Wunder von Uri Geller bis zu Annemarie S. läßt sich auf eine ganz knappe Formel bringen: *Illusionen ohne Magie*. Aber: Dürfen wir wirklich sagen, daß hinter allen solchen Erscheinungen immer Betrug steckt? Die Naturwissenschaft befindet sich hier in einer Zwickmühle, ähnlich der der ASW-Leute. Bei den Untersuchungen der Experimente Croisets hatten wir hören müssen, daß – vorausgesetzt, es gibt sie – empfindliche Medien nicht arbeiten können, wenn sie kontrolliert werden, daß Kontrolle unerwünscht sei. Wenn das nicht bloß Schutzbehauptungen sein sollen, so muß die Parapsychologie jeden exakten Beweis schuldig bleiben – und damit zugleich dem Betrug Tür und Tor öffnen.

Wir, die »Negativisten«, konnten zwar – bisher in jedem Falle – nachweisen, daß die Experimente unzuverlässig, daß die Kontrollen ungenügend, daß Betrüger am Werk waren. Aber wir können nicht sagen, alles sei Betrug. Die Psi-Gläubigen werden ganz gewiß mit immer neuen Medien aufwarten und diese immer neue Tricks ausarbeiten. Jeder Fall muß von den Negativisten erst mühsam überprüft werden, und so hinkt die Naturwissenschaft beständig hinter den Betrügern her.

Ist das schon ernüchternd, so ist man geneigt, zu resignieren, wenn man feststellen muß, daß die Parapsychologen den Nachweis des Betrugs, wenn irgend möglich, überhaupt nicht zur Kenntnis nehmen, sondern das Widerlegte über Jahrzehnte hinweg fröhlich weiterverbreiten. Aber man darf nicht resignieren; allzu viele Parapsychologen warten nur darauf . . .

Trotzdem – dieses Fazit, dieses Negativbild ist in dieser Form nicht vollständig, weil wir es nur auf die »Verursacher« bezogen haben, auf die »Magier«, die »Paragnosten«, die »Telepathen« usw. Für sie gilt der Negativsaldo zu Recht. Wie aber ist es mit den »Partnern«, mit uns ganz gewöhnlichen Sterblichen, die wir, ohne jede Psi-Begabung, die »Wunder« miterleben, im Fernsehen (sogar wenn die Sendung schon Wochen vor der Ausstrahlung auf Magnetband aufgenommen wurde); im Saal, mitten im Publikum, dem der »Magier« seine Künste vorführt, oder auch in Büchern über das Bermuda-Dreieck oder die UFOs? Ich bin sicher, die Frau, die während der Sendung mit Uri Geller fühlte, wie sich ihr Pessar verbog, war *überzeugt,* solches gefühlt zu haben; manche Zuschauer Gubischs, Hanussens oder Croisets *glaubten* an das Übersinnliche, das sich da scheinbar vor ihren Augen vollzog (»Verifikation«: Wahr ist, was wahr sein soll!), und viele haben die *absolute Gewißheit,* daß es fliegende Untertassen gibt, obgleich sie niemals eine gesehen haben. Ich selbst kenne eine Frau, die felsenfest davon überzeugt ist, Kontakt mit Marsmenschen zu haben – und ich respektiere ihre Überzeugung und glaube, sie weiß selbst nicht, daß sie sich etwas vormacht. Und nicht leichtfertig spricht der allzufrüh verstorbene Marburger Religionshistoriker Benz von einer UFO-*Religion.*

Fingerzeige

Das sind Fingerzeige, die uns den Weg für unsere Suche weisen könnten. Wohin aber führt er? Zum Glauben, zur Religion? So hoch möchte ich nicht greifen, sondern »nur« von Überzeugung sprechen – von einer Überzeugung, zu der viele Menschen gekommen sind, weil sie *auf der Suche* waren, auf der Suche nach der Höheren Weisheit, nach den Brüdern im All, nach dem weisen indischen Guru (S. 157), nach dem Garten Eden – kurz nach Erlösung von unerträglich gewordenen Zwängen, von der vielberedeten Verdrossenheit.

Solche Überzeugungen können stärker sein als alle Vernunft, als alles faktische Wissen; sie können an der Realität vorbeigehen und sich sogar gegen sie wenden. Ist das nicht schon beinahe Magie, ein bißchen ungelenk noch, aber wirksam? Ich meine, wir sollten auf diesem Wege fortschreiten – und wir sollten auch den trick- und einfallsreichen, hart arbeitenden »Psi-Begabten« sogar noch dankbar sein, daß sie uns diesen Weg – sicherlich ungewollt! – gewiesen haben. Freilich, damit ist die Stunde des Amüsements über die gekonnten Spiele verstrichen; jetzt geht es in unser Innerstes, geht es in unser Unbewußtes und seine Strukturen, und da wird es bitter ernst.

II
Irrungen, Wirrungen

Theodor Fontane, lebte er noch, würde sich vielleicht wundern, daß ich den Titel eines seiner Romane als Überschrift für ein Kapitel entlehnt habe, das ein neues Stück unseres Weges zur Magie beschreibt. Die Geschichte von Lene Nimptsch und Graf Botho von Rienäcker (Gideon Franke nicht zu vergessen) ist gewiß etwas traurig und gewiß ziemlich ernst, aber ebenso gewiß niemals blutig ernst. Blutiger Ernst war nie Fontanes Sache, und so wird er mir wahrscheinlich verzeihen. Und das um so eher, als wir das neue Kapitel vorsichtig beginnen sollten, nicht gleich mit dem *bitteren* Ernst, von dem im letzten Absatz die Rede war. Diesmal geht es – zunächst – darum, daß wir oft genug nicht nur von Scharlatanen getäuscht werden, sondern auch *von unseren eigenen Sinnen*. Und das ist nicht nur schwer zu *erkennen,* sondern überdies schwer *auszuschalten.* Aber gerade deshalb müssen wir auch diese Täuschungen kennen und berücksichtigen, wenn wir nicht erneut der Gefahr erliegen wollen, für Magie zu halten, was keine Magie ist.

Noch aus einem anderen Grunde ist es wichtig, über Selbsttäuschungen Bescheid zu wissen. Wie wir sehen werden, handelt es sich dabei keineswegs bloß um die simplen, längst bekannten *optischen* Täuschungen, wie man sie in jedem Lehrbuch der Psychologie finden kann, sondern um sehr viel komplexere Phänomene; sie führen uns Schritt für Schritt in unser Bewußtsein und seine Strukturen und insofern auch an die Grenzbereiche der Magie. Das Studium der Selbsttäuschungen wird uns mit Sicherheit näher an die Magie heranbringen, als alle Hellseherei es je vermöchte.

Falsch hören, falsch fühlen, falsch sehen

Aber wir wollen ja mit dem Einfachen beginnen. Da wären zunächst die *akustischen* Fehlleistungen bzw. Täuschungen zu nennen. Wir hören mit zwei Ohren und können so »plastisch« hören, räumlich. Wir gewinnen den räumlichen Eindruck dadurch, daß die Schallwellen an dem Ohr, das der Schallquelle ferner liegt, winzige Bruchteile von Sekunden später ankommen als am anderen Ohr.

Jede stereophone Schallplattenaufnahme (*stereos,* griech. = starr, räumlich; *phone,* griech. = Stimme) macht uns das deutlich, erst recht die sogenannte Kunstkopf-Stereophonie. Indessen, hier wird der Effekt meist künstlich erzeugt, durch raffinierte elektronische Manipulationen, und ist daher überdeutlich. Demzufolge kann jeder mit Sicherheit sagen, was (scheinbar!) von rechts und was von links kommt. Im alltäglichen Leben geht es durchaus nicht immer so deutlich und so exakt zu. Wer ein Flugzeug brummen hört, kann zwar unterscheiden, ob es sich in der Luft oder am Boden befindet. Aber wenn es fliegt – dann muß er den Himmel schon eine Weile absuchen. Exakt orten können wir die Geräuschquelle nicht; dazu bedarf es in aller Regel der optischen Hilfe, der optischen Bestätigung.

Das ist, im Rückblick auf das erste Kapitel, wichtig für Vorgänge, die sich im Dunkeln abspielen, so z. B. für die Beurteilung der Leistungen von *Poltergeistern.* Hier fällt ja die optische Hilfe aus. Und da obendrein die verdächtigen Geräusche meist nur von kurzer Dauer sind, muß man immer mit Täuschungen und falschen Schlußfolgerungen rechnen. Das gilt auch und insbesondere in Gebäuden, weil hier der Schall vielfältig gebrochen und z. T. auch im Beton oder im Mauerwerk geleitet wird, meist mit unterschiedlicher Geschwindigkeit. Wer jemals versucht hat, in einem vielgeschossigen Betonbau herauszufinden, woher ein störendes Geräusch kommt, um Abhilfe zu erreichen, der kennt diese Schwierigkeiten.

Ähnlich ist es um die sogenannten *taktilen* Täuschungen bestellt (*tactilis,* lat. = das Tasten, die Berührung, den Tastsinn betreffend). Ein beliebter Trick der Varieté-Zauberer wird wie folgt praktiziert: Der Artist drückt der Versuchsperson kräftig ein

Fünfmarkstück in die Hand, nimmt es aber sogleich und ungesehen wieder weg. Nun fordert er die Versuchsperson auf, die Hand zur Faust zu ballen. Das »Opfer« ist überzeugt, das Geldstück noch in der Faust zu haben. Es »fühlt« es ja, obgleich es längst nicht mehr dort ist. Diese Fehlinterpretation beruht auf der Tatsache, daß Tastempfindungen über längere Zeiträume »nachwirken« (sogenannte Permanenz der Tastempfindung; *permanent,* lat. = dauernd, anhaltend).

Den Medien aus der Hochblüte des Okkultismus – etwa zwischen 1860 und 1930 – war das wohlbekannt, und sie machten ausgiebig davon Gebrauch. Mit Hilfe der »Permanenz« ist es ganz leicht möglich, eine Hand, die mit einer Kontrollperson in Kontakt gehalten wird, freizubekommen und damit Tricks à la Willy Schneider auszuführen. Besonders wirksam ist das, wenn die Hände unmittelbar vor der Kontrolle in eiskaltem Wasser gekühlt werden: Dann hält die Berührungsempfindung ganz besonders lange an. Eusapia Palladino, die wir als Medium auf S. 67 kennengelernt haben, bediente sich dieses Tricks erfolgreich. Dabei ließ sie ihre rechte Hand von einer Kontrollperson festhalten, nicht aber die linke. Diese legte sie *auf* die Hand des zweiten Kontrolleurs und konnte sie von dort für einige Zeit wegnehmen, während der Kontrolleur die Kälte (nicht aber die Hand) noch fühlte.

Beim *Optischen* schließlich ist vor allem eine Erscheinung herauszustellen, die meist gar nicht berücksichtigt wurde, die aber dennoch bei »medialen« Versuchen größte Bedeutung hat: die Veränderung der Sichtverhältnisse bei schwachem Rotlicht. Dabei wird zunächst einmal die Sehschärfe stark herabgesetzt, und zwar erstens proportional der Wurzel aus der Beleuchtungsstärke (also bei doppelter Entfernung auf ein Viertel der Sehschärfe). Darüber hinaus auch noch, weil bei Dunkelheit die Pupillen weit geöffnet werden – eine Tatsache, die jedem geläufig ist, der selbst photographiert: Je größer die Blendenöffnung, desto geringer die Tiefenschärfe. Weiterhin aber, und das ist noch wichtiger, werden bei Rotlicht die Entfernungen und Abstände falsch eingeschätzt. Im *Dreimännerbuch* hat v. Gulat-Wellenburg zum ersten Mal mit Nachdruck auf diese Phänomene hingewiesen; da sich ja okkulte Phänomene fast immer bei Rotlicht abspielen, sind solche Täuschungen überhaupt nicht auszuschließen. Aber nun wollen wir die Trickbetrügereien endlich hinter uns lassen.

Semantik: Deutung und Bedeutung

Bekannter als die Rotlichterscheinungen sind optische Täuschungen, wie auf den Abbildungen rechts dargestellt. Sie kommen uns banal vor und erscheinen als wenig hilfreich, unsere Probleme zu lösen. Aber hier trügt der Schein buchstäblich. Allen drei Abbildungen ist gemeinsam, daß Strecken bzw. Säulen gleicher Größe *ungleich groß erscheinen, je nach der Umgebung,* in der sie sich befinden. Bei der Säulendarstellung suggerieren konvergierende Linien eine Perspektive; in ihr muß ein Gegenstand um so kleiner abgebildet werden, je weiter er (scheinbar) entfernt ist. Da der Zeichner jedoch gleich groß gezeichnet hat, erscheinen sie um so größer, je weiter rechts (»hinten«) sie stehen.

Die beiden gleichgroßen Strecken in Abb. 5c *erscheinen* ungleich groß, weil die linke durch Pfeillinien »eingeengt«, die rechte hingegen »gedehnt« wird. Und im Sanderschen Parallelogramm (Abb. 5d) befindet sich die eine Strecke a in einem kleinen, die andere b in einem großen Parallelogramm – mit dem Effekt, daß die Strecken gewissermaßen *den Charakter ihrer Umgebung* (Umwelt) annehmen: a erscheint klein, b groß.

Wir können diese Phänomene auch andersherum formulieren: Es ist uns (manchmal? oft? immer?) unmöglich, eine Größe, Strecke, Säule und dergleichen *unabhängig von ihrer Umgebung* zu erfassen und mit einer anderen zu vergleichen; wir können sie nicht aus ihrer Umgebung herauslösen.

Diese Feststellung nimmt sich auf den ersten Blick recht harmlos aus. Aber sie hat es in sich, und ich weiß bis heute noch nicht, ob ich darüber erschrecken oder aber mich freuen soll. Erschrecken: weil wir gar nicht die Strecke, die Größe registrieren, die wir objektiv wahrnehmen (sollten), sondern die »Umgebung« dieser Strecke, und weil diese Umgebung die zu erkennende Größe, Strecke *verändert.* Freuen: weil wir durch unsere Sinne in unsere Umwelt fest eingebunden sind und uns aus ihr auch dann nicht lösen können, wenn wir es wollten.

138

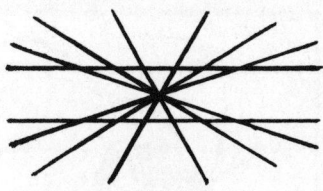

Abb. 5a
Hering-Täuschung

Zwei Parallelen erscheinen durch ein
Strahlengitter gekrümmt.

Abb. 5b

Die unterschiedlich groß scheinenden
Säulen sind in Wirklichkeit gleich groß.
Der Eindruck der Größenunterschiede
entsteht durch die scheinbar fortschrei-
tende Entfernung in der Umgebung.

Müller-Lyersche Täuschung

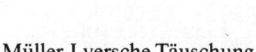

Abb. 5c

Beide Geraden a – b und b – c sind gleich lang. Die Schenkelrichtung der Winkel
nach innen läßt die Gerade a – b kürzer erscheinen.

Sandersches Parallelogramm

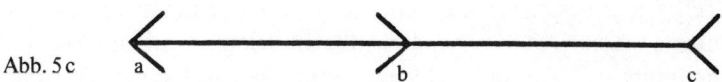

Abb. 5d

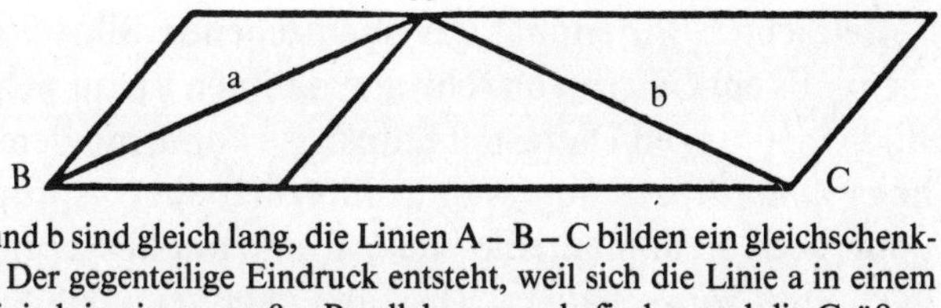

Die Linien a und b sind gleich lang, die Linien A – B – C bilden ein gleichschenk-
liges Dreieck. Der gegenteilige Eindruck entsteht, weil sich die Linie a in einem
kleinen, die Linie b in einem *großen* Parallelogramm befinden und die Größen-
bewertung vom Ganzen her (klein, groß) beeinflußt wird.

139

Abb. 6

Junge oder alte Dame?
(Aus G. Schäfer nach
Steinbuch.)

Das wiegt nun freilich weit schwerer als eine akustische Täuschung; es führt uns weg von den Zauberkunststücken des ersten Teiles und bereitet uns darauf vor, daß oft genug nichts Reales, nichts Objektives in unser Bewußtsein dringt, sondern »Wahr«nehmungen, die unser Gehirn bereits be- und verarbeitet hat. Oder, noch allgemeiner gesagt, daß unser Wahrnehmungs-, Denk- und Erinnerungsvermögen *von der Struktur unseres Denkapparates bestimmt* wird. Das sind große Worte, doch niemand sollte sich von ihnen abschrecken lassen, zumal wir darüber noch längst nicht so viel wissen, wie die großen Worte vorgeben. Wir wollen sehen, was davon bekannt ist.

Betrachten wir einmal das obenstehende Bild. Was zunächst nichts als ein Gewirr von schwarzen Linien ist, tut sich alsbald als Bild einer jungen Dame mit Stupsnase kund, mit dem Blick nach links *hinten* etwas abgewandt. Plötzlich aber »springt das Bild um«: Jetzt sieht man eine ältere Dame mit ausgeprägtem Kinn, nach links *vorn* schauend. (Es kann auch sein, daß Sie zuerst die ältere, dann die junge Dame erblicken.) *Welches Bild ist richtig?*

Die Antwort muß lauten: *Beide* Bilder sind richtig, je nach »Zustand«, »Struktur«, »Verfassung«, auch *»Erwartung«* des Betrachters. In dem Liniengewirr stecken Informationen für beide Bilder. Genauer: Wir nehmen gar nicht mehr die einzelnen Linien wahr – die jede für sich bereits eine Information enthält! –, sondern viele oder gar alle *zusammen,* und zwar gleichzeitig. Das heißt, die Vielzahl der Informationen aller Einzellinien wird zu einem einzigen bzw. zwei *Superzeichen* zusammengefaßt: »Ältere Dame« oder »Junge Dame«. Auch hier erliegen wir einer optischen Täuschung, und auch hier können wir die Einzelinformation nur mit Mühe herauslösen, wenn das Superzeichen einmal »eingerastet« hat.

Die Kybernetiker sprechen hier übrigens von *semantischer* Täuschung (*kybernetiké,* griech. = Steuermannskunst; Kybernetik ist die Wissenschaft von Strukturen, Steuerungs- und Regelungstechniken – nicht nur im Biologischen). Das ist mehr als bloße Wortklauberei oder sprachliches Imponiergehabe. Semiotik heißt die Lehre von der *Bedeutung;* die Bedeutung eines Zeichens selbst heißt *Semantik (sema,* griech. = Zeichen). Ein Superzeichen ist also eine semantische Information, weil sie Bedeutung weckt bzw. enthält. Diese liegt – und das ist äußerst wichtig – nicht im Objekt, sondern *entsteht im betrachtenden Subjekt.* Sie ist auch nicht etwa angeboren, sondern muß im Laufe des individuellen Lebens *erlernt* werden.

Daher liegen das Umspringbild und die »optischen Täuschungen« von Abb. 2 bis 4 grundsätzlich auf der gleichen Linie: Jemandem, der die Perspektive in der Zeichenkunst nicht kennt, werden die drei Säulen nicht ungleich groß erscheinen; ein Indio vom Amazonas, der zeitlebens unbekleidet herumläuft, wird im Umspringbild weder das Superzeichen »Junge Dame« noch das Superzeichen »Alte Dame« erkennen, und eine Fliege, die über die Zeichnung krabbelt, wird ihr (falls überhaupt) noch ganz andere Informationen entnehmen (Gerhard Schaefer).

Daß viele Einzelinformationen zu einem Superzeichen zusammengefaßt werden (in einem Lernprozeß!), hat zweifellos einen biologischen Sinn. Wir sind einem ständigen Zustrom von Informationen ausgesetzt, akustischer, taktiler, optischer usw. Art – mit viel mehr Informationen, als wir jemals auswerten können. Da bedarf es schon eines *Filters,* das von vornherein die Zahl der Informationen *herabsetzt.* Es existiert tatsächlich, und es arbeitet äußerst intensiv, denn es reduziert die Informationsmenge von 100 Prozent auf etwa 1 Prozent. Wie es das macht und wo es sitzt, wissen wir noch nicht, aber daß es funktioniert, ist längst bewiesen. Und nützlich ist es offenbar auch, sonst wäre es im Laufe der Evolution längst ausgemerzt worden. Offenbar sind 99 Prozent aller Informationen, die auf uns einströmen, nicht nur (biologisch) wertlos, sondern womöglich sogar schädlich, weil sie unseren Denkapparat, der sie verarbeiten muß, ganz einfach überfordern. Daher das Informationsfilter.

(Anmerkung:»Filter« ist eigentlich nicht die korrekte Bezeichnung. Ein Filter, chemisch oder physikalisch gesehen, läßt kleine Teilchen schneller durch als größere und größte; es unterscheidet – im einfachsten Falle – nach der Größe. Noch extremer arbeitet ein *Sieb:* Es läßt *alles* durch, was durch die Maschen [Löcher] paßt, und hält *alles* zurück, was größer ist. Solche Kriterien sind bei Informationen offensichtlich unbrauchbar. Huxley [S. 175] verwendet daher den Ausdruck»Reduzierventil«: Es reduziert, ob wahllos, ob nach noch unbekannten Maßstäben, von 100 auf 1, so wie das Reduzierventil einer Gasflasche den Druck von 100 Atmosphären auf 1 Atmosphäre reduziert.)

Auch durch das»Herstellen« von Superzeichen reduziert sich die Zahl der Informationen ganz erheblich; so sehr, daß sie viel leichter zu handhaben sind (Fachausdruck:»operabel«).

Verbleiben wir noch ein bißchen bei diesem Umspringbild. Wir haben festgestellt, daß wir nicht vorhersagen können, welches der beiden Bilder als erstes entdeckt wird: Der eine erblickt zunächst die junge Dame, ein anderer die ältere Dame. Des weiteren ist es in der Regel gar nicht einfach, sich vom zuerst gesehenen auf das andere Bild »umzustellen«; mancher muß lange hinsehen, bis er es auffindig macht. Aber schließlich gelingt es jedem. Daraus dürfen wir folgern, *daß wir sehen, was wir sehen wollen.* Das gilt freilich einstweilen nur für Superzeichen. Trotzdem ist es natür-

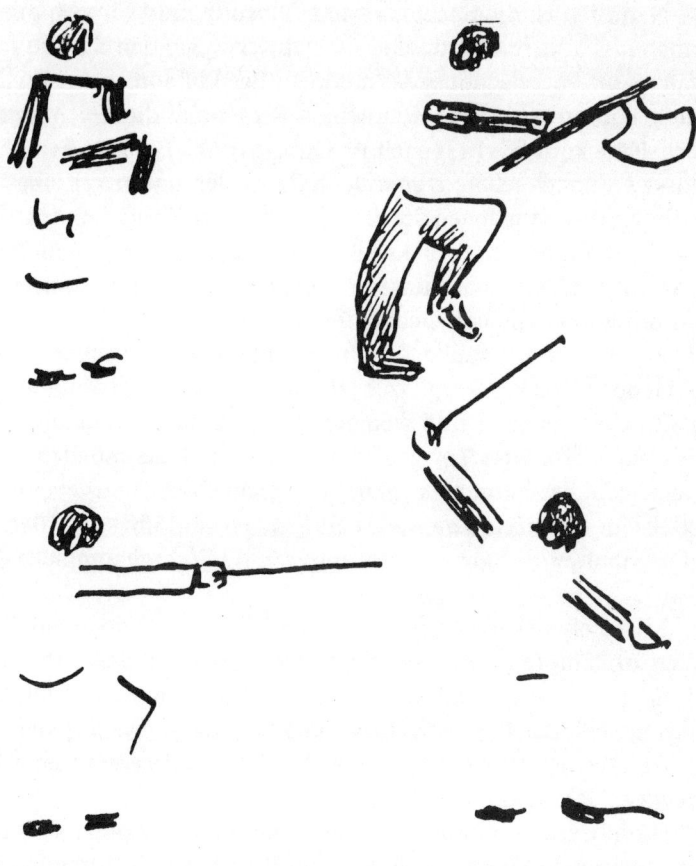

Abb. 7

Dieses Beispiel zeigt eindeutig, was das menschliche Gehirn tut: Es ergänzt automatisch die fehlenden Striche. Bei den Fechtern ergänzt es z. B. mühelos aus den Bruchstücken der Zeichnung, daß der linke einen Ausfall macht, während der rechte geradestehend in der Abwehr begriffen ist.

143

lich bemerkenswert, und es läßt in uns Zweifel an der Zuverlässigkeit unserer Sinneseindrücke aufkommen: Hätte man uns nicht auf die »Existenz« eines zweiten Superzeichens aufmerksam gemacht, so würden wir es womöglich gar nicht gesehen haben. Erst als wir es sehen *wollten*, konnten wir es sehen.

Natürlich ist die Sache mit dem Umspringbild für sich allein noch nicht ausreichend, einen so schwerwiegenden Satz zu formulieren. Aber da gibt es das merkwürdige Phänomen der *Ergänzung* von Superzeichen. Betrachten wir einmal die Zeichnungsbruchstücke auf S. 143 (nach W. Gubisch). Wir können sie mühelos zu Superzeichen *ergänzen*, z. B. in der unteren Reihe zu »Fechtern«, von denen der linke gerade einen Ausfall macht, der rechte abwehrend zurückweicht. Die Ergänzungen stammen ganz offensichtlich aus unserem *Erfahrungswissen,* aus unserem Informationsspeicher, Gedächtnis genannt.

Bei der oberen Reihe der Bilder fällt es schon schwerer, die fehlenden Stücke zu ergänzen; die vorgegebenen Informationen (»Zeichenstücke«) sind weniger zahlreich, und damit sind der Phantasie Tür und Tor geöffnet. Es ist durchaus möglich, daß verschiedene Betrachter ganz unterschiedlich und eventuell »falsch« ergänzen. Die Mehrdeutigkeiten sind um so größer, je lückenhafter die Skizze – oder anderweitig Wahrgenommenes! – ist.

Mit solchen Schwierigkeiten haben z. B. unsere Verkehrspolizisten zu kämpfen, wenn sie die Zeugen eines Unfalles befragen. Keiner der Zeugen hat »alles« gesehen, jeder nur ein Teilstück des Geschehenen gesehen bzw. behalten, und meistens jeder ein anderes. Und so fallen die zum »Verkehrsunfall« ergänzten »Superzeichen« ganz unterschiedlich aus.

Wohlbekannt, unumstritten und auch unverfänglich sind die sogenannten »Phantomschmerzen«. Wer im Krieg, durch Unfall oder anderweitig einen Arm oder einen Fuß verloren hat, spürt noch nach Jahren und Jahrzehnten Schmerzen in den Gliedmaßen, die gar nicht mehr vorhanden sind, die aber im »Informationsverarbeitungsapparat« ihren festen Platz haben (man merkt dergleichen besonders deutlich bei oder vor einem Wetterwechsel).

Wie gesagt, das ist unverfänglich. Aber wenn jemand davon spricht, daß wir falsch kombinieren, falsch schematisieren oder – wie schrecklich! – sogar falsch erinnern, dann stößt er meist auf Widerspruch, der unerwartet heftig ausfällt und oft sogar stark emotional gefärbt ist. Dergleichen ist immer verdächtig und hat tiefere Gründe, die, weshalb auch immer, nicht angerührt werden sollen.

Sigmund Freud, der Vater der Psychoanalyse, hat einmal von den drei großen Kränkungen gesprochen, die dem Menschen zuteil wurden:

- Durch Kopernikus, der bewies, daß die Erde nicht der Mittelpunkt der Welt sei;
- durch Darwin, der bewies, daß der Mensch nicht die unvergleichliche hehre, gottähnliche Krone der Schöpfung sei, sondern seine Wurzeln im Tierreich habe (daß der Mensch vom Affen abstamme, hat er so niemals gesagt. Aber diese eingängige und böswillige Formulierung tat ein Übriges, Widerstände hervorzurufen);
- und schließlich durch die Psychoanalyse, die bewies, daß der Mensch nicht immer frei über seine Gedanken, Gefühle und Erinnerungen verfügen könne, sondern dunklen, gar nicht immer salonfähigen Zwängen gehorchen müsse.

Die dritte Kränkung ist offenbar besonders heftig – einer der Gründe, aus denen die Psychoanalyse, neunzig Jahre nach ihrer Begründung, bei uns immer noch geflissentlich übersehen oder nur in stark verwässerter Form angewendet wird.

Wir können hier natürlich keinen Abriß der Psychoanalyse geben, aber wir sollten wenigstens den Teil ihrer Erkenntnisse berücksichtigen, der für unsere Fragen und Probleme nicht zu entbehren ist.

Falscherinnerungen: Zufall oder Absicht?

Lassen wir den Widerstand zunächst einmal auf sich beruhen und halten wir uns an Tatsachen. Dem Mediziner, aber auch dem Kriminologen sind die sogenannten Paramnesien geläufig. Das sind »Fehlerinnerungen« (*para,* hier als *par* erscheinend, besagt im Griechischen auch neben, außer – vgl. Parapsychologie –; *a* bedeutet Verneinung, und *mnesis* heißt Vergessen, *a-mnesis* also Erinnerung, Paramnese = Falscherinnerung).

Besonders häufig und leicht wird die Reihenfolge von Fakten vertauscht: statt 1-2-3 wird etwa 2-1-3 erinnert. Das kann beispielsweise bei Berichten über Psi-Erlebnisse zu Fehlinterpretationen führen. Nun ist aber eine solche Vertauschung *ganz selten zufällig;* die Psychoanalyse lehrt uns (nach sorgfältiger Untersuchung eines jeden Falles!), daß unsere Gedächtnisinhalte im Unbewußten verarbeitet, verschoben, verdrängt werden, kurz: *Veränderungen* erfahren haben. Mit diesem Verfahren sollen bestimmte, zumeist unangenehme Erinnerungen verdeckt werden.

Die Psychoanalytiker sprechen ganz allgemein von *Deckerinnerungen*; diese treten anstelle der – peinlichen – eigentlichen Erinnerungen auf. Das gilt im besonderen Maße für Kindheitserinnerungen. Je weiter wir in unserem Erinnerungsvermögen in unsere Kindheit zurückgehen, um so spärlicher werden unsere Erinnerungen, und aus den ersten drei Lebensjahren fehlt so ziemlich alles. Was gleichwohl noch erinnert wird, sind, von wenigen Ausnahmen abgesehen, Belanglosigkeiten – diese dafür aber um so deutlicher, mit einer Fülle von Details, die dem Psychoanalytiker schon von weitem verraten, daß hier Unangenehmes »unter den Tisch gekehrt« werden soll. Rückfragen bei den Eltern – soweit noch möglich – ergeben dann auch regelmäßig, daß die meisten der erinnerten Details falsch sind.

(Anmerkung: Kinder haben, auch wenn man es nicht wahrhaben will, ziemlich oft ziemlich unfreundliche und böse Gedanken und Wünsche; das Kind lernt es erst später, sie als böse abzulehnen und sich schuldig zu fühlen. Wird es später an das betreffende Ereignis erinnert, so werden damit zugleich auch die Unlustgefühle von damals wieder wach – Grund genug, sie zuzuschütten. Aus solchen Verdrängungen können manchmal Neurosen entstehen, insbesondere bei Erwachsenen.) *Es wird also nicht zufällig, sondern vorsätzlich vergessen.*

Nicht viel besser steht es um das bekannte »déjà vu« (französisch: Das habe ich doch *schon* einmal *gesehen*). Jedem von uns ist es wohl gelegentlich passiert, daß er sich an einem mit Sicherheit noch nie besuchten Ort sagt: »Hier bist du doch schon einmal gewesen«, »das hast du doch schon einmal erlebt«. Auch das ist fast immer objektiv falsch. Erinnert wird gar nicht der Ort oder das Geschehen (es gibt ja nichts dergleichen!); erinnert wird anhand einer Nebensächlichkeit ein unbewußter oder energisch verdrängter Wunsch, eine unbewußte Phantasie (z. B. Todeswunsch) oder Ähnliches. Das Gefühl, den – unstatthaften – Wunsch wiederzuerkennen, wird *übertragen* auf die neue Situation. Denn weil Wunsch oder Phantasie unbewußt bleiben sollen, werden die tatsächlich neu erlebten Orte oder Vorgänge mit dem Etikett »die kenne ich ja« versehen (während sich doch nur der verdrängte Wunsch zu Wort meldet).

Unnötig zu sagen, daß Vorstellungen über Seelenwanderung, über »Früher-schon-einmal-gelebt-Haben« und dergleichen zum Teil allein mit solchen Déjà-vu-Phänomenen erklärt werden können. Sie werden uns in anderen Zusammenhängen noch einmal begegnen.

Sie redeten mit fremden Zungen
(und der Mord in der Rue Morgue)

Die Wissenschaft nennt »mit fremden Zungen reden« Glossolalie (*glossa,* griech. = die Zunge) und meint damit, daß manche Leute gelegentlich in unbekannten, ausgestorbenen oder auch nur fremden Sprachen sprechen oder lallen, meist im Zustand der Ekstase. Einer der ältesten Berichte darüber steht in der Apostelgeschichte des Neuen Testaments (2. Kapitel, Vers 3 und folgende) und stammt von Lukas, einem Gehilfen des Apostels Paulus, abgefaßt etwa um das Jahr 100 n. Chr. Es geschah zu Pfingsten (am 50. Tag nach Jesu Tode). Da wurden die zwölf Jünger (anstelle des Verräters Judas war Matthias durch Losentscheidung zwölfter geworden) » . . . alle voll des heiligen Geistes und fingen an zu predigen in anderen Zungen, wie der Geist es ihnen gab, auszusprechen. [. . .] ein jeder hörte sie in seiner eigenen Sprache sprechen. [. . .] Sie entsetzten sich [. . .]. Wie hören wir denn ein jeglicher seine Sprache, darin wir geboren sind?« In der Menge waren Parther, Meder, Elamiter, Leute aus Mesopotamien, Judäa, Kappadozien, Phrygien, Pamphylien, Ägypten, Libyen, Kyrene, Ausländer aus Rom, Juden und Judengenossen, Kreter und Araber. (Anmerkung: Lukas war keiner der Apostel, sondern Evangelist und sozusagen Assistent des Apostels Paulus; seine Nachricht stammt also aus zweiter Hand.)

Von Zeit zu Zeit tauchen – meist in Illustrierten, Funkzeitungen (zum Beispiel *Fernsehwoche;* 1979, Nr. 8, S. 12) und anderen Zeitschriften – ähnliche Berichte auf. Häufig sind es Einzelpersonen, besonders oft junge Mädchen, die da plötzlich in fremden Sprachen sprechen. Die Zuhörer verstehen sie nur selten oder glauben, sie als ausgestorbene Sprachen zu erkennen. Wird hier uraltes Wissen, vor Generationen erworben (Wiedergeburt und Seelenwanderung!) wieder frei, oder erinnert sich die betreffende Person nur an Laute, die sie selbst vor Jahren einmal gehört, dann aber wieder vergessen hat?

Auch Therese Neumann aus Konnersreuth, bekannt durch ihre Stigmatisierung (sie blutete oft genau an den Stellen der Hände und Füße, an denen einst Jesus ans Kreuz genagelt wurde; mehr darüber auf S. 226), soll in der Ekstase fremde Sprachen wie Aramäisch, Griechisch, Französisch und Portugiesisch verstanden und, wenn auch schwer verständlich, gesprochen (gelallt) haben. Dr. theol. Josef Hanauer überprüfte die Therese-Geschichten mit wissenschaftlicher Sorgfalt und fand Seltsames heraus. So beispielsweise,

● daß Therese allenfalls *einzelne Worte* verstand oder gelallt habe;

● daß sie nur nachgesprochen habe, was fromme Bewunderer ihr vorgesagt hätten (auch bei anderen Glossolalie-Beflissenen oft beobachtet);

● daß insbesondere die – wenigen – aramäischen Worte von Professor Wutz stammten; dieser berichtet selbst treuherzig seinem Freund, dem Bischof von Lemberg: »Ja, denken Sie, ich brauchte ein volles Vierteljahr dazu, um schließlich ein Wort aus ihr herauszukriegen.«Als der des Aramäischen kundige Professor gestorben war, hörte man kein weiteres Wort dieser Sprache in Thereses Lallen;

● daß ihr Griechisch die gleichen Fehler enthielt, die ihr Betreuer, Pfarrer Nader, machte (sein Schulfreund Professor

Waldmann: »[. . .] ein guter Hebräer, aber ein schlechter Grieche«);

- daß Therese, als sich in ihrem Empfangszimmer zwei Besucher in Portugiesisch unterhielten, sagte: »Mir scheint« (! der Verfasser), »diese Sprache habe ich in der Ekstase gehört.« Sie vermochte allerdings nicht anzugeben, wann das geschehen sein sollte. Aber Pfarrer Naber half ihr und meinte, das könne nur bei der Vision vom Fest des hl. Antonius gewesen sein – was Therese späterhin denn auch ohne zu zögern bestätigte;
- genaue Wortanalysen ergaben, daß viele der lallenden Laute, von Priestern und Gläubigen für Worte aus fremden Sprachen gehalten und sehr unterschiedlich protokolliert, lediglich oberpfälzische Dialektworte waren (Konnersreuth liegt in der Oberpfalz). Eines von vielen Beispielen: aisehuba, biasebua, beisebua usw. wurden von Professor Wurz zunächst als völlig unbekannt, dann als »Beelzebub« (hebräisch) und schließlich als aramäisch deklariert – offenkundig hatte Therese aber »böser Bub« (Bua!) gelallt.

Zum letzten Punkt erinnere ich mich gern der weltberühmten Kriminalnovelle von Edgar Allen Poe (1809 bis 1849): *Mord in der Rue Morgue*. Eine alte Dame und ihre Tochter waren in ihrer Wohnung in der genannten Straße von zwei Personen auf bestialische Weise ermordet worden. Gesehen hatte die Täter niemand, aber es fanden sich viele Zeugen, die die Stimmen der beiden Mörder gehört hatten. Eine davon war barsch und stammte – darin waren sich alle einig – von einem Franzosen: Sie hatten einige französische Worte verstanden. Die andere Stimme klang viel schriller, »eine sehr sonderbare Stimme«. Ihre Äußerungen wurden als Spanisch, Italienisch, Deutsch, Englisch oder Russisch interpretiert – aber die Zeugen kannten gerade die Sprache nicht, die ihrer Meinung nach der zweite Mörder mit der schrillen Stimme gesprochen haben sollte. (Zuletzt fand August Dupin, das viel intelligentere und viel weniger arrogante Urbild für Conan Doyles berühmten Sherlock Holmes, heraus, daß es sich bei dem zweiten Täter in Wirklichkeit um einen Orang Utan gehandelt hatte, der einem Matrosen entwischt war.)

Natürlich ist diese geistreiche und überaus spannende Dichtung kein Beweismaterial in Sachen Glossolalie. Aber Dichter waren (und sind) ja nicht immer nur Spinner, und so zeigt uns die Novelle, wie leicht für (Fremd-)Sprache gehalten wird, was sinnloses Lallen oder tierisches Schreien ist. Auf die gleiche Weise mag ein Teil der »Reden mit fremden Zungen« erklärt werden, während ein anderer Teil auf verschüttete Jugenderinnerungen zurückgeführt werden kann (vielfach unwiderleglich nachgewiesen!). Auf jeden Fall beweisen uns auch die Glossolalien, daß wir uns auf unser Gedächtnis durchaus nicht immer fest verlassen dürfen – und auf das Gedächtnis anderer Personen erst recht nicht, insbesondere, wenn deren Berichte aus zweiter oder dritter Hand stammen (siehe den Evangelisten Lukas). Nicht anschließen möchte ich mich jedoch dem Vers 13 der Apostelgeschichte: »Die anderen hatten ihren Spott und sprachen: Sie sind voll süßen Weines.«

Nach dieser Abschweifung in die »Seelenwanderung« möchte ich kurz noch einmal zu dem gewichtigen Satz von S. 143 zurückkehren, der da besagte, daß wir sehen, was wir kennen, beziehungsweise, was wir sehen wollen. Er erschien uns mit dem Umspringbild nicht ausreichend bewiesen. Um ihn zu erhärten, seien hier noch weitere Beispiele angeführt. Das eine ist mehr literarisch und stammt von dem Philosophen und Satiriker Georg Christoph Lichtenberg (1742 bis 1799), seiner Zeit in Göttingen Professor der Physik. Er kannte einen Gelehrten, der so oft den Homer las und so in der klassischen Welt lebte, daß er das Wort »angenommen« nicht richtig lesen konnte, sondern statt dessen immer »Agamemnon« las (Agamemnon war in der griechischen Sage König von Mykenae und Anführer der Griechen im Trojanischen Krieg). Freud hat diesen Satz (verkürzt) in seine *Einführung in die Psychoanalyse* aufgenommen und ähnliche Fälle aus seiner eigenen Praxis beigefügt. Am bekanntesten ist die amüsante Geschichte eines Patienten, der mitten in Wien von dem dringenden Bedürfnis erfaßt wurde, eine diesbezügliche Anstalt (auf-)zusuchen. In seiner Not las er schließlich an einem Hause ein Schild mit der Aufschrift »Klosett-Haus«. Leider mußte er bald darauf einsehen, daß dort in Wirklichkeit »Korsett-Haus« geschrieben stand. Offensichtlich handelt es sich hier nicht bloß um »eingeschliffene Bahnen«, die wir nur schwer verlassen können (wie man im Falle Agamemnon meinen könnte!), sondern darum, daß wir tatsächlich spontan wahrnehmen (lesen *und* semantisch erfassen), was wir wahrnehmen möchten.

Auch diese Beobachtungen tragen dazu bei, viele der positiven Zeugnisse über Hellseher-Aussagen zu erklären; die Versuchspersonen sind ja nicht nur davon überzeugt, daß der Experimentator hellsieht (nachdem er vorher leichte, aber überzeugende Suchexperimente vorgeführt hat. vgl. S. 96), sondern sie *wünschen* es sogar, aus Neugierde, aus Lust am Übersinnlichen und was es sonst noch an Motivationen geben mag. Und wenn wir dann noch die von Max Dessoir getroffene Feststellung berücksichtigen, daß die über Okkultes (und anderes) berichtenden Personen »nicht nur aufputzen, zurechtschieben und nachhelfen, sondern auch schlechthin lügen«, so sollten wir uns über 70- und 80prozentige Hellseher-Treffer gar nicht mehr wundern. (Max Dessoir, 1867 bis 1947, Professor der Philosophie und Psychologie in Berlin, prägte u. a. den Begriff »Parapsychologie« und gilt selbst als Parapsychologe.)

Grenzüberschreitung

Nicht jedem sind die Verdrängungen, Veränderungen, Begrenzungen und Einengungen, die sich in unserem Denkapparat abspielen, bewußt. Aber viele Menschen *fühlen* diese Grenzen und suchen sie zu überschreiten, sich von ihnen zu befreien; sei es, daß sie »hinter einen geschlossenen Vorhang schauen wollen« (Zeisel; wir werden noch viel von ihm hören), sei es, daß sie nach Transzendentem streben (Aldous Huxley). (Anmerkung: *transcendere,* lat. = überschreiten; hier ist das Überschreiten der Grenzen unserer *Erfahrung,* unseres Bewußtseins gemeint, das Betreten eines Gebietes jenseits dieser Grenzen. Nicht zu verwechseln mit dem Transzendenzbegriff Immanuel Kants: Dessen Transzendentalphilosophie betrifft das *System aller Verstandesbegriffe und Grundsätze!*)

Immer wieder wird versucht, dieses Ziel der Grenzüberschreitung auf den verschiedensten Wegen zu erreichen, durch Chemikalien (Drogen und Gifte), durch »Versenkung«, Meditation, Yoga und ähnliches, oder auch einfach durch *Informations-*

Entzug. Das letztere Phänomen ist so wichtig, daß wir es vorweg behandeln sollten; es wird uns das Verständnis für die anderweitig erzielten Ergebnisse erleichtern.

Wenn man sich in einem isolierten Raum aufhält, in dem es völlig dunkel ist, in dem man nichts hören, nichts riechen, nichts schmecken kann, und in dem es außer den glatten Wänden nichts zu fühlen gibt, so erlebt man alsbald Halluzinationen der unterschiedlichsten Art. (*alucinatio,* lat. = Träumerei, Faselei; *aluo,* griech. = faseln). Die Versuchsperson empfängt optische (»Visionen«), akustische (»Akoasmen«, von griech. *akoe* = Gehör) und andere Eindrücke, die jeder physikalisch-chemischen, materiellen Grundlage entbehren; gleichwohl scheinen sie »psychische« bzw. sensorische = sinnliche Realität zu haben: *Informationsentzug führt zu einem Verlust an Realität.*

Daraus muß man schließen: Unser Bewußtsein funktioniert nur dann einigermaßen zuverlässig, wenn es ständig mit Informationen gefüttert wird. Versagt dieser Informationsfluß, dann gerät es aus dem Gleichgewicht und reagiert falsch. Aber auch das Gegenteil trifft zu: *Zuviel* Information ist gleichfalls vom Übel; deswegen wird *gefiltert,* wie bereits auf S. 142 dargelegt. Wird dieses Filter ausgeschaltet, kommt es ebenfalls zu Halluzinationen (A. Huxley, siehe weiter unten), zu Dysfunktionen (*dys-,* griech. = Vorsilbe für Störung eines Zustandes oder einer Tätigkeit). Wenn unser Gehirn, unser Bewußtsein »normal« arbeiten soll – also so, wie es das im allgemeinen tut –, dann darf es weder zu viel noch zu wenig Information bekommen. Augenscheinlich ist es auf einen bestimmten Mittelwert einreguliert. Regulieren kann man aber nur, wenn vorhandene Fähigkeiten oder Potentiale nicht voll ausgeschöpft, sondern statt dessen gebremst, begrenzt, gehemmt werden. Regulieren ist immer auch zugleich bremsen, hemmen.

Der Stoff, der intelligent macht

Das wird ganz deutlich am Beispiel des Psilocybins, einer hirnwirksamen Droge aus bestimmten Pilzen. Man nennt das Psilocybin wohl auch den »Stoff, der intelligent macht«. Normalerweise ist ein Mensch nicht imstande, Zeilen eines Buchtextes zu lesen, d. h. zu verstehen, wenn jeweils nur das untere Drittel zu sehen ist, die beiden oberen Drittel aber zugedeckt sind. Gibt man ihm jedoch Psilocybin, so vermag er den Text fast mühelos zu entziffern. Das bedeutet aber doch, daß normalerweise die Kombinations- und Entschlüsselungsmechanismen *gehemmt* sind und erst durch Psilocybin enthemmt werden. Der Stoff, der intelligent macht, erleichtert uns das Erkennen von semantischen Zeichen (auch Buchstaben sind ja semantische Zeichen!) und Zusammenhänge.

Der Gebrauch von Psilocybin ist nicht ungefährlich, denn die enthemmten Versuchspersonen erleben zugleich Halluzinationen der verschiedensten Art, d. h. die Fähigkeit zu einer Wahrnehmung nicht-realer Dinge und Vorgänge ist gesteigert: Psilocybin ist folglich ein Halluzinogen (Halluzinationen erzeugender Stoff) ersten Ranges und steht in einer Reihe mit Mescalin, LSD (*L*yserg*s*äure-*d*i-äthyl-amid) und ähnlichen Drogen.

Auch sagt man den unter Psilocybin-Einfluß stehenden Personen nach, sie könnten hellsehen – in Wirklichkeit erfassen sie nur Ursachen künftigen Geschehens, und zwar besser, empfindlicher und schneller bzw. früher als psilocybinfreie Personen.

Halluzinationen, selbst gewollt und selbst gemacht

Es würde leicht und zugleich logisch sein, im Anschluß an das Psilocybin und das LSD die anderen Halluzinogene abzuhandeln, also Bilsenkraut, Mescalin und dergleichen, bis zu den körpereigenen »Betäubungsmitteln«, den sogenannten Endorphinen (S. 177). Die Betonung der stofflichen, der materiellen Seite birgt aber die Gefahr, daß wir an einem Phänomen vorübergehen, das ganz wesentlich für das Problem der Halluzinationen ist, gewissermaßen dessen integraler Anteil: Gemeint sind diejenigen Halluzinationen, die *ohne Chemikalien,* ohne ersichtliche *äußere* Einwirkung entstehen, »aus freien Stücken«. Deshalb sollten wir diesen unmateriellen Teil vorwegnehmen; er wird uns ein gutes Stück unseres Weges voranbringen.

Sehen wir von den mehr anekdotischen Berichten des Altertums ab, die kaum mehr nachzuprüfen sind, so ist einer der ältesten Fälle von absichtlich erzeugten Halluzinationen der von Emanuel Swedenborg, den wir schon von S. 92 her kennen; er erschaute 1756 in Gothenborg den gleichzeitig in Stockholm wütenden Brand, von den Parapsychologen mit Vorliebe als klassisches Beispiel für Telepathie angeführt. (Kant nannte Swedenborgs schriftstellerisches Werk freilich »acht Quartbände voll Unsinn«.) Swedenborg hatte schon als zwölfjähriger Junge entdeckt, daß seine Gedanken eine »wundervolle Klarheit« bekamen, wenn er seinen *Atem anhielt* (Swedenborg litt an Schizophrenie und starb in geistiger Umnachtung).

Besonders ausgiebig hatte sich Ludwig Staudenmaier (geboren 1856) mit der Erzeugung von Halluzinationen beschäftigt. Staudenmaier studierte vorwiegend Chemie, promovierte in diesem Fach in München und wurde nach mehrjähriger Assistententätigkeit 1896 zum Professor der Experimentalchemie am Lyzeum in Freilassing ernannt. Nach zahlreichen wissenschaftlichen Veröffentlichungen über Phosphate, Tellur, Graphite usw. legte er 1912 die Ergebnisse seiner *Okkult*forschungen in dem Buch *Die Magie als experimentelle Naturwissenschaft* vor. Er litt ebenfalls an Schizophrenie und starb 1933 in geistiger Umnachtung.

Staudenmaier hat das Halluzinieren regelrecht *trainiert*. Dazu gibt er entsprechende Anleitungen. So soll man z. B. farbige Tabellen (etwa »Die Flaggen aller Staaten der Erde«), bunte Fähnchen, künstliche Blumen und dergleichen intensiv betrachten, dann die Augen schließen und sich ganz darauf konzentrieren, den Gegenstand »lediglich vermittels des Vorstellungsvermögens ebenso lebhaft und real [. . .] vor sich zu sehen wie vorher«. »Es handelt sich also zunächst sozusagen um ein rein halluzinatorisches Kopieren einer optischen Vorlage. Mit der Zeit wird es gelingen, eine Halluzination des betreffenden Gegenstandes bei geschlossenen Augen ganz klar vor sich zu sehen.« Ähnlich lassen sich akustische, Geruchs- und Geschmackshalluzinationen erzeugen.

Bald tauchten bei Staudenmaier Halluzinationen auf, die mit den betrachteten Gegenständen nichts mehr zu tun hatten: Er sah Gestalten; sie sprachen mit ihm, sie gaben ihm Ratschläge, sie bedrohten ihn. Manchmal schienen alle Teufel los zu sein:

»Teufelsfratzen sah ich wiederholt längere Zeit mit völliger Klarheit und Schärfe. Einmal hatte ich [. . .] ganz deutlich das Gefühl, daß mir jemand eine Kette um den Hals schlinge. Gleich darauf nahm ich einen sehr übeln Schwefelwasserstoffgeruch wahr, und eine unheimliche innere Stimme sagte zu mir: ›Jetzt bist du mein Gefangener [. . .]. Ich bin der Teufel.‹ Es wurden oft die schwersten Drohungen ausgestoßen. Ich habe es an mir selbst erlebt: Die dem modernen Menschen vielfach als Schauermären des Mittelalters erscheinenden Erzählungen über böse Geister sowie die spiritistischen Angaben über Spott- und Poltergeister sind nicht aus der Luft gegriffen!«

»Besonders erbittert wurden meine Geister, wenn ich sie gewaltsam zwingen wollte, mir zu gehorchen und meinen Wünschen entsprechend zu handeln. Sie schienen mich anzuspucken, drohten mir Ohrfeigen zu geben, mich durchzuprügeln. Je energischer und je länger ich gegen sie auftrat, desto dichter und fühlbarer, sozusagen handgreiflicher wurden die Gestalten, während sie vorher nur schattenhaft gewesen waren. [. . .] Es konnte für mich kein Zweifel mehr bestehen: nach naiv-mittelalterlichen Begriffen war ich besessen [. . .].«

»Allmählich hoben sich einzelne Halluzinationen immer deutlicher und bestimmter heraus und kehrten öfters wieder. Schließlich bildeten sich förmliche *Personifikationen,* indem z. B. die wichtigeren Gesichtsbilder mit den entsprechenden Gehörvorstellungen in regelmäßige Verbindung traten, so daß die auftretenden Gestalten mit mir zu sprechen begannen, mir Ratschläge erteilten, meine Handlungen kritisierten usw. *Ein ganz charakteristischer und allgemeiner Defekt* dieser Personifikationen ist, gerade wie bei Hypnotisierten, der, daß sie sich immer wieder wirklich für das halten, was sie nur vorstellen oder nachahmen [. . .].« Hier nun einige Beispiele:

»Vor ein paar Jahren gab sich mir bei Besichtigung von militärischen Übungen Gelegenheit, eine fürstliche Persönlichkeit aus unmittelbarer Nähe wiederholt zu sehen und sprechen zu hören. Einige Zeit später hatte ich einmal ganz deutlich die Halluzination, als ob ich dieselbe wieder sprechen hörte. [. . .] Später traten die Personifikationen anderweitiger fürstlicher oder regierender Persönlichkeiten in analoger Weise auf, namentlich Personifikationen des deutschen Kaisers, ferner Personifikationen Verstorbener, z. B. Napoleons I. Allmählich beschlich mich dabei gleichzeitig ein eigentümliches, erhebendes Gefühl, Herrscher und Gebieter eines großen Volkes zu sein, es hob und erweiterte sich deutlich meine Brust fast ohne Mitwirkung meinerseits, meine ganze Körperhaltung wurde auffallend stramm und militärisch [. . .] und ich hörte z. B. die innere Stimme mit majestätischer Erhabenheit sprechen: ›*Ich bin der deutsche Kaiser*.‹ [. . .] Aus der Summe der auftretenden hoheitlichen Personifikationen entwickelte sich allmählich der Begriff ›*Hoheit*‹ [. . .].«

»Eine große Rolle spielen bei mir zwei meist gehörnt auftretende, diabolische Personifikationen, ›Bock‹ und ›Pferdefuß‹, gegen welche ich sehr vorsichtig sein muß, da sie sich immer wieder, namentlich wenn ich mich zu sehr überanstrenge, in gefährlicher Weise zu entwickeln drohen.«

»Ein hochinteressantes und wichtiges Gegenstück dazu bildet eine Personifikation des Göttlichen und Erhabenen, darstellend einen ehrwürdigen Greis mit voller, kräftiger Stimme und wallendem Barte, welcher ein natürlicher Gegner der vorher erwähnten diabolischen Personifikationen ist und mich für Tugend und hohe Ziele zu begeistern sucht.«

Es läßt sich nicht verkennen, daß Staudenmaier eigentlich schon Symptome einer echten Geisteskrankheit beschreibt, nämlich der Schizophrenie, und es liegt nahe, rundweg alle Halluzinationen als Ausdruck des Irreseins aufzufassen (und abzutun). Aber so einfach dürfen wir es uns nicht machen.

Gewiß, Swedenborg und Staudenmaier sind in geistiger Umnachtung gestorben. Und mancher, der nach Staudenmaiers Rezept verfuhr, ist später wahnsinnig geworden. Aber eben doch nicht jeder. Johannes Zeisel berichtete 1978 von ähnlichen Selbstversuchen, die offenbar gut ausgegangen sind. (Er erwähnt allerdings auch einen »Bruder auf dem Wege«, der den Weg zurück in die Realität nicht mehr fand; »er wurde die Geister nicht mehr los, die er gerufen hatte – erst recht nicht mehr, als sie sich plötzlich alle gegen ihn wandten«. Er, der »Bruder«, beging schließlich Selbstmord.)

Bevor wir uns Zeisels Bericht zuwenden, sollen noch einige Gesichtspunkte herausgehoben werden:

156

1. Im Zustand der Halluzination werden Dinge, Vorgänge und Ähnliches wahrgenommen, die keinerlei reale, materielle Grundlage haben. Trotzdem haben sie für den Betreffenden, *(aber nur für ihn!)* psychische Realität.
2. Die Grenze zwischen »harmloser« Halluzination und Irresein ist schwer zu erkennen; vielleicht gibt es sie gar nicht.
3. Staudenmaier erreichte durch die starke Konzentration auf einen Gegenstand (Ton, Geruch usw.), daß alle übrigen Informationen nicht mehr aufgenommen wurden, d. h. er stand praktisch unter *Informationsentzug* – und hatte ähnliche bis gleiche Halluzinationen wie ein Mensch im lichtlosen und schalltoten Raum. Swedenborg erreichte das gleiche durch Kohlendioxidvergiftung infolge Atemanhaltens.
4. Die hier geschilderten Empfindungen und Wahrnehmungen stammen offensichtlich nicht aus der Umwelt, sondern aus dem Unbewußten der Versuchsperson – das betont übrigens Staudenmaier selbst mehrfach.

Schließlich soll noch auf eine Besonderheit hingewiesen werden, die uns noch weiterhin zu beschäftigen hat: *Eine* von Staudenmaiers Personifikationen bezog sich auf das Göttliche und Erhabene in Gestalt eines ehrwürdigen Greises, der ihn für Tugend und hohe Ideale zu begeistern sucht. Sollte es sich hier um das Urbild des Guru handeln? (*Guru,* sanskrit = ein Lehrer, ein Ehrenwerter, auch ein göttlicher Meister.)

Johannes Zeisel, der Stille Freund und die Grenze

Johannes Zeisel, geboren 1923, ist von Beruf Graphiker; er beschäftigt sich viel mit Esoterik (*esoterikos,* griech. = innen, verborgen, nicht für die Öffentlichkeit bestimmte Erkenntnis), Psychologie und Naturwissenschaften. Bei seinen Experimenten knüpfte er bei Staudenmaier an, kam aber mit dessen optischen Übungsvorlagen nicht zum Ziel. Besseren Erfolg hatte er mit Buchstabenübungen nach Kerning (1774 bis 1851; Freimaurer und Logenstifter). Diese Methode ist vergleichsweise einfach: Man spricht Vokale, also die Selbstlaute AEIOU, mit Nachdruck

»in bestimmte Körperzentren«, z. B. in Ferse, Knöchel oder Unterleib. Besonders wichtig scheint bei solchen Übungen das sogenannte »Sonnengeflecht« zu sein (lat.: *Plexus solaris*): ein Geflecht sympathischer Nerven etwas oberhalb der Magengrube. Drückt man auf diesen Solarplexus, so verlangsamt sich der Puls (»Solarreflex«). Ansonsten aber ist das Sonnengeflecht willkürlich *nicht* zu beeinflussen, denn es gehört zum »vegetativen Nervensystem«, auch unter dem Namen Autonomes oder Innenweltnervensystem bekannt. Dieses regelt die sogenannten Lebensfunktionen wie Atmung, Verdauung, Stoffwechsel, Sekretion, und dadurch sind diese gleichfalls dem Einfluß des Willens und des Bewußtseins entzogen.

Zeisel gelang es, auf dem Umweg über das Aussprechen der Selbstlaute dennoch Einfluß auf Teile des vegetativen Nervensystems zu nehmen: Er empfand bei seinen Exerzitien »strahlende Durchströmung« des jeweiligen Körperteils, verbunden mit Pulsationen, aber auch mit Schmerzen. Bald traten dann auch noch optische und akustische *Halluzinationen* hinzu, Blitze, Funken, Pfeifen und Donnern; dann schwebte er über fremden Ländern und Städten, begegnete freundlichen Weisen, aber auch anderen Wesen, die ihm zweideutige Ratschläge und Versprechungen gaben – ganz wie bei Staudenmaier. Zeisel beobachtete, »daß diese Visionen an körperliche Unpäßlichkeiten gebunden schienen; so hatte ein voller Magen oft eine Halluzination zur Folge, ebenso bestimmte Gefühle und Depressionen. Ich wollte davon ungeschoren bleiben. Andererseits waren in meinen Imaginationen oft wertvolle Hinweise und Ratschläge enthalten. Ich mußte also unterscheiden lernen.«

»Es geschah nun, daß zur gleichen Zeit in mir – auch neben oder hinter mir – die unbestimmte Vision eines stillen Freundes entstand, aus dem Nichts heraus. Es war meine seltsamste Begegnung, und sie hat sich bis heute erhalten. Ich habe ›ihn‹ von Anfang an als mein ›höheres Ich‹ empfunden und bezeichnet. Er erschien nie als Halluzination, gab mir nie Ratschläge, machte nie Vorhaltungen – er stand nur da und lächelte freundlich. Er erschien nicht im Bewußtseinskreis und entfernte sich nicht daraus. Er war einfach da. In dieser Flut der Erscheinungen war er die einzige Realität. [...] Nicht einmal bei offensichtlichen

Fehlern und Sünden von meiner Seite nahm er mich ernst. Er schüttelte lächelnd mit dem Kopf. So entwickelte sich ein ideales Vertrauensverhältnis.«

Hier wird deutlich sichtbar, worin sich Zeisel von Staudenmaier unterscheidet: Staudenmaier ließ seinen Halluzinationen offenbar völlig ziellos und ungeregelt die Zügel schießen; demzufolge tauchte der »ehrwürdige Greis« auch nur *neben* zahllosen Personifikationen auf, ohne besonderes Gewicht. Zeisel dagegen stellt sich bewußt auf seinen »gütigen Freund«, seinen »Guru«ein; dadurch gelingt es ihm, seine Imaginationen in Grenzen zu halten, genauer: fern von jener Grenze, jenseits der es kein Zurück mehr gibt. Diese Grenze hatte der schon auf S. 156 erwähnte »Bruder auf dem Wege« erreicht. Er schrieb an Zeisel: »Nun ist es soweit, mein mystischer Weg ist zu Ende bis auf den letzten Abschluß, Hand an mich zu legen. Der mystisch pfeifende Ton ist zum Posaunenton des Gerichts geworden. [...] Dieser Zustand ist untragbar. [...] ich muß den Zustand vertauschen, nur handeln muß ich. [...] andernfalls endet der Weg im Abgrund.«

Wie sollen wir Zeisels Experimente und ihre Ergebnisse beurteilen, und inwiefern gehören sie in unser Buch? Zeisel selbst überschreibt seinen Bericht mit *Magie auf eigene Faust,* veranlaßt durch »das dringende Bedürfnis, hinter seinen geschlossenen Vorhang zu schauen«. Magie definiert er als »Kunst, mittels geistiger Ursachen psychische und materielle Wirkungen zu erzielen«. Wir brauchen uns dem aber nicht anzuschließen, zumal Zeisel seine Empfindungen selbst auch als Halluzinationen bezeichnet. Überdies gibt es ja – siehe S. 13 – fast ebensoviele Definitionen wie Autoren. Also: Transzendenz oder simple Halluzination? Gibt es zwischen Transzendenz und Halluzination überhaupt eine Grenze, und wenn ja, wo liegt sie?

Meditation: Große Mode und doch uralt

Wir sollten diese Frage noch für eine kurze Zeit beiseite legen und Zeisels Tun zunächst ganz einfach als Meditation bezeichnen. Meditation (vom lat. *meditatio* = nachdenken) meint sinnende

Betrachtung, Verinnerlichung, Versenkung (insofern gleicht sie der Kontemplation, von lat. *com* = zum und *templum* = Tempel). Sie dient nicht, wie bei Staudenmaier, der ziellosen Halluzination durch Betrachten bunter Bilder oder Aufsagen von Vokalen, sondern der (vorübergehenden?) Abkehr vom äußeren Leben und der Versenkung in die Seele, in das Innere, meist zum Zwecke der Bewußtseinserweiterung, der Transzendenz (»hinter den Vorhang schauen«!), aber auch, um Gott näher zu sein.

Die geistlichen Exerzitien des Ignatius von Loyola

Mancher gläubige Christ, vor allem der von der katholischen Observanz, wird sich entrüsten, wenn der Heilige in eine Reihe mit Halluzinisten gestellt wird. Ihm versichere ich gern, daß es nicht im mindesten beabsichtigt ist, den Heiligen und die Gläubigen zu erniedrigen. Denn ganz im Gegensatz zu Staudenmaier geht es bei Ignatius ja gerade um strengste Disziplin im Glauben und in der inneren Schau. Dennoch besteht ein Zusammenhang zwischen »mystischer« Versenkung und Meditation. Die katholische Kirche leugnet ihn nicht; der heilige Ignatius betont ihn sogar nachdrücklich – und auf ihn kommt es uns hier an. Worum geht es also?

Ignatius von Loyola, baskischer Herkunft, lebte von 1491 bis 1556, und zwar zunächst im höfischen und militärischen Dienst. 1521 hatte er nach einer Verwundung mystische Erlebnisse; sie bekehrten ihn und bildeten zugleich die Grundlage seines *Exerzitienbüchleins*. 1537 erhielt er die Priesterweihe; wenig später begründete er die »Gesellschaft Jesu« (lat. *Societas Jesu,* abgekürzt SJ), deren Mitglieder gemeinhin als Jesuiten bezeichnet werden. 1541 wurde Ignatius der erste Generalobere der SJ. Aber nicht seine kirchenpolitische Tätigkeit soll uns hier beschäftigen, sondern seine »Geistlichen Übungen, um über sich selbst zu siegen und sein Leben zu ordnen, ohne sich durch irgendeine ungeordnete Neigung bestimmen zu lassen«. »Prinzip und Fundament: Der Mensch ist geschaffen dazu, hier Gott Unseren Herrn zu loben, ihm Ehrfurcht zu erweisen und zu dienen, und damit seine Seele zu retten.« Hierfür gibt er zahlreiche »Anweisungen« zu »Betrachtungen«. Für uns ist vor allem die fünfte Betrachtung aufschlußreich; sie »soll die Anwendung der fünf Sinne auf die erste und die zweite Betrachtung sein.

Gebet: Nach dem Vorbereitungsgebet und den drei Vorübungen ist es nützlich, die fünf Sinne der Einbildungskraft (imaginación) auf die erste und die zweite Betrachtung (contemplación) anzuwenden, in der folgenden Weise:

Der erste Punkt: *schauen* (im Orig. gesp.) die Personen mit dem Blick der Einbildungskraft (vista imaginativa) ihre Umwelt (circumstancias) im einzelnen überlegen und betrachten (meditando y contemplando) und aus der Schau einigen Nutzen ziehen.

Der zweite: *hören* (im Orig. gesp.) mit dem (inneren) Gehör, was sie reden oder reden können, und dann sich auf sich selbst zurückbesinnen, und daraus einigen Nutzen ziehen.

Der dritte: *riechen* und *schmecken* (im Orig. gesp.) mit dem (inneren) Geruchs- und Geschmackssinn den unendlichen milden Duft und die unendliche Süßigkeit der Gottheit, der Seele und ihrer Tugenden und des Ganzen, so wie es der Person entspricht, die man gerade betrachtet; dann auf sich selbst besinnen, um Nutzen daraus zu ziehen.

Der vierte: *berühren* (im Orig. gesp.) mit dem (inneren) Tastsinn, wie etwa umfangen und küssen die Orte, welche jene Personen betreten und wo sie sich niederlassen, immer darauf bedacht, Nutzen daraus zu ziehen.

Zwiesprache: Schließen mit einem Zwiegespräch wie in der ersten und zweiten Betrachtung und mit einem Vaterunser.«

Wir sollten, soweit es uns möglich ist, das Religiöse in den Anweisungen außer Betracht lassen und uns mehr mit der mystischen Seite befassen. Dann wird uns klar, daß Ignatius zu Meditation und Kontemplation auffordert, und daß beide zu innerer Schau, aber auch zu Halluzinationen führen können; Zeisel und Staudenmaier sind gar nicht so weit entfernt. Aber: Es gibt doch Unterschiede zwischen Meditation und Halluzination, wenigstens stellenweise. Sie liegen im Grad der Ordnung, der *Disziplinierung*. Bei Staudenmaier fehlen beide; Zeisel versucht, aus eigener Kraft und daher ungeübt, Ordnung zu halten, während Ignatius von Loyola strengste Disziplin fordert. Trotzdem wird es nicht immer gelingen, die Grenze scharf zu ziehen.

Viele Meditationspraktiken laufen auf eine Abkehr von der Außenwelt hinaus und damit auf eine Herabsetzung des Informationsflusses, wenn nicht sogar auf einen Informationsentzug – mit allen sich daraus ergebenden Folgerungen, d. h. Halluzinationen. Und wir vermögen einstweilen nicht abzuschätzen, inwieweit die »innerliche Schau« womöglich nur Unbewußtes und Unterbewußtes erfaßt und damit rein subjektiv ist, unverbindlich also für alle anderen, die da meditieren oder sich der Kontemplation hingeben.

Autogenes Training: Mittel zu diesseitigem Zweck

Andererseits gibt es wichtige objektive Befunde, die vom speziellen Unbewußten des Meditierenden *unabhängig* sind. Das trifft insbesondere auf das sogenannte Autogene Training zu (*autos,* griech. = selbst, -gen von *gignomai,* griech. = entstehen, also auch aus sich selbst heraus entstehend). Als Begründer gilt, wenigstens in der so oft geschmähten »Schulmedizin«, Professor H. J. Schultz, Berlin. Doch das trifft nur zum Teil zu, denn es geht sehr wahrscheinlich auf die buddhistischen *Betrachtungen* des Satipatthana *(Grundlagen der Achtsamkeit)* zurück. Schultz hat demgegenüber 1920 die Praktiken ausgearbeitet, die heute von vielen Ärzten mit Erfolg angewendet werden. Autogenes Training ist zunächst einmal eine »konzentrative Selbstentspannung«. Man »redet sich selbst zu« (am besten in Gruppen und nur unter Anleitung eines Arztes!), und zwar in *positiver* Formulierung: »Mein linker Arm wird schwer«, »mein Herz schlägt ruhig«, »meine Stirn ist kühl«, »mein Sonnengeflecht strömt warm« u. a. m. Insofern ähnelt es dem »Vokalsprechen in einen Körperteil«. Aber es enthält doch auch deutliche *Anweisungen.* Und das Ziel ist letztlich nicht bloß der linke Arm oder die Stirn, sondern das gesamte vegetative Nervensystem, das ja unserem Willen und unserem Bewußtsein nicht unterworfen ist.

Durch Autogenes Training gelingt es tatsächlich und *meßbar,* Einfluß zu nehmen auf die »Lebensfunktionen«: auf Pulsschlag, Blutdruck, Körpertemperatur usw., und es gelingt ferner, Verspannungen und Verkrampfungen aufzulösen – oder doch wenigstens zu mindern. Wie das im einzelnen und genau vonstatten geht, und welche physiologischen Vorgänge bei den psychischen Übungen ablaufen, ist noch fast völlig ungeklärt; es ist das große Rätsel, mit dem wir uns am Ende dieses Buches zu befassen haben.

Wichtig ist noch etwas anderes. Autogenes Training betreibt man nicht über Stunden, Tage oder gar sein Leben lang, sondern *beendet* die Entspannung – in der Regel nach einer halben Stunde – mit einer *Anspannungs*übung. Damit kehrt der Übende in das »Außenleben«, in die reale Welt zurück. Oft erlebt er dann, daß *Ver*spannungen, die vor der Entspannung bestanden haben, nach der Wiederanspannung nicht mehr auftreten, aufgelöst sind.

Autogenes Training ist demzufolge kein Selbstzweck, nicht Ziel, sondern ein Mittel, eine Methode, um Störungen des vegetativen Nervensystems zu beheben (»Vegetative Dystonie«, s. S. 215). Und es ist auch kein Mittel zur Abkehr von der Welt – wiewohl mancher seinen Seelenfrieden dabei finden kann.

Dürfen wir angesichts der realen und meßbaren Erfolge noch von »Irrungen, Wirrungen« sprechen? Sicherlich nicht. Und doch kann auch das Autogene Training in die Irre führen. Wer sich da seiner Praktiken zu sicher fühlt, »trainiert« oft auf eigene Faust, glaubt, Symptome beseitigen zu können, die dem Autogenen Training gar nicht zugänglich sind, etwa nach dem Motto »Das atme ich mir weg«. Wenn es Symptome sind, die der kundige Arzt sofort als Anzeichen einer Rippenfell- oder Lungenentzündung erkennt, dann kann das tödlich ausgehen. Deshalb: nicht ohne Arzt, nicht ohne Lehrer (»Guru«) trainieren; andernfalls verhindert man eine Kausaltherapie!

Biofeedback: Mit Elektronik ins Vegetativum

Als einen modernen Sprößling des Autogenen Trainings könnte man das »Bio-Training«oder »Biofeedback« bezeichnen. Biofeedback (*feedback,* engl. = Rückkopplung) ist seit kurzem in den USA weit verbreitet und greift jetzt auf Europa über. Mit dieser Methode wird ganz präzise in das (kybernetische) System der Regelkreise eingegriffen, die unsere »unbewußten Lebensfunktionen« steuern, also Pulsschlag, Blutdruck, Körpertemperatur usw., Stück für Stück. Man geht dabei so vor, daß beispielsweise die Hauttemperatur auf einem Meßinstrument oder einem Bildschirm sichtbar wird. Der Patient versucht nun, diese »Regelgröße« durch Anstrengung zu verändern. Jede Veränderung, ob nach oben oder nach unten, gilt als Erfolg und verbessert ihrerseits das Ergebnis weiterhin (daher der Name Rückkopplung). Das gelingt meist schon nach kurzem Training; der Patient hat also gelernt, unbewußte, dem Willen nicht unterliegende Körperfunktionen zu manipulieren.

Bei einer Gruppe von Versuchspersonen hat man die Herzfrequenz in einen *hörbaren Ton* umgesetzt. Der Versuchsleiter beauftragte sie nun, beim Aufleuchten einer roten Signallampe die Tonhöhe zu verringern, bei grünem Licht aber höhere Töne zu produzieren. Man hatte den Teilnehmern aber nicht gesagt, daß es um die Pulsfrequenz gehe, sondern daß es mit ihrem inneren Verhalten zusammenhinge. Der Versuch war erfolgreich. Allerdings fiel es den Teilnehmern offensichtlich schwer, den Herzschlag zu *verlangsamen,* während eine Beschleunigung um 40 Schläge pro Minute, also von 76 auf 116, verhältnismäßig leicht gelang. Und noch ein »Allerdings«: Die willkürliche Erhöhung der Pulsfrequenz führte oft zu *Angst- und Spannungszuständen.*

Auf entsprechende Weise kann man die Muskeln entspannen, indem man das Elektromyogramm EMG sichtbar macht und beeinflußt (*myon,* griech. = Muskel; man mißt mit Hilfe von Elektroden die sogenannten Aktionsströme eines Muskels). Ein anderes Beispiel: Man verändert – über die Beobachtung des Elektro-Enkephalogramms EEG (*enkephalon,* griech. = Gehirn) – die Gehirnwellen und damit Aufmerksamkeit, Meditation und Kreativität.

Das ist sehr wertvoll für Heilungsprozesse. In der einschlägigen Literatur wurde eingehend über einen 45jährigen Lastwagenfahrer berichtet, der nach einer Gehirnblutung halbseitig gelähmt war. Man führte dem Patienten den Spannungszustand seiner Muskeln auf dem Bildschirm vor, so daß er auch die kleinste Veränderung (als »Erfolg«) bemerken konnte. Nach knapp fünf Wochen Biotraining konnte sich der Patient fast wieder normal bewegen.

Biofeedback wurde – wie so oft – alsbald zu dem großen Geschäft für unseriöse Hersteller von Apparaten aller Art: Um warme Hände zu bekommen, um sich das Bettnässen abzugewöhnen, um sich auf Prüfungen zu konzentrieren, um Meditation zu lernen, kurz um alles nur denkbare Training zu betreiben.

Die Ärzte betrachten das mit Sorgen. Sie meinen, daß man zwar mit Biofeedback (wie ja auch mit Autogenem Training) Fehlsteuerungen korrigieren, Angstzustände beseitigen, Spannungen aufheben kann, daß aber vieles andere, insbesondere neurotisch bedingtes Fehlverhalten, bestehen bleibt, weil Biofeedback eben nicht an den *Ursachen* angreift, sondern an den *Symptomen*. Vor allem aber halten sie es für höchst gefährlich, nach Belieben im Vegetativum herumzupfuschen. Wer gelernt hat, seinen Kreislauf voll zu manipulieren, läuft Gefahr, einen Kollaps herbeizuführen. Ärztliche Aufsicht (oder Zeisels »gütiger Freund«?) ist nötig, um Schaden abzuwenden.

Yoga zwischen Bewußtseinserweiterung und Geschäft

Autogenes Training und Biofeedback haben durchaus diesseitige Ziele und sind, soweit korrekt gehandhabt, in ihren Erfolgen meßbar, sichtbar und reproduzierbar, wenn auch »Irrtum vorbehalten« gelten sollte. Mit Meditieren im eigentlichen Sinne haben sie wenig gemeinsam: Meditation soll ja der *Bewußtseinserweiterung* dienen. Auf der Suche nach dieser Art der Grenzüberschreitung stoßen wir allenthalben und immer wieder auf Yoga. Was ist das?

Das Wort Yoga stammt aus dem Sanskrit und meint »Vereinigung«; sinngemäß bedeutet es das Wissen um die Fähigkeit des Menschen, das spirituelle Bewußtsein zu erweitern, sich weiterzuentwickeln, dem Absoluten, der Gottheit, nahezukommen und letztlich mit ihr einszuwerden (daher »Vereinigung«).

Der Yoga ist sehr alt; er entstand wohl zwischen 2000 und 1000 v. Chr. im nördlichen Indien. (Man glaubt zu wissen, daß er auf archaische Ekstasen zurückzuführen ist, wie sie bereits in der Jungsteinzeit praktiziert wurden.) Seither hat er sich in verschiedenen Richtungen weiterentwickelt; die Linien führen zum tibetanischen Lamaismus, zur buddhistischen Versenkung, zur taoistischen Meditation und schließlich zum Zen(-Buddhismus) Chinas und Japans. (Die sogenannte Transzendentale Meditation, die sich gegenwärtig zu weltweiter Verbreitung anschickt, ist wohl nur ein gewinnträchtiger Auswuchs des Yoga, s. S. 167.)

Im Yoga gibt es verschiedene Stufen, vier, fünf oder acht, je nach »Unterart«. Die letzten Stufen sind: Vereinigung durch Wissen, durch Wille, durch Liebe, durch Wort und durch das Handeln. Um sie zu erreichen, bedarf es verschiedener Praktiken. Regelmäßig werden Atemübungen vorgeschrieben, auch ist viel von Selbstzucht, von der rechten Sitzhaltung und von der »Einholung der Sinne« die Rede. Andere Vorschriften sind akustischer Art: das Aufsagen von sogenannten Mantras oder Mantrams; das sind entweder Verse aus den Veden – dem ältesten Denkmal der indischen Literatur, angeblich etwa 5000 Jahre alt – oder »Wurzelworte«, »Urtöne« und sogar sinnlos aneinandergereihte Silben.

Das erinnert fatal, und nicht von ungefähr, an Swedenborg, der durch Anhalten des Atems zu »wunderbarer geistiger Klarheit« kam (S. 154). Auch das monotone Aufsagen der Vokale, wie es Zeisel trainierte, kommt uns wieder in den Sinn, es ähnelt durchaus dem Murmeln von »magischen« Zauberformeln, dem Singsang der afrikanischen Medizinmänner und der asiatischen Schamanen, dem endlosen Singen von Psalmen, dem Intonieren von Sutren (*sutra,* sanskrit = indische Lehrsätze), durch christliche bzw. buddhistische Mönche, dem Trommeln, den Gebetsmühlen, dem stundenlangen Schreien und Heulen der Wiedererwekker (nach Aldous Huxley) – nicht zu vergessen das ohrenbetäubende Gedröhn in den Diskotheken. All das erzeugt eine erhöhte Konzentration an Kohlendioxid und tranceähnliche Zustände (mehr darüber auf S. 175).

Hält man das nun noch zusammen mit dem »Einholen der Sinne« (= Informations-Entzug!), so kann einem schon der Verdacht kommen, als sei die Bewußtseinserweiterung, die der Yogi (so heißt der Yoga-Ausübende) zu erfahren vermeint, zumindest stellenweise Bewußtseinsverengung, wenn nicht gar Halluzination.

Indessen, damit dürfen wir Yoga sicher nicht abtun. Dagegen

spricht, daß durch Yoga offenbar nicht nur das Unbewußte sich zu Wort meldet – das ist ja von Mensch zu Mensch verschieden. Im Gegenteil, durch Yoga können verschiedene Menschen zu gleicher oder doch ähnlicher Erfahrung kommen: »Es meditieren ekstatische Hippies und asketische Nonnen, orthodoxe Theologen und ästhetisierende Mystiker. Es gibt heute Industrielle, die sich in Schlössern und Klöstern mit Meditation bekanntgemacht haben, um nach Entspannung und Erholung ihren Job wieder konzentriert ausüben zu können, und es gibt junge Leute, die meditieren, weil sie Meditation als nützliches ›Element der sozialistischen Lebensauffassung‹ verstehen« (R. Lenz, zit. nach D. Langen).

Ganz zweifellos kann durch Yoga – wie durch Autogenes Training – generell eine Entspannung erzielt werden, die zumindest der körperlichen Gesundheit dienlich ist. Darin liegt der Unterschied zur Halluzination. Gleichwohl besteht auch bei Yoga die Gefahr der Halluzination. Aber sie kann offenbar gebannt oder doch gering gehalten werden durch die strenge Selbstdisziplinierung des Yogi oder mit der Disziplinierung durch seinen Lehrer (es sei an Ignatius von Loyola erinnert!). Freilich, wenn der Guru, der Meister oder der Gütige Freund fehlt und statt dessen, gerade bei Mißerfolgen, so oft gesagt wird: »Sie müssen noch intensiver, noch länger und noch tiefer meditieren« – dann führt das mit Sicherheit zu Wahnvorstellungen, die irreparabel sein können, und schließlich zu jenem Abgrund, der Zeisels »Bruder auf dem Wege« verschlang.

Bringt uns TM das Zeitalter der Erleuchtung?

Auch die moderne » Transzendentale Meditation« (meist als TM abgekürzt) birgt solche Gefahren. Der Oberste der TM ist Mahesh Yogi, der sich auch »Maharishi« (»beinahe heilig«) oder »His Holiness« (Seine Heiligkeit) anreden läßt. Er betreibt – im Westen – gleichfalls Yoga, aber das ist nur ein stark verkürztes Programm, bestehend aus einer einzigen Entspannungsübung (zweimal täglich zwanzig Minuten) mit Lautübungen (Mantras). Diese Mantras sind Kurzworte und je nach Altersstufe ver-

167

schieden: von ING für die Vier- bis Zehnjährigen bis zu SHIA-MA für über sechzig Jahre alte Aspiranten. Diese Klänge sollen vorsichtig und behutsam betrachtet, ihre Klanggestalt ertastet werden. Unter dem TM-Prinzip wird der Schüler und schließlich der TM-Lehrer befähigt, »den Richtigen zu erkennen«. Damit kommt nach und nach das Zeitalter der Erleuchtung für eine erfüllte Weltbevölkerung. Die zugehörige Weltregierung hat seine Heiligkeit bereits eingesetzt. In ihr ist dem Right Honourable Dr. Byron P. Rigby das Ministerium für Gesundheit und Unsterblichkeit zugeteilt worden. Die unteren Dienstgrade sind Exekutiv-Gouverneure, Gouverneure, TM-Lehrer, Siddhas und letztlich Meditierende – eine komplette Hierarchie. Sie wird wie folgt gerechtfertigt: In Städten, wo ein Prozent der Bevölkerung TM ausübt, gehen Kriminalitätsrate, Drogenmißbrauch, Krankheits- und Unfallquote um vierzehn Prozent zurück. (Die Regierung von Rheinland-Pfalz soll allerdings nach sorgfältiger Prüfung diese Darstellung als unredlich bezeichnet haben; die Kriminalitätsrate habe in den Ein-Prozent-Städten vielmehr zugenommen – so berichtete ein TM-Lehrer.)

Mahesh Yogi läßt sich übrigens – zum Unterschied von seinen früheren Kollegen – für seine Entspannungskurse bezahlen: 400 bis 50 000 DM je nach Person. Fliegenlernen(!) kostet 9000 DM. (Fernsehteams, die fliegende Yogis filmen wollten, wurden immer wieder vertröstet und schließlich fortgeschickt.)

»Die TM-Organisation nimmt im Jahr vielleicht 60 Millionen DM ein, man sieht davon – in sozialen Einrichtungen und Veranstaltungen oder auch nur in Form eines Rechenschaftsberichtes – jedoch nichts!« Das und vieles andere mehr berichtet Theres Schulte, die sechs Jahre lang an TM-Kursen teilnahm und vier Jahre lang TM-Lehrerin war, bevor sie sich 1978 enttäuscht abwandte.

Um noch einmal auf die Gefahren der TM zurückzukommen: Gefährdet sind insbesondere Jugendliche, die in ihrem Wunsch nach Unbedingtheit die TM zum zentralen Lebensprinzip machen (ganz anders als das Autogene Training!) und damit die Verbindung zur Wirklichkeit verlieren. Sie werden nicht gewahr, daß dann statt einer Bewußtseinserweiterung eine Bewußtseinsverengung vorliegt, in deren Gefolge sie auch die persönliche

Freiheit verlieren. Hier haben die neuen Jugendreligionen beziehungsweise -sekten eine ihrer Wurzeln.

Mahesh's größter Konkurrent lebt in Indien: Sai Baba, »der indische Psi-Meister« (so Howard Murphet). Eigentlich heißt er Satyanarayana und wurde 1926 geboren. Schon als Schulkind vollbrachte er »wundervolle magische Tricks«. Erst nachher nannte er sich Sai Baba – damit verstand er sich als Wiedergeborener des eigentlichen Sai Baba (1872 bis 1918). Heute versammeln sich täglich Hunderte und Tausende, um seinen Worten zu lauschen, seine Wunderheilungen zu erleben und seine magischen Künste zu bewundern. Oft streut er Asche, heilige Asche, aus einer etwa 30 Zentimeter hohen Urne, immer wieder und immer mehr, viel mehr, als in dem Gefäß je Platz gehabt hätte. Das ist zwar ein alter Trick, der bei uns zum ständigen Repertoire der Zauberer gehört, verfehlt aber niemals seine Wirkung auf die Gläubigen, zumal Sai Baba noch andere Tricks bereit hält – ohne Psi.

Aber genug der Wundermänner. Wir dürfen über ihrem Treiben nicht vergessen, daß Yoga keinesfalls nur Geschäft und Blendwerk ist. Es fragt sich nur, weshalb Yoga – in seinen verschiedenen Formen – im Westen so weite Verbreitung erlangen konnte. Dafür gibt es viele Gründe, mehr, als wir aufzählen können. Zwei von ihnen lassen sich aber jetzt schon erkennen:

1. Die Bewußtseinserweiterung, die Befreiung, wird als Lohn eigener Bemühungen dargestellt und ist insofern ein *emanzipatorischer* Vorgang. Anders ist es bei den großen monotheistischen Religionen: in der jüdischen Kabbala, im islamischen Sufismus (von *suf*, arab. = rein, vielleicht auch von *sophia,* griech. = Weisheit) und in der christlichen Kontemplation ist Meditation zugleich Anrufung einer außerhalb des Menschen stehenden göttlichen Instanz, Gott, Allah. Yogis aber wollen nicht zu Gott, sondern *Vereinigung mit dem Göttlichen;* insofern ist Yoga auch immer Protest.
2. Im Yoga, also in der Vereinigung, werden die Gegensätze aufgehoben durch Ergänzung und Auflösung (vgl. das chinesische Yin und Yang, die Symbole der beiden Urgewalten). In den westlichen Religionen gibt es nur die bedingungslose

Unterwerfung unter den Allmächtigen. Yogis wollen sich davon frei machen und eine friedliche Überwindung der Gegensätze erreichen.

(Einen dritten Grund setze ich vorsichtshalber in Klammern: Er führt so schnell vom Lächerlichen zum Entsetzlichen, daß ihn mancher Leser lieber überschlagen möchte. Es geht um die Behauptung, Yoga beziehungsweise Meditation verhülfe zur »Identitätsfindung«. Wenn wir den Sonntagsrednern, der Presse, dem Rundfunk und dem Fernsehen glauben wollten, so befindet sich nämlich nahezu jedermann unaufhörlich »auf der Suche nach seiner Identität«. Des weiteren sind offenbar auch Gruppen, Staaten und Kontinente von dieser Sucht ergriffen: die Deutsche Forschungsgemeinschaft zum Beispiel, oder, kürzlich ausgestrahlten Sendungen zufolge, Finnland, ja sogar Australien. Was auch immer Identität sei (Genaues sagt einem ja niemand) – sicherlich hat es etwas mit Individualität zu tun, mit Persönlichkeit und Unverwechselbarkeit. Bloß benutzen die meisten von uns [»Menschen wie du und ich«] solche großen Worte nur ungern. Daher sollten Sie sich einmal den Spaß machen, den einen oder andern aus dem Kreis Ihrer Verwandten und Bekannten zu fragen, ob er/sie schon seine/ihre Identität gefunden habe. Die Antworten werden Ihnen helle Freude machen.

Der Spaß hört allerdings ganz unvermittelt auf, wenn wir an diverse Yoga- und Meditations-Sekten denken. Dieser Tage trafen sich die zurückgebliebenen Baghwan-Jünger zu einer sanften und milden Veranstaltung, einheitlich liebevoll wie seinerzeit die Blumenkinder: ein Herz und vor allem eine Seele. Und das, obgleich ihr großer Guru etwa ein Jahr zuvor sie in Indien zurückgelassen hatte und selbst mitsamt Vermögen, Rolls-Royce und ähnlichen Zutaten in die USA entwichen war.

Und wie war das mit jener Sekte, deren Angehörige – etwa 600 an der Zahl – sich auf Befehl ihres Guru gleichzeitig mit Cyankali vergifteten? Da ist doch offenkundig an die Stelle von Identität und Individualität die totale Uniformität getreten, die geistige und seelische Verkümmerung, wenn nicht gar Verkommenheit – mit Todesfolge.

Ich kann mir nicht helfen: Jetzt klingen mir wieder die fanatisierten Sprechchöre in den Ohren: »Führer befiehl, wir folgen dir«; ebenso die tobende Antwort auf Goebbels' diabolische Frage: »Wollt ihr den totalen Krieg?« Wer sich – per Meditation – auf die Suche nach seiner Identität begibt, kann dabei leicht umkommen!)

Zwischenbilanz nach der Meditation

An dieser Stelle endet der eine Weg, den wir auf S. 153 eingeschlagen haben, der Weg, der uns zu Halluzination und Meditation ohne Medikamente führte. Wohl kann man sich auf den Standpunkt stellen, auch Atemtechnik führe über eine Anhäufung von Kohlendioxid, also einer chemischen Substanz, zur Beeinflussung des Informationsflusses und damit zu unverbindlichen und subjektiven »Wahrnehmungen besonderer Art«. Aber das ist sicher allenfalls in Teilbereichen richtig; das Biofeedback erbringt ja offenkundig objektive Befunde.

Bevor wir den zweiten Weg beschreiten, müssen wir uns noch fragen: Was haben die Halluzinationen, was haben die Meditationen zum Problem der Magie beigetragen?

Zeisel formulierte Magie als die »Kunst, mittels geistiger Ursachen psychische und materielle Wirkungen zu erzielen« – wobei er offensichtlich an Psi-artige Vorgänge, an Übersinnliches dachte (s. S. 172). Diese Ansicht wird von vielen Autoren geteilt, insbesondere soweit sie aus den Kreisen des Yoga kommen. Für sie ist die durch Meditation herbeigeführte Bewußtseinserweiterung bereits Magie – jedenfalls gibt es eine diesbezügliche umfangreiche Literatur. Wer so argumentiert, müßte auch Staudenmaiers und Swedenborgs undisziplinierte Halluzinationen als Magie bezeichnen. Das ist sicher nicht richtig. Wir werden im nächsten Kapitel Halluzinationen kennenlernen, bei denen es ganz chemisch, ganz biochemisch zugeht, ohne geheime Kräfte, ohne Psi. Das Erzeugen besonderer seelischer und geistiger Zustände, das Erfahren oder Erleiden sonderbarer Sinneseindrücke, auf welchen Wegen auch immer hervorgerufen, bloße Gedanken und Vorstellungen ohne »Konsequenzen« – das ist gewiß noch keine Magie. In der echten Magie *bewirkt* der Gedanke, die Vorstellung, die Beschwörung etwas (oder *soll* etwas bewirken), und zwar mit übernatürlichen Kräften. Insofern könnte man mit Freud von der »Allmacht der Gedanken« sprechen (S. 209).

Alles, was wir bisher kennengelernt haben, von Gellers verbogenen Gabeln bis zur Transzendentalen Meditation, hat damit nicht das geringste zu tun. Eine Ausnahme dürfen wir vielleicht machen und als Andeutung von *bewirkender* Magie werten: Wenn allein durch die Vorstellung, durch den Gedanken, beim Autogenen Training, beim Biofeedback und bei einigen Yoga-Übungen chemische, physikalische, physiologische Fakten und Daten geändert werden, die bislang als willentlich unbeeinflußbar galten (Pulsfrequenz, Blutzuckerspiegel, Gehirnwellen und anderes) – dann könnte hier schon etwas wie Magie am Werke sein. Aber diese Wirkungen von Gedanken, von Vorstellungen kommen fraglos auf durchaus natürliche Weise zustande, mit Physik und Chemie. Dafür spricht unter anderem, daß dergleichen Effekte augenscheinlich bei den verschiedensten Patienten und Versuchspersonen erzielt werden. Wenn wir aber Magie als Einwirkung übernatürlicher Kräfte definieren, dann gehören Biofeedback und Yoga eben *nicht* zur Magie.

Dazu sei noch eine ergänzende Bemerkung gemacht. Zeisel erwähnt in seinem Bericht über »Magie auf eigene Faust« – neben vielem anderen – auch, daß bei seinen Halluzinationen oftmals »starke Sensibilisierungen auftraten, die manchmal Psi-artige Formen annahmen. Ich hatte oft präkognitive Wahrnehmungen, die sich bewahrheiteten, telepathische Fähigkeiten, die mich verblüfften«! Also doch ASW? Leider hat Zeisel keinerlei Details mitgeteilt (obgleich er anderweitig sehr beredt ist). So können wir seine Angaben nicht überprüfen. Bis zum Beweis des Gegenteils dürfen wir aber annehmen, es handelte sich – ähnlich wie bei dem Psilocybin (S. 152) – tatsächlich nur um eine Steigerung der Sensibilität (»Empfindlichmachung«), die ihn instandsetzte, Faktoren, Zustände usw. als Ursache kommender Ereignisse zu erkennen, die einem Nicht-Sensibilisierten nicht als Ursache erkennbar sind, so wie ein Bauer oder Schäfer aus kleinsten Veränderungen im Witterungs- und Wolkengeschehen die Vorboten kommenden Wetters erkennen und dieses deshalb vorhersagen kann. Eben das aber ist keine Präkognition, denn nach Bender sind von der echten Präkognition alle jene Fälle auszuschließen, bei denen ein in der Zukunft liegender Vorgang auf *rationalem* Wege vorausgesagt werden kann.

Materielle Grundlagen von Halluzinationen und Schmerzen

Wir hatten von S. 153 an zunächst Halluzinationen untersucht, die ohne Drogen, ohne Chemikalien zuwegegebracht werden, gewissermaßen aus bloßem Willen, allenfalls mit Hilfe willentlicher Atemübungen. Falls dabei eine Erhöhung der Kohlendioxid-Konzentration stattfindet, kann sie offenbar an der Auslösung von Halluzinationen mitwirken, aber sicherlich auf eine ganz unspezifische Weise. Das wird nun freilich völlig anders, wenn wir den zweiten Weg beschreiten und Halluzinationen betrachten, die durch chemische Substanzen, durch Drogen, Gifte und dergleichen ausgelöst werden. Hier geht es nämlich meistens sehr spezifisch zu, d. h. es besteht ein enger (Kausal-)Zusammenhang zwischen der Art der Droge und der Art der Halluzinationen.

Als erstes Beispiel sollen die Samen des Bilsenkrautes (botanisch *Hyoscyamus niger,* ein Nachtschattengewächs) dienen. Es ist schon seit langem bekannt, daß die Dämpfe der gerösteten Samen vorübergehend schmerzunempfindlich machen: Bereits in der *Chirurgie* des Roger von Salerno aus dem 13. Jahrhundert wird eine »Bilsenkraut-Fumigation« (*fumus,* lat. = Rauch, Dampf) abgebildet und beschrieben, wie sie gegen Zahnschmerzen angewandt wurde. Im Mittelalter waren Tanzwut und Hexenwahn mit dem Einnehmen von Bilsenkraut verbunden, und auch die Geißler in den Flagellanten-Prozessionen stimulierten sich durch Hyoscyamus-Dämpfe. (Anmerkung: Daß Wahnvorstellungen und Schmerzen zusammen auftreten, ist nicht zufällig, sondern hat gute Gründe – daher werden auch beide nebeneinander in der Überschrift genannt.)

Gustav Schenk, dem wir das *Buch der Gifte* (1954) verdanken, hat selbst solche Dämpfe eingeatmet und versucht, seine Hyoscyamin-Halluzinationen zu beschreiben. Er berichtet auf mehreren Seiten von körperlichem Unbehagen; die Ohren werden taub, die Augen (unter anderem durch Pupillenerweiterung) fast blind: Sie sehen die Dinge nur noch im Nebel. Das Zimmer tanzt, die Wände, der Boden und die Decke schwanken (sogenannte »kinästhetische« Halluzinationen). Diesen Empfindungen folgte eine Phase hemmungsloser Freude und maßloser Lachsucht; ein entfesselter Bewegungstrieb schloß sich an: »Ich wurde in eine flackernde Trunkenheit geschleudert, in einen Hexenkessel der Tollheit. Ein Wasser floß oben, blutig, dunkel, der Himmel war mit ganzen Tierherden gefüllt. Zerfließende, ungestalte Wesen tauchten auf. Ich hörte Worte, sie waren völlig falsch und sinnlos und hatten dennoch für mich einen versteckten Sinn.« Schließlich fühlte er sich selbst im Strom seiner Halluzinationen dahinfliegen. Das Ende war dann Übelkeit, graues, trostloses Elend und allmähliches »Erwachen«. Als besondere Eigentümlichkeit der Bilsenkrautwirkung wird (nicht nur von Schenk) herausgestellt, daß das Gedächtnis nicht erhalten bleibt. Später tauchen nur noch Fetzen von Bildern wieder auf.

Diese Halluzinationen stammen mit Sicherheit nicht aus dem Unbewußten, denn sie werden genauso von ganz verschiedenen Versuchspersonen beschrieben. (Man könnte wohl einwenden, daß es gewisse, allen Menschen gemeinsame »Ur-Halluzinationen« gäbe, etwa im Sinne der Archetypenlehre C. G. Jungs, aber das ist vorerst reine Spekulation.)

Ganz anders, aber wiederum recht spezifisch, geht es beim Mescalin zu. Mescalin ist ein Rauschmittel, das aus einer Kakteenart gewonnen wird, deren botanischer Name *Anhalonium lewinii* ist. Früher hieß es bei den Mexikanern Peyotl und wurde als Gottheit verehrt. So berichtete schon Bernardino de Sahagun; er kam 1529 als Ordensgeistlicher nach Mexiko.

Mit Mescalin hat vor allem der Schriftsteller und Kulturkritiker Aldous Huxley (1894 bis 1963) experimentiert; ihm verdanken wir eine präzise und detaillierte Beschreibung des Peyotl-Rausches (*Die Pforten der Wahrnehmung,* 1954). Im Gegensatz zum Bilsenkraut ist hier die Fähigkeit, sich zu erinnern und folgerichtig zu denken, nur wenig oder überhaupt nicht verringert. Demgegenüber verstärken sich die visuellen Eindrücke; es kommt zu anmutigen und beseeligenden *Farbräuschen.* Überhöhte Wachheit und überhöhtes Bewußtsein folgen, und schließlich verändert sich auch der Wille: »Wer Mescalin nimmt, fühlt sich nicht

174

veranlaßt, irgend etwas Bestimmtes zu tun, und findet die meisten der Zwecke, für die er zu gewöhnlichen Zeiten zu handeln und zu leiden bereit war, äußerst uninteressant«, so schreibt Huxley.

Schenk unternahm ebenfalls Mescalin-Versuche – mit einem vergleichbaren Ergebnis. Er befand sich dabei in einem Marseiller Hotel. Als der Kellner eintrat, »machte ich mir nicht die Mühe, ihn anzusehen, obwohl ich gut hätte den Kopf wenden können. Er war mir gleichgültig, so fern, nicht dazu begnadet, jemals an meinem Glück teilzuhaben«. Sehr angenehme Halluzinationen also, nach denen man wohl süchtig werden kann. Aber handelt es sich hier noch um Bewußtseinserweiterung?

Biochemische Überlegungen

Wichtiger noch ist die Frage, wie es kommt, daß bestimmte Chemikalien bestimmte Vorstellungen hervorrufen. Huxley hat, wahrscheinlich nach Rücksprache mit seinem Bruder, dem Biologen Sir Julian Huxley (von 1946 bis 1948 Generaldirektor der UNESCO) eine Theorie aufgestellt, derzufolge das Mescalin bestimmte Enzyme blockiert, nämlich diejenigen, die die Zufuhr von Glukose zu den Gehirnzellen regulieren. Das führt zu Hungerzuständen in den Gehirnzellen. Und dies wiederum soll bewirken, daß das Informationsfilter (S. 142), das nur etwa ein Prozent der insgesamt auf uns einströmenden Informationen durchläßt, schadhaft wird. Das »Reduzierventil« – so nennt Huxley das Filter – funktioniere nicht mehr bzw. könne umgangen werden. So gelangten bisher ferngehaltene, biologisch unnütze Informationen ins Gehirn; das »gestattet den Eintritt visionärer und mystischer Erlebnisse« und erzeugt Halluzinationen. Ähnlich soll die Erhöhung der Kohlendioxid-Konzentration wirken – folglich könne »lange fortgesetztes Schreien und ununterbrochenes Singen gleiche, aber weniger ausgeprägte Ergebnisse bringen« (vgl. auch die Aufzählung auf S. 166).

Manches von dieser Theorie wird auch heute noch akzeptiert; gleichwohl muß Huxley wenigstens in einem Punkt korrigiert werden. Wenn von Anreicherung von Kohlendioxid oder durch andere Mittel das Informationsfilter, das »Reduzierventil«, gestört oder zerstört wird, dann ist es viel wahrscheinlicher, daß ein »Informationsvakuum« entsteht. Dieses wird dann aufgefüllt durch solche Regungen, Empfindungen und (scheinbare) Wahrnehmungen, die *aus dem Unbewußten* ins Bewußtsein dringen – wir hatten ja schon auf S. 152 festgestellt, daß ein Mensch in einem schalltoten, verdunkelten Raum die seltsamsten Halluzinationen erfährt.

Doch auch das kann noch nicht die volle Erklärung sein, denn mit Sicherheit stammen *nicht* alle Halluzinationen aus dem (individuellen!) Unterbewußten; viele sind ganz offensichtlich bei *verschiedenen* Versuchspersonen *gleich* oder doch ähnlich: die Finsternis und der Bewegungsdrang beim Hyoscyamin oder die Farbigkeit und Gleichgültigkeit beim Mescalin. Diese Liste ließe sich noch erheblich verlängern:

- Nach Einnahme von Muscarin aus dem Fliegenpilz erscheinen die kleinsten Gegenstände ganz außerordentlich groß (Vergrößerungseffekt);
- Atropin – aus der Tollkirsche – bewirkt Redelust und ausgelassene Heiterkeit;
- Strychnin – aus der Brechnuß – schärft die Sinne; die Lichtempfindlichkeit kann bis zur Lichtscheu gesteigert werden.

Noch viel merkwürdigere Erscheinungen werden beobachtet, wenn man das giftige Fleisch des Leopard- oder des Rotkofferfisches ißt: Das Temperaturgefühl »wird auf den Kopf gestellt« – Eis fühlt sich heiß an, Heißes kalt.

Eines ist danach sicher: Nicht nur Halluzinationen, sondern auch das »normale« seelische und intellektuelle Geschehen, unser Empfinden, unser Denken und unser Erinnerungsvermögen werden durch Chemikalien (Drogen, Gifte usw.) nachdrücklich beeinflußt, verändert und sogar »umgedreht«. Sie müssen also *biochemische* Grundlagen haben. (Das hatte Sigmund Freud freilich schon in seinen *Vorlesungen zur Einführung in die Psychoanalyse* zu Beginn dieses Jahrhunderts vorausgesagt.)

Allerdings ist es nicht so, daß ein bestimmter chemischer Stoff eine einzelne ganz bestimmte Vorstellung (Halluzination, Empfindung) hervorruft; immer werden größere Bereiche der Wahrnehmung beeinflußt, wie z. B. das Tastempfinden, das Temperaturgefühl, die Vorstellung des Fliegens usw.

Eine Zeitlang glaubte man gleichwohl, streng spezifischen »Gedächtnisstoffen« auf der Spur zu sein. Man hatte Ratten darauf dressiert, das Dunkel zu meiden (Ratten sind außerordentlich gelehrig). Aus ihnen hatte man einen Stoff isoliert, der, undressierten Ratten injiziert, diese veranlaßte, ebenfalls das Dunkel zu meiden. Man nannte den Stoff Sktophobin (*skotos,* griech. = Finsternis, *phobos,* griech. = Furcht) und war der Ansicht, einen »verhaltensspezifischen Stoff« gefunden zu haben. Aber die Befunde konnten nicht bestätigt werden. So bleibt es wohl dabei, daß durch bestimmte Stoffe größere Verhaltenskomplexe, Stimmungslagen, Antriebsphänomene beeinflußbar sind.

Körpereigene Rauschmittel?

Die oben aufgestellte Liste der Stoffe umfaßt vorwiegend Gifte und Drogen (Rauschmittel), also Substanzen, die dem menschlichen Körper völlig fremd sind. Damit ist sie aber schon im Ansatz falsch, denn wir wissen, wenn auch noch nicht sehr lange, daß unser Körper selbst Substanzen herstellt, die in gleicher Weise wirken wie die köperfremden Opiate. Da ist fürs erste das *Adrenalin* zu nennen (von *ad,* lat. = bei; *renes,* lat. = Nieren; also ein Nebennierenhormon). Es beeinflußt die Pulsfrequenz, den Blutdruck und anderes mehr; zusammen mit dem (chemisch verwandten) Nor-Adrenalin, das teils gleichsinnig, teils entgegengesetzt tätig ist, *steuert* es die am *Kreislauf* beteiligten Systeme. Es ist daher *immer* gegenwärtig. In Streßsituationen oder bei anderweitiger starker Erregung kann es obendrein *vermehrt* ausgeschüttet werden. Aber das ist noch nicht die ganze Wahrheit. Man weiß nämlich, daß große Mengen von Adrenalin echte Halluzinationen zu erzeugen vermögen. Und einige seiner Abbau- beziehungsweise Zerfallsprodukte rufen Symptome hervor, die denen der Schizophrenie ähneln (Schizophrenie, von *schizo,* griech. = spalte, *phren,* griech. = Seele, ist eine Geisteskrankheit, bei der gesunde und krankhafte Empfindungen und Verhaltensweisen neben und miteinander auftreten; so erscheint die Seele »gespalten«).

Das ist für unsere Untersuchungen ein äußerst wichtiger Befund: *Körpereigene Substanzen,* die gewissermaßen zur Grundausstattung des menschlichen Körpers gehören und beständig vorhanden sind, *können Halluzinationen und ein der Schizophrenie ähnliches Verhalten auslösen?*

In den letzten Jahren ist man auf diesem Gebiet ein erhebliches Stück vorangekommen. Um das darzustellen, müssen wir allerdings ein bißchen weiter ausholen. Kehren wir noch einmal zu den körperfremden Rauschmitteln (Rauschgiften) zurück. Viele von ihnen haben ja nicht nur halluzinatorische Effekte, sondern stillen auch Schmerzen; sogenannte Opiate wie Morphium, Haschisch, Heroin und Marihuana sind die bekanntesten. Diese Substanzen können nur wirksam werden, wenn sie ganz bestimmte Stellen im Zentralnervensystem besetzen, sogenannte *Rezeptoren* (*recipere,* lat. = aufnehmen). Rezeptoren befinden sich bevorzugt an den *Synapsen;* das sind diejenigen Stellen, an denen die Äste zweier Nervenzellen miteinander verbunden sind (*syn,* griech. = zusammen, *apto,* griech. = knüpfe an). Sind diese Rezeptoren besetzt (»blockiert«), dann ist die Schmerzleitung unterbunden. Der Schmerz verschwindet, und es stellen sich Halluzinationen ein, ähnlich den oben beschriebenen.

Nun hat man sich natürlich schon lange gefragt, weshalb denn der Körper eigens Rezeptoren für Stoffe bereithält, die ihm fremd sind, das heißt, mit denen er normalerweise nie etwas zu tun hat. Die neue Lösung des Rätsels sind die sogenannten *Endorphine.* Zu ihnen gehören eben die oben genannten körpereigenen Rauschgifte. Sie wirken genau wie Morphium und ähnliche Stoffe schmerzstillend; sie erzeugen Übelkeit und Erbrechen; sie rufen Halluzinationen hervor, und sie können sogar schizophrenie-ähnliches Verhalten auslösen. Chemisch sind sie völlig anders gebaut als die körperfremden Opiate. Aber der Rezeptor, eigentlich nur für Endorphine zuständig, *verwechselt* sie mit diesen; infolgedessen wird er von Morphium und dergleichen besetzt.

Endorphin ist ein Kunstwort, zusammengesetzt aus *end* von griech. *endon* = innen, und Morphin = Morphium, d. h. aus dem Körperinneren kommendes Betäubungsmittel. Es gibt deren mehrere, eine ganze Gruppe von Stoffen: kurzkettige und langkettige. Wesentlicher Bestandteil ist ein Kettenstück aus fünf

Aminosäuren, Enkephalin genannt; daran können noch längere Ketten hängen, dann wird daraus Beta-Lipotropin. Alle zusammen bilden ein ganzes *System* schmerzlösender, halluzinogener Stoffe. Herstellungsort ist die Hypophyse, die Hirnanhangsdrüse, ein für den Hormonhaushalt eminent wichtiges Organ. Aber wozu werden sie überhaupt benötigt?

Das ist noch nicht in allen Punkten klar. Sicher ist es nicht ihre Hauptaufgabe, Schmerzen zu stillen. Vielmehr glaubt man sagen zu können, daß das komplette System der Endorphine die *psychische Balance,* wenn nicht gar *das gesamte psychische Verhalten* verantwortlich steuert. Bringt man es durcheinander, so kommt es zu seelischen Störungen. Bei Streß zum Beispiel wird die Endorphin-Produktion erhöht. Dadurch erhöht sich zugleich die Reizschwelle: Jeder hat es schon einmal erlebt, daß er in Streßsituationen, etwa bei einem Unfall, Schmerzen »gar nicht bemerkte«.

Mäuse, denen man Endorphin injizierte, zeigten nicht nur Analgesie (Schmerzunempfindlichkeit), fünfzigmal stärker als mit Morphium, sondern auch Ruhigstellung, Stumpfheit, Katatonie (Spannungszustände). Katatonie ist hier auch Symptom einer bestimmten Form der menschlichen Schizophrenie. Man kann alle diese Zustände aufheben – auch beim Menschen! –, wenn man die Gegenspieler (»Antagonisten«) der Endorphine *(und der Opiate!)* gibt: Naloxon. Es verdrängt die Opiate und die Endorphine von den Rezeptoren. Damit werden die Nerven wieder gängig für Schmerzleitung, und Halluzinationen sowie Katatonie werden beseitigt. Man vermutet daher, daß bestimmte Psychosen – das sind Geisteskrankheiten – auf einem Defekt im Endorphin-System beruhen.

(Anmerkung: Morphium, Haschisch, Heroin und Marihuana sind ja auch aus der Drogenszene bekannt. Eine Zeitlang hofften Biochemiker und Mediziner, man könne die Endorphine zur Entwöhnung von den Drogen benutzen, in der Annahme, daß der Körper durch seine eigenen Stoffe nicht süchtig werde. Leider hat sich die Hoffnung nicht erfüllt.)

Nun, dieses Buch soll weder über Geisteskrankheiten noch über die Drogenszene berichten. Aber auf der Suche nach der Magie waren wir unversehens ganz in ihre Nähe gekommen, nämlich zu den Halluzinationen, jenen sonderbaren Zuständen, in denen der Betroffene für real hält, was real gar nicht existiert, und in denen ihm magische Kräfte zugeschrieben werden (Trance!). Wir wissen nun ein bißchen mehr über Versenkung, Kontemplation, Meditation, Halluzination und Psychose – wir wissen, wie schwer es ist, hier Grenzen zu ziehen. Wir wissen nun aber auch, daß es bei diesen Zuständen ganz offensichtlich biochemisch faßbar und erklärbar zugeht, sozusagen »materiell« – auch wenn wir noch nicht alle Einzelheiten kennen. Was wir noch nicht wissen, ist eine Antwort auf die Frage: Was ist das für eine Seele, die durch simple Chemikalien, durch Materie reguliert, gesteuert und sogar zerstört werden kann? Mit diesem Manko werden wir noch eine Weile leben müssen.

Blicken wir zurück, so dürfen wir wohl feststellen, daß der zweite Teil zu Recht mit »Irrungen, Wirrungen« überschrieben wurde. Wir hatten mit Vorstellungen, Empfindungen und Gedanken zu tun, die von Menschen unter bestimmten Bedingungen als real wahrgenommen werden, obwohl ihnen das physische, das physikalisch-chemische Korrelat in der Wirklichkeit fehlt. Demgemäß haben diese Wahrnehmungen auch nur für die Betroffenen selbst »psychische Realität«, für niemand anderen sonst.

Und wo ist Magie? Wenn Magie dann stattfindet, wenn durch Gedanken oder Empfindungen oder Vorstellungen auf *übersinnliche* Weise etwas *Reales* bewirkt wird, dann haben wir keine Magie gefunden, sondern »nur« Biochemisches. Das gilt auch für einige Bewirkungen des Autogenen Trainings und gewisser Yoga-Praktiken, die das unwillkürliche, vegetative Nervensystem und die von ihm gesteuerten Funktionen beeinflussen: Atmung, Stoffwechsel, Pulsfrequenz, Blutdruck, Spannungszustände u. a. m. Ob sich dahinter dennoch Ansätze von Magie verbergen, soll erst im letzten Teil untersucht werden.

Vorher aber sollten wir noch einem anderen Gedanken nachgehen. Bisher haben wir es mit seltsamen seelischen Veränderungen zu tun gehabt, die sich hier und heute zutragen, an Menschen der Gegenwart. Andrerseits erfuhren wir, daß beispielsweise die Anfänge des Yoga schon Jahrtausende zurückliegen. Ist womöglich die Magie – oder das, was eben als Magie angesehen wird – sehr viel älter als der Okkultismus des 19. und 20. Jahrhunderts? Müssen wir nicht viel tiefer graben, bis zu dem Menschen der

Urgeschichte, zum prähistorischen Menschen, zum Menschen der Steinzeit? Seiner Magie ist der folgende (dritte) Teil gewidmet.

III
Magie der Steinzeit

Wie der Titel des dritten Teiles verrät, wollen wir den zeitgenössischen (»rezenten«) Menschen für eine Weile verlassen, denn wir müssen uns in vor- und urgeschichtliche Zeiten begeben, soweit es eben möglich ist. Um der Gefahr zu entgehen, uns dabei mangels Führung zu verlaufen und in die Irre zu gehen, sollten wir bei den einschlägigen Wissenschaften Rat holen:

- bei der Anthropologie (*anthropos,* griech. = Mensch),
- bei der Ethnologie (Völkerkunde, *ethnos,* griech. = Volk) und
- bei der Ethologie (Verhaltensforschung, *ethos,* griech. = Sitte, Brauch).

Sie sind zwar, als Naturwissenschaften, noch nicht sehr alt, aber vieles für uns Brauchbare haben sie doch schon herausgebracht.

Am einfachsten ist es, wenn wir zunächst Sir Edward B. Tylor (1832 bis 1917) befragen: Er war um die Jahrhundertwende der führende Anthropologe. Sein besonderes Interesse widmete er den *Religionen* »primitiver« Menschen und Stämme. Diese beschäftigten sich nämlich intensiv mit Träumen, Visionen, Halluzinationen, katatonischen Zuständen, auch mit Geisteskranken (diese gelten vielfach als heilig) – insofern können wir den neuen Teil ohne Mühe an den vorangegangenen anschließen. Diese Phänomene, so meinte Tylor, hätten die Menschen der frühesten Zeit sehr ernst genommen und für *real* gehalten – mit dem Ergebnis, daß sie zwischen Körper und Seele zu unterscheiden begannen. Der Körper sterbe, aber die Seele lebe nach dem Tode weiter; sie erscheine ja in Träumen und Halluzinationen. Damit gewönne sie zugleich (magischen!) Einfluß auf die Menschen.

Da nun aber auch Tiere, Pflanzen und sogar (leblose) Dinge gleicherweise in den Träumen erschienen, sich bewegten, handelten und dem Menschen nützten oder aber gefährlich wurden, müßten diese doch ebenfalls beseelt und mit übernatürlichen

Kräften ausgestattet sein. Diese » irrige, aber mit Beharrlichkeit geübte Interpretation« (so Tylor) wird allgemein als *Animismus* bezeichnet (*anima,* lat. = Seele, eigentlich Lufthauch, Atem); den Glauben an die Beseeltheit aller Dinge, den Glauben an Geister, den Glauben an Magie hielt man lange Zeit für die Urform aller Religion.

Sir James Frazer (1854 bis 1941; ebenfalls ein englischer Anthropologe) kam wenig später zu anderen Schlüssen. In seinem berühmten Standardwerk *Der goldene Zweig* (1913–1915–1928) konnte er nachweisen, daß der Animismus durchaus nicht der einzige und nicht einmal der dominierende Glaube in »primitiven« Kulturen ist. Der »primitive« Mensch war keineswegs nur in Religion und Mystizismus befangen; er wußte sehr wohl das Sakrale und das Profane auseinanderzuhalten (*sacer,* lat. = heilig; *pro* = vor, *fanum* = Tempel; profan bedeutet also vor dem Tempel, nicht heilig).

Begabt mit einem ausgesprochenen Sinn für die Realitäten, trachtete der »Primitive« die Vorgänge in der Natur *zu seinem* Vorteil unter seine *Kontrolle* zu bringen. Dazu benutzte er Riten und Zauber; er versuchte also, mit Magie (er will ja damit etwas *bewirken!)* Wind und Wetter, Pflanzen und Tiere unter seinen Willen zu zwingen. »Erst viel später, wenn er die Grenzen seiner Zaubermacht erkennt, ruft er in Angst oder Hoffnung, bittend oder herausfordernd, höhere Wesen an: Dämonen, Götter.« So Frazer. Danach wäre die Religion erst lange nach der Magie entstanden, und die Magie selbst gäbe sich als Verwandte der (Natur-)Wissenschaft zu erkennen.

Magie contra Wissenschaft

Aber auch damit ist die neueste Forschung nicht mehr einverstanden. Ihr wichtigster Vertreter ist Bronislaw Malinowski (1884 bis 1942). Geboren in Krakau, wurde er zunächst Schüler des großen Völkerpsychologen Wilhelm Wundt in Leipzig, später Frazers Schüler und Nachfolger. Er begründete die moderne ethnographische »Feldforschung«, die an Ort und Stelle das Verhalten

»primitiver« Menschen studiert und analysiert. Für Frazer gibt es keinerlei Verwandtschaft zwischen Wissenschaft und Magie, sondern nur *Unterschiede:* »Wissenschaft entsteht aus Erfahrung, Magie erwächst aus der Tradition. Wissenschaft wird durch den Verstand geleitet und durch Beobachtung korrigiert, Magie existiert, beiden unzugänglich in einer mystischen Atmosphäre« (Mystik vom griechischen *myein* = die Augen schließen). »Wissenschaft ist offen, Magie ist okkult. [. . .] [sie] entsteht aus der Vorstellung von einer mystischen, unpersönlichen Macht.«

Diese Macht bringt alle Tätigkeiten in Gang, verursacht alle wichtigen Vorgänge. Sie begegnet uns in den Vorstellungen vieler primitiver Stämme der ganzen Welt, wenn auch unter verschiedenen Namen: *mana* bei melanesischen Stämmen, *wakan, orende* und *maritu* bei Indianern, *arunquiltha* bei Australiern, anderswo ohne Namen. »So ist mana und nicht der Animismus das Wesentliche der ›präanimistischen‹ Religion, und mana ist auch das Wesentliche der Magie, die damit also völlig verschieden von der Wissenschaft ist.« Soweit Malinowski.

Sicherlich drängt sich Ihnen schon lange eine Frage auf die Lippen: Was soll uns die Religion der »Primitiven«, und wozu sollen wir uns mit den Irrtümern Tylors und Frazers befassen? Nun, wir sind davon ausgegangen, daß Magie womöglich eine uralte Sache ist, die schon in der Steinzeit praktiziert wurde (ja, die vielleicht schon im Tierreich zu finden ist, s. S. 228). Wenn man sie verstehen will, muß man auch nach ihren Wurzeln forschen. Weil wir aber über Steinzeitmenschen nur sehr indirekt Informationen sammeln können, z. B. aus alten Feuerstätten, Knochen- und Steinfunden, Grabbeigaben und dergleichen, so zieht es die Anthropologen immer wieder zu den heute noch lebenden »Ursprünglichen«, zu den »Steinzeit-Menschen« – eben den sogenannten »primitiven« Stämmen Ozeaniens, Australiens, Neuseelands, Amerikas.

Hier muß unverzüglich eine weitverbreitete vorgefaßte Meinung korrigiert werden: Die »Ursprünglichen« sind nicht (immer) primitiv, nicht (immer) einfach und nicht (immer) verschieden von den » hochentwickelten« Formen. Der »Primitive« ist gar nicht primitiv, sondern bereits hoch differenziert! Insofern ist es denn auch rechtens, wenn wir die Ursprünge der Magie bei den

»modernen Steinzeit-Menschen« suchen; sollten wir sie dort finden, werden wir bei uns modernen Neuzeitlern auch noch Reste davon entdecken können.

Und die Frage nach den Irrtümern Tylors und Frazers? Sie sind als Mahnung zur Vorsicht gedacht. Aus guten Gründen, denn diese Irrtümer werden vielfach noch beibehalten. Es ist sehr seltsam, wenn man feststellen muß, daß in vielen bedeutenden Werken längst überholte Vorstellungen auftauchen, sei es die vom Animismus als ältester Religionsform, sei es *vor allem* die Auffassung, daß die *animistische* Phase von der *religiösen,* diese wiederum von der *wissenschaftlichen* abgelöst wird (so noch Freud 1913 in *Totem und Tabu*).

Das Gegenteil ist richtig – Wissenschaft und Magie haben *immer gleichzeitig und nebeneinander* bestanden. Wenn wir das beweisen können, dann bietet sich uns ein Schlüssel zum Verständnis der Magie, wie sie die Anthropologen verstehen, aber auch der Magie unserer Definition.

Um diese trockene, theoretische Behauptung lebendig und anschaulich zu machen, wollen wir Dr. Malinowski in sein Arbeitsgebiet folgen: nach Ost-Neuguinea (heute Papua-Niugini) und den umliegenden Archipelen, vor allem nach den Trobriand-Inseln, nördlich des Archipels von Neuguinea, wo malaische und papua-melanesische Stämme leben. Es sind erfahrene Fischer, Handwerker und Händler, und sie betreiben Ackerbau. Vor allem aber: Sie stehen in dem Ruf, von Magie geradezu besessen zu sein.

Die natürlichen Bedingungen für die Landwirtschaft – Wetter und Boden – sind auf den Trobriand-Inseln besonders günstig. Gleichwohl erfordert sie recht genaue Kenntnisse der Bodenverhältnisse, der angebauten Pflanzen usw. Und sie erfordert auch durchaus präzise und harte Arbeit: Gestrüpp roden und brennen, Sämlinge heranziehen, aussuchen und setzen, einen Zeitplan aufstellen, befolgen und notfalls abändern und dergleichen mehr.

Bei diesen Tätigkeiten gibt es *überall Magie,* werden Rituale ausgeübt oder zelebriert, nach einer genau festgelegten Folge, die sich über das ganze Jahr hin erstreckt. Geleitet werden Pflanzarbeit *und* Magie vom Zauberer. Und so könnte man meinen, daß hier sakrales und profanes Verhalten eben doch *gemischt* auftreten. Aber das stimmt nicht. Der Eingeborene – und sein Zauberer – wissen sehr wohl, wo sie Wissen und Verstand brauchen, und wo sie die Magie um Hilfe rufen müssen. »Wenn die Einzäunung niedergebrochen ist, wenn die Saat vernichtet, vertrocknet oder weggeschwemmt worden ist, nimmt er nicht bei der Magie seine Zuflucht, sondern bei seiner Arbeit, geleitet von seinem Wissen und seinem Verstand.« Aber wenn eine Mißernte bevorsteht oder wenn ihm Mißgeschick widerfährt, das er mit seinem Wissen und Können nicht zu beeinflussen vermag, dann – *und nur dann* – wendet er Magie an.

Diese saubere Trennung zwischen Arbeit und Ritual ist auch im sozialen Bereich zu erkennen. Jedes Zauber-Ritual hat einen bestimmten Namen und wird an bestimmter Stelle zu einem bestimmten Zeitpunkt vorgenommen. Während dieser Zeit verbietet der Zauberer jegliche Arbeit. Andererseits leitet er die Pflanzenarbeit, hält Reden und treibt die Arbeiter an – ohne jede Magie. Und jeder Eingeborene wird ohne Zögern sagen, wann der »Meister« als Magier oder als Leiter der Pflanzarbeiten handelt.

Ähnlich geht es beim Fischfang zu. Das Fischen in der Lagune ist einfach, leicht und ohne Gefahren. Hier kann sich der Eingeborene fest auf seine Kenntnisse und auf seine Geschicklichkeit verlassen. Anders, wenn er zum Fischen aufs freie Meer hinaus muß. Zwar verfügen die Eingeborenen über exakte Kenntnisse beim Kanubau: Material, Technik, die Gesetze der Stabilität und der Hydrodynamik sind wohlbekannt. Auch haben sie ein ganzes System von Segel-Richtlinien und geradezu eine seemännische Fachsprache – zweifellos eine Art Naturwissenschaft. Dennoch: Im freien Meer gibt es unberechenbare Strömungen, unbekannte Riffe, plötzliche Stürme und anderes mehr. Um ihnen nicht hilflos ausgeliefert zu sein, wird schon vor Antritt der Fahrt ein umfangreiches Ritual absolviert; es soll schützen und zugleich einen guten Ertrag sichern. (Das sollte uns daran erinnern, daß Seeleute immer abergläubisch waren und es bis zum heutigen Tage noch sind – und daß sie vielerlei Seemannsgarn spinnen.)

Gesundheit und Tod – weiße und schwarze Magie

Besonders deutlich wird das Nebeneinander von natürlichen und übernatürlichen Ursachen bei Gesundheit und Tod. Für den Melanesier ist Gesundheit etwas Selbstverständliches; er hält sie für den Zustand natürlicher Ordnung. Dieser Zustand kann demzufolge aus natürlichen Ursachen gestört werden: durch Gift, durch Verwundung, durch einen Sturz oder durch Altern, und man wird versuchen, ihn durch natürliche Heilmittel wie Umschläge, Massagen, Wärmeanwendung oder Tränke wieder herzustellen.

Dennoch werden viele Fälle von Krankheit und Tod der Einwirkung von Magie zugeschrieben. Dabei ist wohl zu beachten, was Malinowski so beschreibt: » Je näher ein Fall eine Person angeht, um so weniger ›natürlich‹ und um so mehr ›magisch‹ wird sie ihn ansehen. So wird ein sehr alter Mann, dessen bevorstehender Tod von den Mitgliedern der Gemeinschaft für natürlich gehalten wird, nur vor Zauberei Angst haben und nie an sein natürliches Schicksal denken. Ein Kranker wird in *seinem* Fall Zauberei feststellen, während *alle anderen* von zuviel Betel, Völlerei oder anderen Maßlosigkeiten sprechen.« Mit anderen Worten: Magie ist eine Angelegenheit des »Betroffenseins« oder, noch besser ausgedrückt: Je schlechter es einem Eingeborenen geht, desto mehr sucht er die Magie, a) als Ursache seiner Leiden, b) als Hilfe für seine Leiden. (Dazu fällt mir immer das Wort Kurt Tucholskys ein: »Der Mensch hat zwei Überzeugungen; eine, wenn es ihm gut geht, und eine, wenn es ihm schlecht geht. Letzteres nennt man Religion.« Man braucht in unserem Falle in der Tat bloß Magie statt Religion zu sagen . . .)

Halten wir also gleich fest, daß die Magie mindestens zwei Aufgaben oder Ziele hat:

erstens das Abwenden von Unheil und das Vermeiden oder die Bewältigung von Angst,

zweitens das Herbeiführen erfreulicher Zustände, als da sind reiche Ernte, reiche Beute, Gesundheit oder Gesundung, glückliche Heimkehr und, nicht zuletzt, Liebe. Beide Aufgaben zu bewältigen ist Sache der sogenannten *weißen* Magie.

Andererseits glaubt ein Kranker, daß er durch Magie krank

geworden ist. Also wurde ihm etwas Böses angetan und zwar durch böse = *schwarze* Magie: sie führt Unglück herbei (»Anhexen«) und bringt Schaden auf einen Feind. Das aber kann nur durch Gegenzauber geändert werden.

Das Verhältnis der Melanesier und wohl auch vieler anderer »Steinzeitmenschen« läßt sich danach leicht kennzeichnen: der »Primitive« weiß, daß eine Pflanze nicht nur durch Magie wächst, daß das Kanu nicht fährt, wenn es falsch gebaut ist, daß er arbeiten und notfalls auch kämpfen muß. Er verläßt sich also niemals *allein* auf die Magie. Aber, wenn er einsehen muß, daß sein Wissen unzulänglich ist, wenn er fühlt, daß er nicht alle Gewalten der Natur im Griff hat, wenn ihn die Angst zu überwältigen droht – dann ruft er die Magie zu Hilfe.

Zauber und Ritual

Wie wird nun eigentlich solche Magie praktiziert? Man sollte meinen, da sei alles ungemein farbig und ungemein geheimnisvoll. Das trifft wohl zu, doch es gilt allenfalls für einen Teil der praktischen Magie, für die Gemeinschaftsrituale. Da gibt es in der Tat farbige, vielgestaltige und geheimnisvolle Veranstaltungen: Fruchtbarkeitstänze, Regentänze, Kriegstänze, Erntefesttänze, religiöse Tänze, Mannbarkeitstänze usw. Sie werden immer nach strengen Regeln durchgeführt, mit buntem Kopf- und Körperschmuck, Bemalung, Bewaffnung und dergleichen.

Demgegenüber ist der Zauber(spruch), die Beschwörung, ausgesprochen monoton und langweilig, aufs engste begrenzt in der Wirkungsmöglichkeit. »Wenn man eine spezielle Beschwörung untersucht, wird man alle Handlungen des Stammes kennen« (Malinowski; ich habe den Satz etwas verkürzt, ohne den Sinn zu verändern). *Ritual* und *Zauber* sollten allein schon aus diesem Grunde sorgfältig auseinandergehalten werden. Aber es gibt noch einen zweiten, wichtigeren Grund: Ein Ritual ist immer eine *Angelegenheit der Gemeinschaft*. Selbst wenn es der »Primitive« für sich allein vollzieht, weiß er doch, daß seine Stammesgenossen das gleiche tun, in derselben Situation und z.T. sogar zur gleichen Zeit (was auch für manche Gebete gilt). Mehr noch,

191

Ritual *schafft* (unter anderem) *Gemeinsamkeit* – mehr darüber weiter unten.

Gezaubert wird dagegen vom Zauberer für einen einzelnen, um dessen spezielle Wünsche zu erfüllen. Der Zauber ist immer eine *private* Angelegenheit zwischen dem Zauberer und seinem »Kunden«. Daran wird auch nichts geändert, wenn bei der Durchführung der Beschwörung, z. B. einer Heilung, andere anwesend sind, vielleicht sogar der ganze Stamm.

Nehmen wir den einfachen Fall eines Jagdzaubers. Wichtigster Teil ist, wie überall, der Zauber*spruch,* die Zauber*formel* (womit der formale Charakter angedeutet werden soll). Er lautet etwa: »Flieg voran, mein Speer, wie ein Meteor am Himmel.« Dabei wird meist nicht das Alltagswort »Speer« gesagt, sondern eine besondere Bezeichnung, die magischen Charakter hat. Diese Worte spricht der Zauberer laut und emphatisch, ja geradezu emotional aufgeladen aus. Gleichzeitig führt er entsprechende theatralische Bewegungen aus: das Werfen des Speers, sein Fliegen; vielleicht »spielt« er sogar den Erfolg, nämlich das Todesröcheln des getroffenen Tieres (»Die Handlung nimmt ihr Resultat vorweg« – Malinowski; »Der Ritus imitiert sein Ziel« – Frazer).

Wenn einem Feinde Schaden zugefügt werden soll (schwarze Magie), so muß noch etwas Wesentliches hinzukommen: eine Speerspitze, ein spitzer Knochen, ein Stock oder der Stachel eines Tieres wird gegen den Feind gehalten oder geworfen. Das aber muß von einem heftigen Ausbruch von Wut und Haß begleitet sein – der Zauberer ahmt den emotionalen Zustand seines Auftraggebers nach.

Das sieht alles sehr unbestimmt aus und hat scheinbar den Charakter des Zufälligen. In Wirklichkeit aber ist es ein außerordentlich fester Ritus, der unter allen Umständen peinlich genau einzuhalten ist. Schon die Formel muß im genauen Wortlaut und in der richtigen Betonung gebraucht werden; Abweichungen oder Auslassungen sind nicht erlaubt, weil sie den Zauber ohnmächtig machen würden. Gleiches gilt für die Bewegungen – mit einer Ausnahme: Je heftiger die Emotion ausgedrückt wird, desto sicherer erreicht der Zauber sein Ziel.

Manche Zauberriten sind viel einfacher, gewissermaßen als unmittelbare Anwendung der magischen Kraft, so wenn sich der

Zauberer lediglich erhebt, um Wind herbeizuzaubern, oder wenn er einen Gegenstand mit besonderen Kräften versieht. Doch auch hier geht es nicht ohne Zauberspruch, oftmals verstärkt von akustischen Veranstaltungen wie Pfeifen der Winde, Tierstimmen, Donnergeräusche und anderes mehr.

Wenn der Zauberer als *Arzt* agiert, dann beschreibt er im Zauberspruch – ganz den bisher angeführten Beispielen entsprechend – alle Symptome der Krankheit, oder – bei schwarzer Magie – das Ende seines Opfers in allen Einzelheiten.

Es ist klar, daß ein gewöhnlicher Stammesangehöriger all diese Handlungen weder ausführen kann noch darf – das ist ausschließlich Sache des Zauberers (oder seines asiatischen Bruders, des Schamanen). Der hat es gelernt, von seinen Vorfahren übernommen; er trägt auch die volle Verantwortung. Und das ist keinesfalls leicht. Bei manchen Stämmen sind die Bräuche so streng, daß die geringste Abweichung von der überkommenen Zauberformel, von den begleitenden Gebärden, dem Zauberer den Tod bringen kann, den *Tod aus übernatürlichen Ursachen*. Gleiches hat er zu erwarten, wenn er selbst bestimmte Vorschriften außer acht läßt – er darf nämlich bestimmte Lebensmittel nicht essen, bestimmte »unreine« Handlungen nicht ausüben, muß sich sexueller Ausschweifung enthalten usw. Das sind nun freilich schon Verbote; damit greifen wir dem nächsten Kapitel vor – denn solche Verbote oder Tabus gehören zu den Gemeinschafts-Ritualen.

Soviel müssen wir aber schon hier zur Kenntnis nehmen: Das Leben des Zauberers ist mehr als das der übrigen Stammesgenossen von Geboten und Verboten umgeben. Er lebt wirklich gefährlich, denn wenn ein Zauber nicht gelingt, dann werden seine Kunden glauben, er habe die Vorschriften nicht eingehalten und werde daran sterben. (Allerdings kann der Zauberer dann darauf hinweisen, daß ein Gegenzauber am Werke war, stärker als sein eigener; folglich mußte dieser wirkungslos bleiben.) Die »Tabus« machen aber zugleich seinen Ruf aus, zusammen mit seinen Erfolgen, seinem Mut, seiner Kraft. Er ist eine hervorragende Persönlichkeit.

Nun zu den *Gemeinschaftsritualen*. Wir hatten in den Tänzen schon einige kennengelernt, farbig und eindrucksvoll, wenn auch nicht immer abwechslungsreich. Wichtiger als diese »Gebote« sind zweifellos gewisse *Verbote,* die man unter dem Stichwort Tabu zusammenfaßt.

Tabu I: Heilig und unrein

Als Kapitän Cook 1771 die Freundschafts-Inseln entdeckte, notierte er beim Stamm der Tonga das Wort Tabu als Ausdruck für eine ganze Reihe von Verboten: bestimmte Personen oder Dinge durften nicht berührt, bestimmte Speisen nicht gegessen, bestimmte Handlungen nicht oder nur unter besonderen Einschränkungen ausgeführt werden und dergleichen mehr. Alle diese Personen, Dinge oder Tätigkeiten werden von der Polynesiern *tabu* genannt (später, als die Tonga die Alphabet-Schrift übernahmen, schrieben sie es *tapu* oder *kapu*). Cook konnte über die Tabus keine näheren Aufschlüsse erlangen. Sie existierten eben, wurden befolgt, ohne nach dem Warum zu fragen, hatten rituellen Charakter und waren im übrigen ziemlich rätselhaft.

Das Wort *tabu* (oder *tapu*) ist polynesischen Ursprungs. Aber Verbote dieser oder ähnlicher Art und Bedeutung sind viel weiter verbreitet. Wir finden sie auf Samoa, auf den Trobriand-Inseln, in ganz Melanesien, in Australien, auf Madagaskar, in Rhodesien, in Amerika, selbst in der arabisch sprechenden Welt (unter dem Namen *haram*).

Wir Heutigen gebrauchen das Wort *tabu* ebenfalls, wenn auch in einer sehr wenig strengen Art: wenn wir sagen, etwas sei tabu, so meinen wir meist, daß ein bestimmtes Gesprächsthema nicht angeschnitten, nicht »berührt« werden sollte. Aber dann handelt es sich nicht um ein striktes Verbot, das mit schwerer Strafe belegt wird, sondern um eine eher lockere gesellschaftliche Übereinkunft. Meist gilt es nur für bestimmte Schichten unserer Gesellschaft, während es von anderen Schichten und von Randgruppen als »alter Zopf« abgetan und achtlos übergangen wird. Wenn es bei uns jemals strenge Tabus gegeben hat, so sind sie heute ziemlich »degeneriert«. Bei den »Primitiven« indessen wird ein Tabu außerordentlich rigoros gehandhabt, und nicht selten straft man (oder straft sich, siehe weiter unten) seine Übertretung mit dem Tode, dem »magischen Tod«. Und nun wird es wirklich bitterernst.

Wenn wir als erstes erfragen, was denn alles tabu, also verboten ist, machen wir eine merkwürdige Entdeckung. Tabu hat nämlich eine ganz ungewöhnliche *Doppel*bedeutung: es heißt einerseits »heilig, geweiht« (das entspricht dem lateinischen *sacer,* dem griechischen *hagios* und dem hebräischen *kodausch*), andererseits heißt es »unheimlich, gefährlich, unrein«. Wollte man die Doppelbedeutung in einen Begriff zusammenfassen, so müßte man (mit Freud) »heilige Scheu« sagen, oder »unberührbar« – *unberührbar, weil heilig, unberührbar, weil unrein.*

Die Tabus – es gibt deren viele – werden, wie wir erfuhren, sehr ernst genommen. Aber es sind weder *religiöse* noch *moralische* Verbote; sie beziehen sich also nicht auf Gott: »Die Tabuverbote entbehren jeder Begründung; sie sind unbekannter Herkunft; für uns unverständlich, erscheinen sie jenen selbstverständlich, die unter ihrer Herrschaft stehen« (Freud). Und der große Psychologe und Philosoph Wilhelm Wundt (1832 bis 1920) nennt in seiner Völkerpsychologie das Tabu *den ältesten ungeschriebenen Gesetzeskodex der Menschheit.*

Nun wissen wir zwar immer noch nicht, was alles tabu ist, aber das Gehörte klingt doch einigermaßen verständlich und einfach. In Wirklichkeit sind die Tabus viel komplizierter. Tabu sind Personen oder Dinge; Tabu ist die Art der Beschränkung, und Tabu ist die Heiligkeit und zugleich die Unreinheit, die aus der Verletzung des Tabus (der Heiligkeit!) hervorgeht. Das heißt, wer ein Tabu gebrochen hat, wird selbst tabu. Obendrein gibt es natürliche und übertragene Tabus – aber das fördert unser Verständnis einstweilen nur wenig.

Vielleicht kommen wir dem rätselhaften Tabu näher, wenn wir nach Zweck und Ziel der Tabus fragen? Auch hier gibt es ein großes Vielerlei. Tabu dient

- dem Schutz bedeutender Personen: dem Häuptling, dem Priester, einem sakralen Gegenstand;
- dem Schutz der Schwachen: Kindern, Frauen (besonders während der Menstruation);
- dem Schutz gegen Gefahren, die von Leichen, von gewissen Speisen usw. ausgehen;

- dem Schutz gegen Störung wichtiger Lebensvorgänge: der Geburt, der Männerweihe, der Heirat, sexueller Betätigung;
- dem Schutz gegen die Macht und den Zorn der Götter und Dämonen.

Alle diese Tabus haben eines gemeinsam: sie sollen also schützen, und zwar durch *Verbote,* also durch *Einschränkungen,* denen die Eingeborenen unterworfen sind bzw. denen sie sich freiwillig unterwerfen. Wer sie verletzt, verletzt die Gruppe, die Gesellschaft. Dafür wird er bestraft. Ursprünglich rächte sich das verletzte Tabu selbst, sozusagen mit einer automatischen Bestrafung. In anderen Fällen übernimmt die Gesellschaft die Bestrafung. Aber es gab – *und gibt* – zuverlässige Berichte, daß ein Missetäter, der, ohne es zu wissen, von einem verbotenen Tier (oder von der übriggebliebenen Speise des Häuptlings) gegessen hat, tief erschüttert wird, wenn er erfährt, daß er ein Tabu übertreten hat. Er erwartet ergeben seinen Tod und stirbt tatsächlich meist noch am selben Tage.

(Tabu-Verletzungen werden nicht immer mit dem Tode geahndet. Sie können auch durch rituale Handlungen, z. B. Waschungen, repariert werden.)

Das ist für unsere Suche nach der »bewirkenden« Magie äußerst wichtig. Daß eine bloße *psychische Vorstellung* (nämlich daß ein Tabu verletzt und somit der Tod zu erwarten sei) bei den »Primitiven« wirklich zum Tode führen kann, zu der eklatantesten *physiologischen Veränderung,* die wir kennen – das ist nicht nur erstaunlich, sondern das ist Magie auch im modernen Sinne, so wie wir sie versuchsweise auf S. 152 definiert hatten. Allerdings gibt es bislang keinerlei Hinweise dafür, daß Übersinnliches, daß Psi-Kräfte am Werk sind.

Man wende nicht ein, daß solches doch gar nicht (mehr) vorkomme. Bei den »Primitiven« ereignet sich dergleichen auch heute noch – so z. B. im Voodoo (auch Wudu-)Kult, wie er bis in die Gegenwart in Haiti praktiziert wird.

(Anmerkung: Voodoo entwickelte sich bei den afrikanischen Sklaven auf der Insel; der Kult ist eine besondere Art afrikanischer »magischer Religion«, mit Zaubersprüchen, Verfluchungen, lebenden Toten (»Zombies«) und anderen – allerdings sind damit nicht die Voodoo-Schauspiele gemeint, die für Touristen veranstaltet werden. Und auch die Zombies, die uns die neueste Film-Mode anbietet, haben hier nichts zu suchen.)

Unvermerkt sind wir schon einige Male hin- und hergependelt zwischen den »Steinzeitmenschen« und den Neuzeitlern, weil sich Parallelen geradezu anbieten. Und da wir mehrfach Sigmund Freud zitierten, wird es uns nicht wundernehmen, wenn wir bei uns Gegenstücke zur »bewirkenden Magie« finden. Zwar führen uns Vorstellungen, Gedanken oder Gefühle nicht gerade zum Tode, aber doch manchmal zu schwerer und schwerster Krankheit. Das wissen wir, seitdem Psychoanalyse geübt wird. Und eine ganz moderne Wissenschaft, die Psychosomatik, befaßt sich sogar von Amts wegen damit (*psyche* griech. = Seele, *soma* griech. = Körper; darüber auf S. 215 ff.).

Gleichwohl ist uns immer noch nicht eindeutig klar, was *tabu* ist und bedeutet. Aber wir können immerhin mit Freud vorläufig wie folgt zusammenfassen: »Es handelt sich also um eine Reihe von Einschränkungen, denen sich diese primitiven Völker unterwerfen; dies und jenes ist verboten, sie wissen nicht warum, es fällt ihnen auch nicht ein, danach zu fragen, sondern sie unterwerfen sich ihnen wie selbstverständlich und sind überzeugt, daß eine Übertretung sich von selbst auf die härteste Weise strafen wird. Es liegen zuverlässige Berichte vor, daß die unwissentliche Übertretung eines solchen Verbotes sich tatsächlich automatisch bestraft hat.«

Tabu II: Glaube und Neurose

Etwas tiefer in die Geheimnisse der Tabus können wir eindringen, wenn wir uns ihre *Funktion* noch einmal genau ansehen. Auf S. 196 hatten wir festgestellt, daß Tabus *schützen* sollen. Aber das ist offensichtlich noch nicht alles. Tabus haben nämlich mehrere Aufgaben (die freilich mit der Schutzfunktion zusammenhängen dürften):
1. Angst zu bewältigen,
2. Vertrauen zu schaffen,
3. Gemeinschaft herzustellen,
4. Glauben herbeizuführen.

Zu 4 ist es vielleicht richtiger zu sagen, Tabus dienen (auch) der *Einübung* von Glauben, und zwar schon in der Kindheit der Eingeborenen. Sollte dies (einer) der Schlüssel sein für den »Willen zum Glauben« (Ernst Stuhlinger, NASA-Direktor in Huntsville), für das »Urbedürfnis zu glauben« (Joachim Illies, Professor am Max-Planck-Institut in Schlitz/Hessen) und für jene Glaubensbereitschaft, die wir so oft bei UFOlogen, Bermuda-Fans und Geller-Anhängern bemerkt haben? Jedenfalls ist dieser Glaube für das Verständnis aller Magie wichtig, und wir werden – später – auch dieser Kernfrage nachgehen müssen. Aber zuvor haben wir noch die Tabus abschließend zu behandeln.

Es war Sigmund Freud, der als erster auf die große Ähnlichkeit hinwies, die zwischen den sogenannten Zwangskrankheiten (Zwangsneurosen) und den Tabus besteht. Zwangskranke sind nervös Kranke, neurotisch Kranke (keine Geisteskranken!), die sich in ihren Handlungen gewisse Verbote auferlegen. Solche Fälle kennt die Psychoanalyse zu Hauf, und sie vermag viele davon zu heilen. Hier zunächst ein Beispiel für ein Zwangsverbot: »Die Patientin verlangt, daß ein Gebrauchsgegenstand, den ihr Mann vom Einkauf nach Hause gebracht hat, entfernt werde, er würde sonst den Raum, in dem sie wohnt, unmöglich machen. Denn sie hat gehört, daß dieser Gegenstand in einem Laden gekauft wurde, welcher in der – sagen wir – Hirschgasse liegt. Aber Hirsch ist heute der Name einer Freundin, die in einer fernen Stadt lebt und die sie in ihrer Jugend unter ihrem Mädchennamen gekannt hat. Diese Freundin ist ihr heute »unmöglich«, tabu, und der in Wien gekaufte Gegenstand ist ebenso tabu wie die Freundin selbst, mit der sie nicht in Berührung kommen will.«

Ein solches Zwangsverbot bringt immer einen erheblichen Verzicht und eine Einschränkung des Lebens mit sich – genau wie die Tabu-Verbote. Er erscheint zunächst unmotiviert und *unerklärlich,* ebenfalls wie die Tabu-Verbote. (Erst die Psychoanalyse legt die eigentlichen Ursachen bloß, siehe weiter unten.) Eine weitere Übereinstimmung liegt darin, daß Verbote *übertragen* (verschoben) werden können: Bei der Patientin von der Freundin Hirsch auf die Hirschgasse und von dieser auf den dort gekauften Gegenstand. Etwas ganz Analoges berichtet Frazer: »Ein Maorihäuptling wird kein Feuer mit seinem Atem anfachen, denn sein heiliger Atem würde seine Kraft dem Feuer mitteilen, dieses dem Topf, der im Feuer steht, der Topf der Speise, die in ihm gekocht wird, die Speise der Person, die von ihr ißt, und so müßte die Person sterben, die gegessen von der Speise, die gekocht in dem Topf, der gestanden in dem Feuer, in das geblasen der Häuptling mit seinem heiligen und gefährlichen Hauch.«

Und noch eine Übereinstimmung zwischen Zwangsneurose und Tabu ist erkennbar: Ein Teil der Zwangsverbote kann aufgehoben werden, indem der Kranke gewisse Zwangshandlungen ausführt, gewissermaßen als Buße und Reinigung (sehr häufig: Waschzwang). Entsprechendes gibt es bei manchen Tabus. Nicht alle Tabu-Verletzungen werden ja mit dem Tode bestraft; bei manchen kann die Verletzung des Verbotes durch zeremonielle Handlungen, rituale Waschungen und dergleichen »gesühnt« werden; der Gesetzesvertreter legt sich sozusagen selbst neue Gebote und Zwänge auf, um wiedergutzumachen.

Die Psychoanalyse lehrt uns, daß der Kern der Zwangsneurosen (wie der Neurosen überhaupt) in der *Ambivalenz* der Gefühle und Wünsche liegt (*ambo,* lat. = beide, *valere,* lat. = gelten; gemeint ist – nach Bleuler – das Nebeneinander zweier gegensätzlicher Affekte, z. B. Haß *und* Liebe). Ganz zu Anfang, meist in ganz früher Kindheit, bestand eine starke Berührungs*lust* (oft auf die Genitalien bezogen). Sie zog alsbald ein heftiges *Verbot* nach sich – meist vom Vater oder der Mutter als Bezugsperson ausgesprochen. Das gäbe eine Erklärung für manche Tabu-Verbote ab, aber das letzte Wort kann es noch nicht sein.

Freilich, wenn die von Freud herausgestellte Parallelität zwischen Tabus und Neurosen nicht bloß zufällig ist, dann brauchen wir weder die »Primitiven« noch die Neurotiker über die Entstehung der Tabus zu befragen: Die »Primitiven« wissen es nicht, weil die Tabus uralt sind, älter als die Menschen denken können; sie haben »schon immer« bestanden. Und die Neurotiker wissen es auch nicht (mehr), weil sie die Gründe ins Unterbewußtsein verdrängt haben (erst mit Hilfe der Psychotherapie können sie wieder bewußt gemacht werden). Ein Weg bleibt uns noch offen, nämlich die Anthropologen, die Ethnologen und vor allem die Psychoanalytiker zu fragen, und zwar nach dem ältesten, macht-

und bedeutungsvollsten aller Tabus, nach dem *Totem* und seiner Ausübung, dem Totemismus.

Totem – späte Verehrung und frühe Mordgedanken

Seit Sigmund Freuds weltberühmtem Buch *Totem und Tabu* (1913 erschienen) werden beide Phänomen gewöhnlich in einem Atemzuge genannt – sicherlich nicht ganz zu Unrecht, aber der Totemismus ist doch eigentlich nur eine sehr frühe spezielle Ausprägung dessen, was später als Tabu verallgemeinert wurde. Das Wort Totem stammt aus dem Sprachschatz der nordamerikanischen Odschibwä-Indianer (englisch *Ojibway,* amerikanisch *Chippeway*). Ursprünglich lautete es *ototeman* – was soviel bedeutet wie Geschwisterverwandtschaft.

Das Totem ist in aller Regel ein Tier (seltener eine Pflanze oder ein Stein). Zwischen ihm und einer *Gruppe von Menschen* (also nicht dem einzelnen wie bei den Zaubersprüchen!) bestehen geheimnisvolle Beziehungen magischer und zugleich sozialer Art:

- Alle Angehörigen einer Totem-Gruppe, eines Totem-Stammes, glauben, gemeinsam vom Totem abzustammen (daher »Geschwisterverwandtschaft«, obgleich sie biologisch gar nicht existiert);
- kein Angehöriger einer Totem-Gruppe kann sein Totem und damit seinen »Clan« wechseln;
- das Totem genießt höchste Verehrung – und nun kommen zwei ganz merkwürdige *Verbote* (Tabus?):
- es ist verboten, das Totem-Tier zu töten und zu essen,
- es ist verboten, daß Angehörige einer Totem-Gruppe einander heiraten. Das gilt als *Inzest* (lat. *incestus* = unrein(!), frevelhaft, blutschänderisch, also Geschlechtsverkehr zwischen Eltern und Kindern oder zwischen Geschwistern).

Das Inzest-Verbot gehört unweigerlich zum Totem – zur großen Verwunderung und zum Ärgernis der Ethnologen. Meist wird das Inzest-Verbot positiv umformuliert zur *Exogamie* (*exo,* griech. = außen, *gamos,* griech. = Ehe), also zum Gebot der Außenheirat; der Heirat in einen anderen Totem-›Clan‹.

- Wer auch nur eines der Verbote übertritt, muß und wird sterben.

Was die Verbreitung angeht, so ist auch der Totemismus, wie die Tabus, überall dort zu finden, wo es noch »lebende Steinzeitmenschen« gibt: In Melanesien und Polynesien, Indien, Afrika (sporadisch), Amerika und Australien (die australischen Formen des Totemismus dienten Freud als Grundlage für seine Theorie).

Was aber das Verständnis des Totemismus so sehr erschwert, ist die strenge Koppelung des Verbotes, das Totemtier zu töten und zu essen, mit dem Inzestverbot. An dieser Koppelung sind bisher alle Theorien gescheitert, ausgenommen Freuds psychoanalytische. Was besagt sie? Sie geht erstens davon aus, daß das *Totemtier Vater-Ersatz* ist. Diese »Verschiebung« oder »Übertragung« hat sich oft genug nachweisen lassen, und sie spielt auch in Neurosen unserer Zeit oft eine Rolle. Das würde zunächst einmal erklären, wieso es verboten ist, das Totemtier und damit den Vater zu töten. Aber woher kommt dieses – doch eigentlich selbstverständliche – Verbot, weshalb erstreckt es sich nur auf den Vater, und weswegen darf er nicht gegessen werden?

Freud setzt bei seinen Untersuchungen eine sehr frühe Gesellschaftsform voraus – entsprechend dem hohen Alter der Totem-Gebräuche – nämlich die sogenannte *Urhorde,* die u. a. auch Charles Darwin als eine der ersten Formen menschlichen Zusammenlebens ansah. In der Urhorde gibt es, analog zu den in sozialen Gruppen lebenden Tieren, ein Alpha-Tier, der »Häuptling«. Er durfte als einziger Geschlechtsverkehr mit den weiblichen Stammesangehörigen haben, die eigenen Töchter einbegriffen (Inzest!). Seine Söhne waren davon ausgeschlossen. Dadurch entstanden in ihnen zwiespältige Gefühle: Zuneigung und Bewunderung seiner Fähigkeiten auf der einen Seite, Neid, Abneigung, ja Haß wegen der Privilegien auf der anderen. So faßten die Söhne eines Tages den Beschluß, den Vater zu erschlagen und zu verzehren (letzteres war keineswegs ein Kannibalismus simpler Art, sondern eine *heilige Handlung,* die gewissermaßen als Sühne gefordert und nur mit äußerstem Widerwillen und unter Erbrechen vollzogen wurde).

Dazu gleich eine wichtige Anmerkung: Es war vielleicht gar nicht nötig, daß die Tat auch wirklich ausgeführt wurde; allein schon der Wunsch, solches zu tun, hatte schwerwiegende Folgen: Neben dem Haß, der sich in dem Plan ausdrückte (und vereinzelt auch in der Tat selbst), machten sich jetzt die zärtlichen Regungen geltend, verstärkt durch ein Gefühl der Reue. In dieser Gemütslage übernahmen sie gewissermaßen das Gebot des Vaters, auf die Frauen des Stammes zu verzichten, in ihr eigenes Gewissen und versagten sich selbst den Inzest. Solche Fälle »nachträglichen Gehorsams« sind den Psychoanalytikern wohlbekannt. Die beiden fundamentalen Verbote des Totemismus – das Totem-Tier (den Vater) zu töten und mit den Frauen des Stammes Geschlechtsverkehr zu haben, stammen demnach aus dem *Schuldbewußtsein* der Söhne.

Daß hier wieder einmal die klassische Oedipus-Situation vorliegt, die ja die Ursache vieler Neurosen ist, sei nur am Rande vermerkt. Zur Erläuterung: Oedipus, Sohn des Thebaner-Königs Laios und seiner Frau Iokaste, wurde als Säugling ausgesetzt, weil ein Orakelspruch verkündet hatte, er werde seinen Vater ermorden. Von Hirten aufgefunden, in der Fremde aufgezogen, erschlug er auf einer Wanderung ahnungslos seinen ihm unbekannten Vater, befreite Theben von der Sphinx und bekam zum Lohne Iokaste, die er gleichfalls nicht kannte, zur Frau. Die Folgen sind aus der Weltliteratur bekannt . . .

Die Oedipus-Situation gab es also schon bei den Söhnen des Häuptlings: Indem sie willentlich nachvollzogen – tatsächlich oder symbolisch –, entstand der Totemismus mit seinen sozialen Funktionen.

Freuds Theorie ist nicht allgemein angenommen worden. Auch Malinowski äußert sich kritisch zu ihr, vermag indessen nichts Besseres zu bieten. Immerhin geben viele Anthropologen zu, daß Freud auf dem richtigen Wege ist, und daß in dieser Richtung weitergeforscht werden sollte. (Andere hingegen scheinen allerdings völlig auf Totem und Tabu verzichtet zu haben. In der fünfbändigen *Neuen Anthropologie,* Thieme 1973, sind der gesamten Magie nicht einmal zwei(!) Seiten gewidmet.)

202

Damit ist noch nicht das letzte Wort über die Steinzeit-Magie gesprochen. Wir werden im letzten Teil des Buches, auf S. 234 noch einmal auf sie zurückkommen und dann versuchen, einen vorläufigen Abschluß zu finden – soweit das derzeit überhaupt möglich ist. Aber was wir bislang kennengelernt haben, macht uns deutlich, wie groß und wie weit verbreitet der Einfluß der Magie ist – genauer: dessen, was der »Primitive« als Magie *bezeichnet.* Diese Einschränkung ist unerläßlich, wenn wir unter Magie die Einwirkung übernatürlicher, übersinnlicher oder Psi-Kräfte verstehen: niemand kann im Ernst bezweifeln, daß es bei Zauber, Tabu und Totem »mit rechten Dingen« zugeht, selbst dann, wenn jemand ein Tabu gebrochen hat und in der *Überzeugung,* sterben zu *müssen,* auch wirklich stirbt. Wir werden das im letzten Teil ausführlich begründen.

Ganz leicht ist das einzusehen bei der *individuellen Magie,* bei Jagd- und Liebeszauber und dergleichen. Hier bleibt doch offenbar die Erfüllung des Zauberspruches in der Regel dem Zufall überlassen: Der Zauberer kann weder das zu jagende Tier noch das begehrte Mädchen in seinem Sinne beeinflussen (auch wenn er es glaubt). Muß da nicht eigentlich der Magier kapitulieren?

Er denkt gar nicht daran. Der Zauberer ist ein angesehener Mann. Er kann auf große Erfolge hinweisen, und er sorgt dafür, daß jeder Erfolg weiter kolportiert wird (ein Mißerfolg ist schnell vergessen). Und vielleicht wird das Mädchen dem Bewerber geneigter, wenn es erfährt, daß der große Zauberer es so will?

Vor allem aber hat der Zauberer – wie die Magie überhaupt – einen genialen Trick. Wenn der Zauberer tatsächlich nichts fruchtet, dann behauptet er, ein Gegenzauber (»schwarze Magie«) sei im Spiel, und der könne womöglich so stark sein, daß er nicht zu überwinden sei. Auf diese Weise vermag der Zauberer auch noch Mißerfolge in Erfolge umzumünzen. Im Grunde genommen ist es beim Zaubern ganz einfach: Der Kunde braucht nur dem Zauberer seine Gabe zu überreichen, und schon werden seine Wünsche erfüllt, schon ist er Herr der Natur, eins mit der Natur – falls nicht gerade ein Gegenzauber am Werk ist. So leicht kann Steinzeit-Magie betrieben werden. Aber daß dabei irgend etwas durch übersinnliche Kräfte (»echte Magie«) bewirkt werde, ist mit Sicherheit auszuschließen.

Die frühe Naturwissenschaft, die auch beim »Primitiven« stets gleichberechtigt neben der Magie steht, tut sich da schwerer. Es ist ein schwieriges Geschäft, ihre Gesetze durch »Versuch und Irrtum«, also durch Erfahrung, herauszufinden. Obendrein sind dann diese Gesetze und Erfahrungen noch unzulänglich, denn man kann mit ihnen – soweit man sie überhaupt beherrscht – gewiß nicht alles erreichen: keinen Regen herbeirufen, kein Mädchen zur Liebe veranlassen. Die Wissenschaft kennt keinen »Königsweg«, sondern nur mühsame Kleinarbeit. Und oft genug wird der » Primitive« sich von diesen wissenschaftlichen Kenntnissen im Stich gelassen fühlen, »er realisiert seine Ohnmacht«, er bekommt Angst.

Das aber ist die Stunde der Magie! Mit ihrer Hilfe vollzieht er – die Untätigkeit verabscheuend – Ersatzhandlungen, die ihm die Angst und das Gefühl der Ohnmacht nehmen: Beschwörungen mit Zaubersprüchen, die von symbolischen, affektgeladenen Gesten begleitet sind. Es besteht kein Zweifel, daß die Ersatzhandlung den Betroffenen erleichtert, daß die Situation, zumindest vorübergehend, als weniger drückend empfunden wird. Diese »Lebenserleichterung« ist ein unbestreitbarer »Erfolg«, und den kann ihm die Vernunft, die Naturwissenschaft, eben *nicht* bieten.

Wie Sie sicherlich schon längst gemerkt haben, sind diese Situationen – und die Auswege – keineswegs auf Steinzeitmenschen beschränkt. *Jeder* von uns kennt sie, und *jeder* von uns hat schon entsprechend reagiert – wenn auch nicht immer so affektgeladen wie der »Primitive«. Und wenn wir schließlich noch berücksichtigen, daß Wunschvorstellungen – und ihre Verdrängung – häufig Ursache für Nervenkrankheiten (Neurosen) sind, dann hat uns das Studium der Steinzeitmagie doch ein gutes Stück vorangebracht auf dem Wege zur »Magie ohne Illusion«.

Bevor wir ihn zu Ende gehen, noch ein Wort zur Religion. Wenn es zutrifft, daß Totem und Tabu auf die Ambivalenz der Gefühle zurückgehen, auf Haß und Liebe, dann läßt sich die Grenze zumindest zu den *westlichen* Religionen klar ziehen: Die Magie leitet sich von dieser Ambivalenz ab, und sie sucht den Menschen mit Ritual und Zauber zum *Beherrscher der Umwelt* zu machen. Die jüdische Religion, der Islam und die großen christlichen Religionen hingegen lehren die *Unterwerfung* unter Gott – und Gott ist hier eindeutig Gott*vater*. Gott liebt und straft auch bei ihnen, aber man mordet ihn nicht, sondern liebt ihn und fügt sich seinem Willen. Für Magie ist da wenig Platz.

Magie ist, allem Dämonen-Glauben zum Trotz, eigentlich Anti-Religion, ob mit oder ohne Psi, so wie der Meditierende, den wir im zweiten Teil kennenlernten, oftmals aus der (Unterwerfung fordernden) Religion ausbricht.

IV
Die Allmacht der Überzeugung

Malinowski hat einmal gesagt: »Der Glaube an die Magie ist immer die Bestätigung der Macht des Menschen, wenn er bestimmte Wirkungen durch bestimmte Beschwörung und einen bestimmten Ritus erzielt.« Dem liegt die tiefe Überzeugung des »Primitiven« zugrunde, daß die Welt so ist wie der Mensch; der Mensch ist ein Teil dieser Welt und also auch imstande, auf sie einzuwirken. Uns ist diese Überzeugung längst verloren gegangen; erst seit wenigen Jahren treffen wir uns in dem Bemühen, sie wiederzufinden.

Für den »Primitiven« ist das (oder eines der) Mittel, die (Um-) Welt in seinem Sinne zu beeinflussen, zu verändern, eben die (bewirkende!) Magie. Wenn wir Malinowski folgen, könnte dieser Teil auch mit »Allmacht der Magie« oder »Allmacht des Glaubens« überschrieben sein. Allerdings ist es mit der Allmacht der *Magie* nicht weit her, denn oft genug versagt sie, weil sie nicht rational vorgeht, und dann muß ein Gegenzauber herhalten, um den *Anschein* der Allmacht zu retten. Und »Allmacht des Glaubens«? Diesen Titel möchte ich vermeiden, um den Bereich der Religionen nach Möglichkeit »aus dem Spiel zu lassen«.

Noch eine andere Überschrift wäre denkbar: Die Allmacht der *Seele*. Diese Formulierung – die ihre Herkunft von der Parapsychologie nicht verleugnet – stammt von Frau Dr. Fanny Moser und ist in ihrem *Großen Buch des Okkultismus* zu finden. Sie besagt, daß psychische Kräfte, auch wenn sie vielleicht *nicht allvermögend* sind, doch mehr bewirken können als natürliche Kräfte. Das würde dann »übersinnliche« Magie sein – aber davon haben wir bisher nichts gefunden; statt ihrer gab es nur Täuschungen und Tricks.

Freud hingegen spricht von der Allmacht der *Gedanken*. Diese Formel ist mittlerweile schon Allgemeingut der Literatur geworden. Sie stammt aus dem Jahre 1909 *(Bemerkungen über einen Fall von Zwangsneurose).* Wenn wir dabei bleiben, so erleichtert das uns den Anschluß an das vorige Kapitel, in dem ja gewisse Parallelen zwischen Tabus und Zwangsneurosen aufgeführt wurden.

Aber auch diese Formel möchte ich nicht ohne weiteres übernehmen. Gedanken sind in erster Linie rational (*ratio,* lat. = Vernunft, Verstand). Wenn wir inzwischen auch gelernt haben, daß Gedanken, als psychische Phänomene, vom Unbewußten »bearbeitet« werden (s. das Kapitel *Irrungen, Wirrungen*), so überwiegt doch immer der rein rationale Anteil, und das Irrationale, das Emotionale, kommt zu kurz, obgleich es gerade bei der »bewirkenden Magie« am lautesten mitspricht. Insofern meine ich, daß es heißen sollte: »Die Allmacht der *Überzeugung*«; die meisten Psi-Anhänger sind *überzeugt,* daß es paranomale Erscheinungen gibt, *obwohl* die rationale Begründung fehlt oder nur eine untergeordnete Rolle spielt. Aber wir können ja für eine kleine Weile noch bei Freuds Allmacht der Gedanken bleiben.

Freud hat diese Formel gar nicht selbst gefunden, sondern von einem seiner Patienten übernommen, »einem intelligenten, an Zwangsvorstellungen leidenden Mann. [. . .] Er hatte sich dieses Wort geprägt zur Begründung aller jener sonderbaren und unheimlichen Geschehnisse, die ihn wie andere mit seinem Leiden Behaftete zu verfolgen schienen. Dachte er eben an eine Person, so kam sie ihm auch schon entgegen, als ob er sie beschworen [!] hätte; erkundigte er sich plötzlich nach dem Befinden eines lange vermißten Bekannten, so mußte er hören, daß dieser eben gestorben sei, so daß er glauben konnte, jener habe sich telepathisch [!] bemerkbar gemacht; stieß er gegen einen Fremden eine nicht einmal ganz ernst gemeinte Verwünschung aus, so durfte er erwarten, daß dieser bald darauf starb und ihn mit der Verantwortlichkeit für sein Ableben belastete. Von den meisten dieser Fälle konnte er mir im Laufe der Behandlung selbst mitteilen, wie der täuschende Anschein entstanden war, und was er selbst an Veranstaltungen hinzugegeben hatte, um sich in seinen abergläubischen Erwartungen zu bestärken [!]. Alle Zwangskranken sind in solcher Weise, meist gegen ihre bessere Einsicht, abergläubisch.« (Aus *Totem und Tabu;* die Ausrufungszeichen sind von mir und sollen auf entsprechende Berichte aus dem Bereich des

Okkulten, der Psi-Kräfte und der Steinzeitmagie aufmerksam machen.)

Neurosen: Fehlsteuerungen mit sonderbaren Folgen

Was hat es eigentlich mit solchen Zwangsneurosen auf sich? Zunächst einmal gehören sie zu den sogenannten *Psycho*neurosen. Der Patient ist in seinem *seelischen* Zustand, seinem Erleben und seinem Verhalten gestört. Im Gegensatz dazu stehen die *Organ*-Neurosen, bei denen *körperliche* Störungen im Herz-, Magen-, Darmbereich, Lähmungen u. a. m. beobachtet werden – obgleich die betroffenen Organe physiologisch gesund sind (mehr über sie wird auf S. 214 ff. berichtet). Im speziellen Fall der Zwangsneurosen kommt es zu *Zwangshandlungen* und/oder *Zwangsvorstellungen:*

● Angst, auf die Straße zu gehen (Agoraphobie, von *agora,* griech. = Marktplatz, *phobos,* griech. = Furcht; sie kommt gelegentlich auch bei Psychosen = echten Geisteskrankheiten vor);

● Angst, in geschlossenen Räumen zu sein (Klaustrophobie, von *klaustron,* griech. = eingeschlossen);

● Angst, im Dunkeln zu sein (Skotophobie oder Nyktophobie, von *skotos,* griech. = Finsternis, vgl. das Skotophobin von S. 177; *nyktos,* griech. = Nacht), und ähnliches mehr.

Zur Bewältigung solcher Ängste werden dann eben jene Zwangshandlungen ausgeführt. So muß auf der Straße eine bestimmte Schrittfolge eingehalten werden, gewisse Tätigkeiten müssen unterlassen, andere nur in einem ganz bestimmten Rhythmus ausgeführt werden, Waschzwang stellt sich ein usw. Dazu kommen Zwangsvorstellungen; als Beispiele seien genannt: Man müsse einen Angehörigen erstechen oder sich selbst mit dem Rasiermesser umbringen (so Freuds Patient, der uns das Wort von der »Allmacht der Gedanken« beschert hat), und vieles andere mehr – eine lange und bunte Liste von Symptomen, die dem Außenstehenden alle ganz unverständlich erscheinen (wie die meisten Tabus).

Der *Patient* versteht diese Handlungen ebenfalls nicht; oft genug muß er sie gegen die eigene Einsicht vornehmen. Dennoch sind sie nicht so sinnlos, wie sie sich ausnehmen:

1. Eine sorgfältige Analyse – die oft Jahre dauern kann – lehrt, daß den Neurosen immer ein innerer Konflikt zugrundeliegt, z. B. die Ambivalenz Haß/Liebe (S. 199) oder die Unterdrükkung eines Wunsches, eines Triebes. Das eigentlich Tragische an diesen Neurosen ist, daß sie meist auf sexuellen Regungen aus der frühesten Kindheit beruhen, die eigentlich *längst bedeutungslos geworden* sind bzw. sein sollten.

Triebunterdrückung erzeugt Angst; die Zwangshandlung, mit vielerlei Verschiebungen oder Übertragungen nach Art der Neurosen, ist ein Versuch, die Angst mit rituellen Handlungen oder Schutzhandlungen zu bannen (wie bei einer Tabuverletzung!); sie ist eine Art Gegenzauber – so sagt es Freud an einer Stelle. (Folglich könnte man sie auch unter »Magie« registrieren, aber das wollen wir auf sich beruhen lassen. Wichtiger ist, daß alle Zwangshandlungen, und seien sie noch so oft wiederholt, den unbewußten Konflikt nicht zu lösen vermögen; sie sind letztlich illusorisch und ein »Verlustgeschäft«.)

Wichtig ist ferner, daß sich in jedem Einzelfall der Weg vom alten und verdrängten Konflikt zum rezenten neurotischen Symptom aufzeigen läßt. Jedesmal ist er streng individuell, streng bedingt durch die Vorgeschichte des jeweiligen Patienten. Man kann folglich niemals sagen, daß ein *bestimmter* Konflikt zu einem *ganz bestimmten, konfliktspezifischen* Symptom führt.

2. Diese mehr spezielle Betrachtung neurotischer Symptome ist durch eine allgemeinere zu ergänzen:
Die *Neurose an sich* hat einen Sinn (Prof. Viktor von Weizsäkker, 1886 bis 1957; er begründete die psychosomatische Betrachtung der Krankheiten in der Medizin; er selbst nannte diese Wissenschaft Medizinische Anthropologie): Sie kennzeichnet, ja sie signalisiert der Umwelt den Versuch, einen offenen (aber keineswegs offenkundigen, vielmehr ins Unbewußte abgedrängten) Konflikt gewissermaßen »privat«, für sich selbst, zu lösen – ein Versuch, der ohne ärztliche Hilfe zum Scheitern verurteilt ist und oft genug die Persönlichkeit zer-

stört – und ein Signal, das von der Umwelt fast niemals verstanden wird.

Diese etwas summarische Abhandlung mag genügen, da wir ja von Magie und nicht (nur) von Psychoanalyse sprechen wollen. Worauf es vielmehr ankommt, ist, erneut zu zeigen, daß ein Mensch zu Handlungen gezwungen werden kann (sich selbst zu Handlungen zwingt), die er nicht versteht, daß er Dinge und Vorgänge wahrnimmt, die gar nicht existieren, auf die er aber *reagiert,* kurz daß der Mensch nur mit deutlichen Einschränkungen Herr seiner Sinne und Herr seiner Handlungen ist – eine Einsicht, die die Mehrzahl der Menschen dem Wiener Professor Sigmund Freud und der Psychoanalyse auch heute noch übelnimmt.

Um nochmals auf das Zwangshafte solcher Erscheinungen zurückzukommen: Es sollte uns gemahnen, daß nicht nur die »Primitiven«, sondern auch wir selbst im heutigen Alltagsleben gewissen Vorstellungen erliegen, *ohne daß wir* – oder die »Primitiven«– *deshalb allesamt schon Neurotiker wären;* daß wir gewisse Wahrnehmungen machen, die womöglich gar nicht existieren; es sei nur an das Verifikationsphänomen und an die Meldungen der UFOgläubigen erinnert. Vor allem aber: Das intensiv Gedachte, das intensiv Vorgestellte, die Überzeugung – sie erweisen sich als ungemein wirksam; sie haben Macht über seelische Vorgänge, über Antriebe und Verhaltensweisen, nicht nur über Halluzinationen. Ist es Magie?

Wenn übernatürliche Kräfte im Spiel wären, wenn Vorstellungen und Gedanken in Handlungen umgesetzt werden, dann müßten wir die Frage bejahen. Aber es kann wohl keinem Zweifel unterliegen, daß es bei diesen »Umsetzungen« mit rechten Dingen, d. h. ohne übernatürliche Kräfte, zugeht. Sonst wären ja alle Neurotiker Magier!

Schon Freud hat in seinen Vorlesungen zur Einführung in die Psychoanalyse gesagt, daß allem Seelischen, allem Gedanklichen letztlich biochemische Sachverhalte zugrundelagen. Das Bedauerliche ist nur, daß wir auch heute noch über die biochemischen Grundlagen der Psyche so gut wie gar nichts wissen. Gewiß, einige Anhaltspunkte gibt es bereits: die Wirkung der Rausch-

Drogen und Gifte (Huxley, Schenk), die Adrenalin-Ausschüttung in Streß- und Angstsituationen, die Endorphine bzw. das Endorphin-System gehören dazu. Aber das reicht noch längst nicht aus, eine biochemische Theorie der Magie aufzustellen. (Freilich, wenn wir sie hätten, dann gäbe es eben keine Magie mehr, keine parapsychologischen Kräfte, kein Psi und keine ASW, sondern »bloß« Biochemie.)

Deshalb gibt es auch noch keine Medikamente, die eine Neurose wirklich zu heilen vermögen. Wir können nur mit einem ganzen Arsenal sogenannter »Psychopharmaka« die Symptome beeinflussen, verstärken, dämpfen, unterdrücken. *An die Konflikte,* an die Ambivalenzen, an die Erinnerungen der frühen Jugend *kommen wir damit nicht heran.* Hier hilft derzeit wirklich nur die gewissenhafte Psychoanalyse.

Organisch krank durch seelische Konflikte: Organneurosen

Wer darauf besteht, Körperliches und Seelisches säuberlich auseinanderzuhalten, wer die Seele für etwas Nichtkörperliches hält, der kann mit den bisher behandelten Neurosen gut zurechtkommen: Wenn seelische Vorgänge auch zu (körperlichen) *Zwangshandlungen* führen, so wird doch schließlich die Mehrzahl der menschlichen Tätigkeiten durch Gedanken oder Gefühle ausgelöst – also sind Zwangshandlungen genau wie Zwangsvorstellungen eben Angelegenheiten der Seele.

Diese Argumentation wird schwerlich aufrecht zu erhalten sein, wenn wir nun noch die *Organneurosen* kennenlernen. Bei ihnen sind nämlich nicht so sehr das Seelische und das Verhalten gestört, sondern bestimmte *Organe in ihren Funktionen.* Und diese Funktionsstörungen können so stark sein, daß *objektive* Krankheitsbefunde erhoben werden.

Als neurotisch gestörte oder störbare Organe kennen wir
● Herz und Kreislauf,
● die Atmungsorgane (Asthma!),
● den oberen Verdauungstrakt (Schlucken, Magengeschwüre),
● den unteren Verdauungstrakt (Verstopfung, Durchfall, Darmgeschwür),

- die Haut (Ausschläge, Akne),
- die Gelenke (Rheuma); und schließlich sind noch
- Fett- und Magersucht zu erwähnen.

Niere, Leber, Milz hingegen sind, soweit bekannt, nicht betroffen. Dafür können Drüsen in ihrer Tätigkeit gestört sein: Überfunktion der Schilddrüse oder Zuckerkrankheit. Und manchen wird es überraschen zu erfahren, daß selbst Infektionskrankheiten – bakterieller oder viröser Art – seelisch bedingt sein können, insbesondere die Tuberkulose. Sogar beim Krebs, der keine psychosomatische Krankheit ist (» Der Krebskranke ist kein Neurotiker«), können bestimmte Gemütsverfassungen mitspielen, so z. B. das Gefühl der Hoffnungslosigkeit.

Damit ist ein Stichwort gefallen: Psychosomatik oder, korrekt: psychosomatische Medizin (von *psyche,* griech. = Seele, *soma,* griech. = Körper; gemeint ist das Zusammenwirken der Seele und des Körpers beim Krankheitsgeschehen). Sie ist ein moderner und wichtiger Teil der Medizin geworden, seitdem man erkannt hat, wie viele Krankheitsfälle seelisch bedingt (»psychogén«) sind.

Das Gebiet der Organneurosen, noch erweitert um die alsbald zu besprechende »Vegetative Dystonie«, entspricht ziemlich genau dem Gebiet der Psychosomatik. Der einzige Unterschied ist, daß die Psychosomatik zur Medizin, die Neurosenlehre zur Psychoanalyse »gehört«. Aber dieser Unterschied betrifft eigentlich nur das Historische; praktisch ist die Psychosomatische Medizin angewandte Neurosenlehre, auch wenn manche Mediziner das nicht gern wahrhaben wollen.

Wir wollen uns nicht im Dschungel der verschiedenen Interpretationen und Ableitungen verlieren. Statt dessen sei ein Beispiel angeführt, ein Fall von Hypertonie (»erhöhter Blutdruck«). Gemeint ist eine Regulationsstörung: Schon im ruhenden Zustand hat der Patient höhere Herzleistung als der Gesunde. Sie ist meist gekoppelt mit erhöhter Pulsfrequenz; bei Arbeitsbelastung kommt es zu einem »Überschießen« der Leistung mit Blutdruckwerten bis 200 mm Quecksilbersäule (Hg) – der Normalwert liegt bei etwa 130. (Die hypertone Regulationsstörung tritt häufig zwischen dem 23. und 28. Lebensjahr auf und steht in Beziehung zu Reifungskrisen.) Die »Fallstudie« ist ziemlich lang und wird

Sie möglicherweise langweilen. Es gibt gute Gründe, sie dennoch aufmerksam zu lesen:

Fallbeispiel (nach Wyss 1955): Bei dem Patienten A. W. ist eine labile Hypertonie seit dem 23. Lebensjahr bekannt. Stationärer Aufenthalt 5 Jahre später: Erhöhte Blutdruckwerte mit Spitzen bis zu 240/140 mm Hg. Klinische Durchuntersuchung o. B. (Fundus o. B., kein Nieren- oder Hormondrüsen-Befund).

A. W. ist ein 28jähriger, athletischer Typ, im Auftreten eher überangepaßt, freundlich, widerspricht selten, fällt aber durch ein starkes Geltungsbedürfnis auf. Intelligent, sportbegeistert und im Sport außerordentlich ehrgeizig. Er arbeitet als Angestellter, hat das Abitur nachgemacht, die Prüfung als Bester abgelegt, in Fernkursen durch Nachtarbeit den Ingenieurberuf erlernt, die Vorprüfung als Zweitbester abgelegt. Im Sport neigte er zu riskanten, seine Sportfreunde herausfordernden Eskapaden. Der Patient ist als mittlerer von drei Geschwistern aufgewachsen. Eine jüngere Schwester und ein 6 Jahre älterer Bruder wurden deutlich vorgezogen. Der älteste Bruder war der Begabteste der Familie und galt als »Alleskönner«. Der Patient bewunderte ihn einerseits, stand ihm aber zwiespältig gegenüber, da er es ihm nie gleichzutun vermochte.

Mit 6 Jahren verlor der Patient seine Mutter: Nach seiner Schilderung eine sehr betriebsame, ans Hektische grenzende Person mit wenig echter Wärme, die in der Ehe dominiert. 1½ Jahre später kam eine Stiefmutter in das Haus, der der Vater sich jetzt unterwirft und die vom Patienten geschätzt, jedoch auch verachtet wird, da sie »wie ein Dienstmädchen schaffte«. Die zweite Mutter starb, als der Patient 15 Jahre alt war. Der Vater heiratete zwei Jahre später wiederum. Den Vater erlebte der Patient eher distanziert, meist viel beschäftigt und abwesend. Zu Beginn der psychoanalytischen Behandlung wußte der Patient nicht, in welchen Berufen der Vater überall tätig war.

Der Patient neigte zu Affektkrisen; so hatte er im Alter von 15 Jahren in einem Anfall von blinder Wut seinen Lehrmeister tätlich angegriffen und wurde zur Strafe von seinem Vater schwer verprügelt. Noch vor Abschluß seiner Lehrzeit hatte er sich freiwillig zum Militär gemeldet, um nach der dritten Ehe des

216

Vaters das Haus zu verlassen. Mit 21 Jahren heiratete er eine 5 Jahre ältere Frau, lebte aber zu Behandlungsbeginn in Scheidung. Es bestand eine Bindung zu einer ebenfalls 5 Jahre älteren Frau, schon zu einer Zeit, als die Ehefrau noch nicht in die Scheidung eingewilligt hatte. Innerhalb der Behandlungszeit kam es mit dieser Frau zu einem Zerwürfnis, und nachdem A. W. die Scheidung durchgesetzt hatte, hatte er sich einer wesentlich jüngeren Frau zugewandt, jedoch ohne noch seine Freundin völlig aufgegeben zu haben.

Aus der Lebensgeschichte und der Charakterstruktur des Patienten läßt sich entnehmen, daß die distanzierte Beziehung des Kindes zu seinen Eltern, die unglückliche Stellung zwischen zwei bevorzugten Geschwistern eine erste neurotische Kontaktschwierigkeit und Unsicherheit manifestierte, die er mit Eintritt in die Wehrmacht, durch sportliche Spitzenleistungen und nach Kriegsende durch außergewöhnliche berufliche Leistungen auszugleichen versuchte. Dabei kam es im Zusammenhang einer erheblichen Selbstüberschätzung seiner Fähigkeiten zu einer *ständigen Überforderung seiner selbst,* in deren Konsequenz dann die Hypertonie auftrat.

In einer analytischen Behandlung wurde insbesondere die Beziehung des Patienten zu seinem Vater durchgearbeitet, dem er in einer idealisierenden infantilen Abhängigkeit gegenüberstand. Die Behandlung ging mit der Entfaltung massiver Aggressionen einher, die sich teils in der Übertragungssituation realisierten, zum Teil gegenüber Mitpatienten in hysterisch-demonstrativen Verhaltensweisen darstellten. In die Behandlungszeit fiel eine Erkrankung der Schwester und daß der Bruder als Kriegsversehrter seinen Beruf nicht mehr durchführen konnte. Dadurch hatte sich auch die konkurrierende Stellung des Patienten innerhalb der Familie verändert.

Am Ende der Behandlung war der Blutdruck (ohne medikamentöse Therapie) normalisiert; ambulante Kontrollen über 3 Jahre hinweg ergaben normale Blutdruckwerte um 130/80 mm Hg.

Die Länge der Krankengeschichte ist typisch. Die Krankheitssymptome selbst sind verhältnismäßig schnell geschildert; sie

217

ließen sich gegebenenfalls auch leicht mit Medikamenten behandeln. Eine *grundlegende* Änderung ist aber nur möglich, wenn man die vielfach verschlungenen Wege vom Symptom über die gegenwärtige seelische Situation bis zu Jugenderlebnissen, Verdrängungen und Ambivalenzen verfolgt – das ist beinahe schon eine komplette Psychoanalyse und demgemäß langwierig und zeitraubend. Beachtenswert ist, daß der Patient ohne medikamentöse Therapie völlig geheilt wurde.

Im Grunde genommen ist es freilich bei den Organneurosen ganz genauso wie bei den Psychoneurosen: Ein Konflikt, sei er seelischer oder sozialer Art, eine Triebunterdrückung, ambivalente Gefühlsregungen können vom Patienten nicht »ordentlich« bewältigt werden; sie »schlagen auf den Magen« oder » gehen an die Nieren« oder auf den Kreislauf oder – als Rheuma – auf ein Gelenk. Eine dauerhafte Heilung kann auch hier nur erreicht werden, wenn der Patient selbst lernt, seine verdrängten Konflikte ans Tageslicht zu bringen und bewußt auszutragen. Dazu aber kann ihm nur der Arzt, der Psychoanalytiker verhelfen.

Nun aber wird es höchste Zeit, einiges einzuschränken. Als erstes ist wichtig: Nicht jeder Kreislauf-, Magen- oder Hautkranke ist ein Neurotiker! Selbstverständlich gibt es Fälle organischer Erkrankung, die ohne jeden psychischen Untergrund zustandekommen. Aber man soll sich auch nicht darüber hinwegtäuschen, daß weitaus mehr Krankheiten psychogen sind als gemeinhin angenommen.

Zweitens: Man kann aus der Art der Krankheit und aus der Art des betroffenen Organs nicht rückschließen auf die *Art des Konfliktes,* der ihr zugrundeliegt. Gewiß, Streß macht für Infektionen anfälliger, Lebenskrisen sind oftmals für hypertone Regulationsstörungen verantwortlich (siehe die obige Krankengeschichte), Asthma ist manchmal durch ambivalente Erlebnisse von Haß und Zärtlichkeit bedingt, die zur Abwehr von Gefühlserwartungen führt, zum »Hochzeitsnacht-Asthma«; Dickdarmentzündung kommt durch Ärger, Magersucht oder Fettsucht tritt bei dominierender Mutter bzw. Großmutter auf, die Mütter von Ekzem-Kindern sind oft emotional unterentwickelt, und Gelenkrheumatismus wird durch psychische Belastungen in den zwischenmenschlichen Beziehungen gefördert (Tod, Autoritäts- und

Eheprobleme) – um die häufigsten Krankheiten zu nennen. Aber das alles ist keineswegs so regelhaft, wie es klingt.

Schließlich erhöht Streß nicht nur die Infektionsmöglichkeiten, sondern wirkt auch auf Kreislauf, Herz, Drüsen usw. Die Bezeichnung »Organwahl« (sie stammt von Freud) zeigt an, daß es meist von den individuellen Schicksalen, von spezifischen Jugenderlebnissen abhängt, welches Organ »gewählt«, also krank wird.

Außerdem sollte noch gesagt werden, daß bei psychosomatischen Krankheiten die Erbfaktoren eine wichtige Rolle spielen. Man schließt das aus Versuchen an Eineiigen und Zweieiigen Zwillingen. Bei den Organneurosen bestehen stets erhebliche Unterschiede im Grad der Übereinstimmung zwischen den Zwillingen: bei Eineiigen, die ja die gleiche genetische Konstitution besitzen, gibt es hohe Prozente von Übereinstimmung, bei Zweieiigen niedrige. Anders beim Krebs: Da sind die Prozentsätze bei Eineiigen und Zweieiigen praktisch gleich.

Aber damit soll es genug der Psychosomatik sein. Wir suchen ja nach der Magie. Was haben wir bisher gewonnen?

Heilung durch das Wort oder Heilung durch Überzeugung?

Wir haben uns davon überzeugen können, daß es mit dem Wort von der Allmacht der Überzeugung schon seine Richtigkeit hat, wenn auch nur innerhalb gewisser Grenzen: Gedanken, Gefühle, Konflikte können krank machen, und zwar nicht nur seelisch krank (Psychoneurosen), sondern auch organisch krank, bis hin zum manifesten Magengeschwür, das auf dem Röntgenfilm sichtbar wird und operativ entfernt werden kann. Ebenso können sie aber auch heilen. Ist das nicht eigentlich Magie, so wie wir sie versuchsweise definiert hatten?

Nun werden sich die Psychoanalytiker ebenso wie die Mediziner, die psychosomatische Krankheiten behandeln, energisch dagegen verwahren, ihr Tun als Magie und sich selbst womöglich als Magier bezeichnen zu lassen. Völlig zu Recht, wie ich meine. Denn bei allem Verwunderlichen, was uns dabei begegnet, bei dem Rätsel, wie denn ein Gedanke oder ein Konflikt es zuwege bringt, daß plötzlich und fortgesetzt mehr Adrenalin, mehr Endorphin oder mehr Salzsäure-Pepsin (im Magen) ausgeschüttet werden (das wissen wir nämlich immer noch nicht) – niemand wird daran zweifeln, daß es dabei mit rechten Dingen zugeht, nach den Gesetzen der Physik, der Chemie und der Physiologie, daß Gedanken und Gefühle chemische und biochemische Grundlagen haben. Wie anders sonst könnten sie auf Körperliches, das heißt auf physikalische, chemisch und physiologisch funktionierende menschliche Organe einwirken? Übernatürliche Kräfte wie Psi und dergleichen sind dabei gewiß nicht im Spiel. Wir dürfen uns nicht dazu verleiten lassen, Erscheinungen, die wir (noch!) nicht naturwissenschaftlich erklären können, für übernatürlich zu halten. So einfach machen es sich, leider!, nur die Parapsychologen.

Wenn aber die Überzeugung auch *heilen* kann – was geht da vor sich? Neurosen, psychosomatische Krankheiten sind vom *Kern* her heilbar, vom verursachenden Konflikt, nicht bloß medikamentös am *Symptom*. Voraussetzung ist in den meisten Fällen eine sorgfältig durchgeführte Psychoanalyse. Durch sie werden die Konflikte, Verdrängungen und Ambivalenzen vom Patienten selbst, aber mit Hilfe des Arztes, aus dem Unbewußten ins Bewußte gebracht und hier aufgearbeitet. Mittel ist erstens die (erlernbare) Fragetechnik des Arztes und zweitens die Bereitschaft des Patienten, alles, was ihm zur Krankheit einfällt, selbst das Unangenehmste, ans Tageslicht zu fördern, *auch gegen inneren Widerstand*.

Das aber ist ein mühseliges Geschäft und kann sich über Jahre hinziehen. Der – an sich schon lange – Krankenbericht über A. W. (S. 216) gibt den Umfang der betreffenden Analyse auch nicht im entferntesten wieder; er ist stark zusammengedrängt und geht nur kurz auf die speziellen infantilen Regungen des Patienten ein.

Aber der Patient wurde gründlich geheilt. Eine Heilung bloß durch Worte, Gedanken, Gefühle oder Überzeugung? Damit kann man also Zwangsneurosen beseitigen, Magengeschwüre verschwinden lassen und Gelenkrheumatismus (soweit psychogen) ausheilen? Es erscheint wie ein Wunder, fast wie Magie. (Nur – bei der Magie geht alles viel schneller als bei der Psychoanalyse; dafür geht es auch oftmals überhaupt nicht.) Und doch sollte es uns nicht verwundern. Wir haben akzeptiert *(akzeptieren müssen), daß Gedanken und Gefühle krank machen können – dann müssen wir auch akzeptieren, daß Gedanken wieder gesund machen können.* Nicht immer bedarf es – bei psychogenen Fällen – einer kompletten Psychoanalyse. Jedem Arzt sind aus seiner Praxis Fälle bekannt, bei denen bereits das erste Gespräch mit dem Patienten – weit davon entfernt, psychoanalytischen Charakter zu haben – eine Wende im Krankheitsgeschehen bewirkt, die schließlich zur Heilung führt. Vielleicht war der Patient vereinsamt, vielleicht nahmen seine Mitbürger sein Leiden (seine Neurose) nicht ernst. Dann genügte oft schon die gespannte Anteilnahme des Arztes, den Patienten aus seiner Vereinsamung, seiner Verbitterung herauszuholen: Er faßt wieder Mut und Hoffnung, er blickt seinen Konflikten offen ins Auge – und gesundet. Kein Wunder, keine Magie.

Warzen werden »besprochen«

Es gibt auch Fälle, bei denen es gänzlich ohne Psychoanalyse und ohne Arzt geht. Dann tritt ein Medizinmann oder eine »Weise Frau« auf. Gemeint sind die Warzen. Warzen sind begrenzte Wucherungen der Oberhaut an Händen, im Gesicht oder an behaarten Stellen. Sie werden durch ein Virus hervorgerufen, brauchen lange Zeit, bis sie sichtbar werden (6 bis 20 Monate nach der Infektion), sind demgemäß auch äußerst hartnäckig und lästig, gleichwohl gutartig. Manche Ärzte entfernen sie durch Operation, durch Ätzen oder Bestrahlen, doch das bringt nur selten eine dauerhafte Heilung. Andere Ärzte – es sind nicht wenige, und es sind vorzügliche Ärzte mit hohem Verantwortungsgefühl – empfehlen stattdessen dem Patienten, die Warzen *besprechen* zu lassen. Diese Art der Heilung ist gang und gäbe; wer sich in seinem Bekanntenkreis umhört, findet wohl immer jemanden, der sich einmal erfolgreich die Warzen hat besprechen lassen, oder jemanden kennt, dem es so ergangen ist.

Meist wird der Patient an eine »Weise Frau« verwiesen. Die erlegt ihm allerlei merkwürdige und unverständliche Vorschriften

221

auf: Er soll eine tote schwarze Katze bei Neumond im Wald vergraben, schweigend, versteht sich, oder aber drei schwarze Haare verbrennen, oder eine bestimmte Wurzel an einer bestimmten Stelle (oftmals an einer Weggabelung) hinter sich werfen, oder, etwas weniger hexenmäßig, einen schwarzen Zwirnsfaden um die Warze knoten und diesen dann im WC-Becken hinunterspülen. Vielfach sind auch rituelle Waschungen = Reinigungszeremonien vorgeschrieben – allerlei »unsinniges« Zeug, unverständlich wie manche Rituale, Tabus und Zwangshandlungen.

Die »Weise Frau« tut derweilen das Ihrige: Sie bestreicht die Warzen mit der Hand oder mit bestimmten Kräutern, oder mit einem Kräuterextrakt. Dazu murmelt sie seltsame Zaubersprüche. Manchmal kann man sie verstehen; dann hören sie sich an wie die berühmten *Merseburger Zaubersprüche* (aus dem Althochdeutschen; wer erinnert sich ihrer noch aus dem » guten, alten« Deutschunterricht?). Meist aber sind sie unverständlich, und manchmal – so im Wendischen, also in der Gegend um Berlin herum – murmelt die »Weise Frau« Sprüche, die *sie selbst nicht mehr versteht,* die sie nur der Überlieferung nachplappert. Aber: Fast immer hat sie damit Erfolg! Die Warzen verschwinden vollständig und und dauerhaft. Man sagt, das funktioniere nicht bloß, wenn der Warzenbehaftete selbst daran glaubt, sondern auch, wenn er skeptisch ist. Doch darüber gibt es leider kein statistisch verwendbares Material; zu subjektiv, zu anekdotisch sind die Geschichten. Aber derlei Heilungen durch Besprechen sind verbürgt – ich kenne sie aus der eigenen Familie.

Das erscheint nun endlich klar und deutlich als Magie, als Wirkung übersinnlicher Kräfte, und es erinnert an Hexen, Dämonen und Halluzinationen. Oder handelt es sich doch bloß um unverständlich gewordene Rituale und Tabus, um psychische Vorgänge (mit Folgen organischer Art), um Heilung durch Glauben?

Heilung durch Wille, Vorstellung und Placebo

Bevor wir endlich einmal Ja zum Übersinnlichen sagen, sollten wir uns doch erst in eine moderne, nüchterne Klinik begeben und uns zeigen lassen, welche Medikamente den Patienten verabreicht werden. Der Arzt – wenn er uns kennt und vertraut – wird uns sagen, daß manchmal Tabletten gegeben werden, die gar keine Wirkstoffe enthalten, sondern bloß aussehen wie Arzneien. Sie sind völlig harmlos und *wirkungslos*. Aber der Patient ist der festen *Überzeugung,* eine echte Arznei zu erhalten; er nimmt sie ein – und *sie wirkt wie das echte Medikament!* (Daß das ganze medizinische Ritual einer Klinik maßgeblich an der Überzeugung und ihrer Festigkeit beteiligt ist, sei nur am Rande vermerkt.)

Die Mediziner haben für solche Nicht-Arzneien einen der hübschesten Namen erfunden: *Placebo* (latein. = ich werde gefallen). Sie wandten die Placebos ursprünglich nur an, um sicherzugehen, daß die Arznei selbst und nicht bloß der Gedanke an die Arznei und die ganze Verordnungs- und Einnahme-Prozedur hilfreich ist. Jetzt werden Placebos oft verabreicht, um heikle Medikamente nicht oder weniger oft verabreichen zu müssen – mit dem Erfolg, daß tatsächlich der Glaube (der Gedanke, die Vorstellung) medikamentöse, d. h. *körperliche* Wirkungen zeitigt.

Von Hexenwahn und Halluzination, wie beim Warzen-Ritual, kann hier nun wirklich nicht die Rede sein. Und doch läuft es im Endeffekt auf das Gleiche hinaus: Heilung durch den Glauben, Heilung durch die Überzeugung.

An dieser Stelle wird der eine oder andere einwenden, das sei doch gar nichts Besonderes, sondern allenfalls »Eigenheilung« und damit »bloß« *Autosuggestion* (*autos,* griech. = selbst, *subgerere* lat. = von unten her – also unbemerkt – zuführen; einflüstern): »Das redet sich der doch bloß ein.« Aber gerade da liegt ja das Problem. Autosuggerieren – das ist eben keine faule Ausrede, sondern heißt, daß man durch Wort und durch Vorstellung physiologische Effekte herbeiführen kann – auch an sich selbst. Die Ärzte wissen das sehr wohl, und sie machen davon therapeutischen Gebrauch.

Aufschlußreich ist, daß die Wege im Falle des Placebos wie

auch bei den Warzen ganz sicher über das *Unbewußte* laufen, daß also Gedanke, Vorstellung und Glaube zunächst auf das Unbewußte einwirken und auf diesem Umweg körperliche Heilung einleiten. Anders dagegen bei der Psychoanalyse, wo ja gerade die Konflikte aus dem Unbewußten *herausgeholt* und ins *Bewußte* gebracht werden. Schließlich ist hier noch auf eine dritte Möglichkeit der Beeinflussung zu verweisen. Wir haben sie schon andeutungsweise erwähnt: mit Autogenem Training kann man Vorgänge beeinflussen (»manipulieren«), die normalerweise ausschließlich vom Unbewußten, vom Vegetativen Nervensystem gesteuert werden – Blutdruck, Pulsfrequenz usw. Gleiches ist mit Bio-Feedback zu erreichen – nicht zu vergessen die Yogis, die durch bestimmte Körperhaltungen und/oder Atemtechniken ins Unbewußte eingreifen.

Hier wie beim Bio-Feedback ist der »Vorsatz«, der »Wille« tätig. Das kann in extremen Fällen zu ganz erstaunlichen Erscheinungen führen, die mit Placebos und dergleichen nichts mehr zu tun haben. So wird glaubhaft berichtet, ein Neurotiker habe willentlich und »autosuggestiv« an beliebigen Körperstellen Hautblasen entstehen lassen. Mir selbst ist ein ähnlicher Fall bekannt. Das Merkwürdigste ist aber wohl, daß gleiche Effekte auch durch *Hypnose* erzielt werden können: Der Hypnotiseur legt seinem »Opfer« ein kaltes Pfennigstück auf die Haut und sagt ihm, dieses sei glühend heiß – worauf sogleich eine Brandblase entsteht. Also kann man allein durch den Willen und durch die Vorstellung körperliche Veränderungen hervorrufen (dem Philosophie-Bewanderten wird hier sofort einfallen, daß Arthur Schopenhauer sein Hauptwerk *Die Welt als Wille und Vorstellung* nannte (1819). Die Übereinstimmung ist keinesfalls zufällig, aber wir können hier nicht auch noch auf Schopenhauers philosophisches System eingehen).

Wie ist es nun? Der Arzt, der ein Placebo verschreibt; die »Weise Frau«, die Warzen bespricht; der Hypnotiseur mit dem kalten Pfennigstück (die Ärzte mögen mir diese wahrhaft bunte Reihe verzeihen!) – haben sie nicht Macht über Dinge, Vorgänge und Menschen? Da nun aber bei den Völkerkundlern Magie immer definiert ist als Macht über Dinge, Vorgänge und Menschen, müssen wir die Frage von S. 219 wieder aufnehmen. Sind wir nun endlich bei der Magie angelangt? Ja und nein. Wenn der »Primitive« Magie betreibt, so beschwört er *übernatürliche* Kräfte, Dämonen und ähnliches – in der (irrigen) Überzeugung, es gebe derlei wirklich (mehr dazu auf S. 234). Es besteht aber überhaupt kein vernünftiger Zweifel, daß Heilungsvorgänge, die über das Unbewußte laufen – Psychoanalyse, Placebo, Warzenheilung – *ohne* solche übernatürlichen Kräfte ablaufen, wenn wir auch nicht wissen, »wie es die Vorstellung macht, daß Hormone und andere Substanzen ausgeschüttet werden«. Es geht dabei ganz sicher mit rechten Dingen zu. Doch wir sollten es nicht bei den drei Beispielen belassen, denn in diese Reihe gehören zweifellos auch die sogenannten *Wunderheilungen.*

Am berühmtesten ist wohl Lourdes geworden, jener kleine Wallfahrtsort in den französischen Pyrenäen, in dem Bernadette Soubirous wirkte (1844 bis 1879, 1933 heiliggesprochen). Zu ihr und zu einer wundertätigen Quelle in einer Grotte strömen jährlich eine Million Pilger, Heilung suchend, und vielen ist Heilung zuteil geworden. Meist werden Lähmungen geheilt, aber auch ganz schwere organische Schäden – beispielsweise tuberkulöse Kavernen – sind behoben worden. In Lourdes führen die kirchlichen Instanzen darüber sehr genau Buch aufgrund exakter medizinischer Kontrolle.

Es ist nicht meine Absicht, einem gläubigen Christen auszureden, daß es sich um göttliche Gnade handelt. Aber es muß dem Naturwissenschaftler erlaubt sein, auch hier nach natürlichen Ursachen zu suchen. Bei der Vielzahl der Fälle, die ja oft ins Anekdotische abgleiten, und die nicht mehr nachprüfbar sind, wird das meist gar nicht möglich sein, um so weniger, als in Lourdes nicht darüber Buch geführt werden kann, ob und wie lange die Heilungen angehalten haben. Indessen, wenn man bedenkt, was wir von der psychosomatischen Medizin gelernt haben, wenn wir berücksichtigen, daß viele Lähmungen psychisch bedingt sind, und daß auch bei der Tuberkulose psychische Faktoren eine wesentliche Rolle spielen, dann verstehen wir schon besser, wie solche Heilungen zustande kommen können; wieder ist es die Allmacht des Glaubens und der Überzeugung, die hier mitwirkt – auch wenn wir den Weg zum physiologisch sichtbaren Symptom noch nicht kennen.

Therese Neumann (Therese von Konnersreuth)

In gehörigem Abstand, aber doch im gleichen Umfeld ist wohl Therese Neumann zu plazieren, die »Stigmatisierte von Konnersreuth« (1898 bis 1962; von ihrer angeblichen Glossolalie hatten wir bereits auf S. 148 Kenntnis erhalten). *Stigma,* griech. = Punkt, Wund- oder Brandmal; Stigmatisation im theologischen Sinne ist das Auftreten der Leidensmale Jesu am Leib eines Menschen: an Händen, Füßen und an der Seite, aber auch an Kopf und Rücken. Therese Neumann galt seit 1926 als Stigmatisierte – sie wurde von ihren Gläubigen in nah und fern wie eine Heilige verehrt, und mancher, der nach Konnersreuth pilgerte und Audienz bekam, fand Heilung seiner eigenen Leiden. Insofern hat sie mehrfach Gutes getan. Dennoch ist die ganze Angelegenheit »umstritten«, genauer: trüb und traurig.

Therese Neumann litt nach früherer ärztlicher Diagnose sehr schwer an »nosophiler Hysterie« (*nosos,* griech. = Krankheit; solche Hysterie-Befallenen wollen krank sein, sie »lieben« es, von Krankheiten befallen zu sein). Demgemäß hatte Therese Neumann – neben schweren Unfällen – zahllose Krankheiten, von Blinddarmentzündung bis zu einem Geschwür im Kopf, aus dem wiederholt Blut und Eiter viertelliterweise abgingen, Lungenblutungen, Nierenbeckenentzündung, jahrelange Blindheit, vorübergehende Taubheit und sehr vieles andere mehr. Über Jahre nahm sie keine Nahrung und nur wenig Flüssigkeit zu sich (hatte aber Stuhlgang und Harnentleerung); in ihren letzten Lebensjahren war sie wohlgenährt, ja sogar etwas dicklich.

Nun sind diese Krankheitsberichte fast ausschließlich Eigendiagnose der Neumann, denn sie bzw. ihr Vater – der jegliche Korrespondenz und alle Besuche, den Herrn Pfarrer eingeschlossen, zensierte und kontrollierte – ließen schon sehr früh keinerlei ärztliche Untersuchung zu. Lediglich der Hausarzt Dr. Seidl durfte zu ihr; aber auch von ihm entfernte sie sich mehr und mehr. Selbst als sie – wegen eines Verfahrens zur Seligsprechung – mehrfach vom Heiligen Officium in Rom (ab 1936) aufgefordert wurde, sich zur Überwachung in eine Klinik zu begeben, wurde das vom Vater Neumann jedesmal strikt und mit heftigen Anklagen verweigert – und das, obwohl im Weigerungsfalle Therese

Neumann als »inoboediens« (= ungehorsam) zu gelten hatte. Dennoch erhielt sie 1920 eine Invalidenrente von 100 Prozent. Diese wurde allerdings später auf 10 Prozent gekürzt, weil sie eine amtsärztliche Untersuchung verweigerte.

Aber genug dieser Ungereimtheiten. Es kommt ja hier nicht darauf an, Therese Neumann des Betrugs zu bezichtigen. Wir haben nur einen neuen Fall kennengelernt, in dem sogar schwere Hysterie zu »Wunderheilungen« führen kann, wenn nur Glaube und Überzeugung da sind.

Übrigens wirkt bei Wunderheilungen und Wunderheilern wie Gröning oder dem »Magnetiseur« Croiset (S. 108) wohl oft eine Art »Ansteckung« mit: Die bei einem Heilungsprozeß wirksamen Affekte sind nämlich übertragbar und führen dann zu einer Massensuggestion, »der sich auch Intelligente oft nicht entziehen können« (so steht es im *Klinischen Wörterbuch* von Pschyrembel).

Anmerkung: Daß dergleichen nicht ohne Gefahr ist, wissen wir schon von Emil Kraepelin, dem Altmeister der Psychiatrie. Er wies bereits 1899 darauf hin, daß nicht nur Affekte und psychische Störungen (Räuspern, Lachen, Gähnen) »anstecken«, sondern auch Psychosen, also echte Geisteskrankheiten. Er nannte das »Induziertes Irresein«. Was ein geschickter Demagoge mit Massensuggestion erreichen kann, zeigt uns das schreckliche Beispiel Hitler. Wie harmlos ist dagegen der berühmte »Indische Seiltrick«: Der Fakir wirft ein lockeres Seil hoch in die Luft; es bleibt steif stehen, und sein oberes Ende verschwindet »in den Wolken«. Ein Knabe klettert hinauf und wird oben von einem Schwert viergeteilt. Die Stücke fallen zu Boden, und plötzlich ist alles vorbei. Das Seil kommt wieder herunter, und der Knabe sitzt lächelnd und heil neben dem Fakir. Keine Geringere als Dr. Fanny Moser, der wir *Das große Buch des Okkultismus* verdanken – sie hielt selbst Hanussen für einen großartigen Hellseher – gibt zu, daß es sich beim Seiltrick um eine Massensuggestion handelt, wie sie indische Fakire und Yogis offenbar besonders leicht hervorrufen können. Andere Kenner Indiens behaupten sogar, daß es diesen »Seiltrick« überhaupt nie gegeben habe.

Und noch eine Anmerkung: Die unblutigen »Operationen«, die auf den Philippinen durchgeführt werden – Hunderte von Kranken fliegen dorthin – sind der *reine Schwindel;* Taschenspielertricks mit einem blutigen Lappen und – so wurde in einem Falle nachgewiesen – dem Hoden eines Hundes als angeblich herausoperiertem Gewächs. Derlei zahlt sich aus: Die *Tages*einnahme des »Star-Heilers« in Manila wird auf eine Million Dollar geschätzt (Hoimar v. Ditfurth am 31.10.1982 im ZDF).

Ich glaube, es bedarf keines weiteren Beispiels, um zu zeigen, welche Macht vom Glauben, von Gedanken und von Überzeugungen ausgehen kann. Sie vermag krank zu machen, seelisch *und* körperlich krank, sie vermag aber ebenso zu heilen, die seelische *und* körperliche Verfassung zu normalisieren. So ist es wohl kaum übertrieben, dieser Macht die Bezeichnung »Allmacht« zu verleihen, selbst wenn sie sich der Psychoanalyse, eines Placebos oder eines Zauberspruches (bei den Warzen) bedient. Dem Arzt jedenfalls, dem Guru oder dem Yogi sind Kräfte gegeben, die ihnen Macht über Menschen, über ihre Ängste und Sehnsüchte, über ihr Verhalten geben. Diese Kräfte ähneln der Macht des Magiers, sei er nun »primitiv« oder moderner Paragnost. Aber sie *ähneln* ihr nur; es sind nicht die *gleichen* Kräfte. Denn der Magier versucht übernatürliche Kräfte einzusetzen – und daran scheitert er letzten Endes. Die Ärzte und die Gurus arbeiten mit natürlichen Kräften – auch wenn wir heute noch nicht ganz genau wissen, wie es dabei zugeht. Sie sind eben keine Magier und keine Wunderheiler. Aber sie können heilen – Körper und Seele. (Wollen Sie es dem sattsam zitierten Otto Normalverbraucher verdenken, wenn er eine erfolgreiche Psychotherapie, eine Warzenheilung oder eine Wunderheilung in Lourdes dennoch als übersinnlich bezeichnet? Kommt es überhaupt auf die Bezeichnung an, oder auf den Erfolg?)

Glaube und Aberglaube – älter als der Mensch?

Wir haben in den letzten Kapiteln einiges zusammentragen könne, über die Magie der Steinzeit, ihre Riten und Zauberer, aber auch über Fehl- und Zwangsverhalten, über psychische Krankheiten, die nicht auf die Menschen der Steinzeit beschränkt sind, sondern auch uns heutigen eignen, die sich als Neurosen kundtun und ihre Ursachen im Unbewußten haben. Wir hatten ferner gesehen, daß solche Fehlsteuerungen durch Worte, Gedanken, Vorstellungen und Glauben wieder beseitigt werden können. Und doch, was Glaube und Magie letztlich sind und bedeuten, darüber haben wir noch immer keinen vollständigen Aufschluß erhalten können. Haben wir vielleicht nicht tief genug gegraben? Liegen die Wurzeln von Glauben und Aberglauben noch viel tiefer, etwa gar bei unseren tierischen Vorfahren?

Ganz abwegig ist dieser Gedanke nicht. Wer »vom Lande stammt«, weiß, daß Kühe neurotisch erkranken können, manchmal so schwer, daß der Tierarzt zum Töten gezwungen ist (er kann ja bei der Kuh keine Psychoanalyse machen). Und wer mit Hunden, insbesondere mit Hündinnen zu tun hat, der kennt auch deren Schein-Schwangerschaften – zweifellos auch eine Neurose oder Hysterie.

Gewiß mag man einwenden, daß a) Neurosen allenfalls einen Bruchteil der »magischen« Krankheiten ausmachen, und daß b) Hunde und Kühe (und andere Haustiere) ja doch domestiziert seien (*domesticus,* lat. = zum Haus gehörend, also seit vielen Generationen unter »unnatürlichen«, »künstlichen« Bedingungen lebend). Dem wäre freilich sogleich entgegenzuhalten, daß der Mensch selbst das die längste Zeit domestizierte Lebewesen ist. Dennoch, das Auftreten von Neurosen, für sich allein genommen, reicht keineswegs aus, um die Magie nun ins Tierreich zu verlegen.

Aber vielleicht helfen uns zwei Beispiele aus der Zoologie, eine Antwort auf die oben gestellte Frage zu finden. Die eine betrifft einen Zögling Konrad Lorenz', die schon fast legendäre Graugans Martina (um allen Protesten gleich die Spitze abzubrechen: Ich bin mir ziemlich sicher, daß der Mensch keine Graugans ist). Lassen wir Lorenz selbst zu Worte kommen:

»Martina hatte in . . . frühester Kindheit eine feste Gewohnheit erworben: als sie etwa eine Woche alt und gut imstande war, selbst eine Treppe zu ersteigen, hatte ich den Versuch gemacht, sie abends zu Fuß in mein Schlafzimmer zu locken, statt sie wie bisher allabendlich dorthin zu tragen. Graugänse nehmen jedes Anfassen übel, geraten dabei in Angst, und man tut daher gut daran, es ihnen nach Möglichkeit zu ersparen. In

229

der Halle unseres Altenberger Hauses beginnt rechts von der Mitteltür eine Freitreppe, die ins Obergeschoß führt. Gegenüber der Tür ist ein sehr großes Fenster. Als nun Martina, mir gehorsam auf den Fersen folgend, diesen Raum betrat, jagte ihr die ungewohnte Lage Angst ein und sie strebte, wie es ängstliche Vögel immer tun, ins Helle, mit anderen Worten, sie lief von der Tür weg geradewegs auf das Fenster zu, an mir vorbei, der ich bereits auf der untersten Stufe der Freitreppe stand. Beim Fenster verweilte sie ein paar Augenblicke lang, bis sie sich beruhigt hatte, und kam dann, nun wieder folgsam, zu mir auf die Freitreppe und hinter mir her ins obere Stockwerk. Dieser Vorgang wiederholte sich am nächsten Abend, nur daß diesmal der Umweg zum Fenster hin ein bißchen weniger weit und die Zeit, die Martina zur Beruhigung brauchte, erheblich kürzer waren. In den nächsten Tagen setzte sich diese Entwicklung fort, das Verweilen beim Fenster verschwand völlig und ebenso der Eindruck, daß die Gans sich überhaupt noch fürchtete: der Umweg zum Fenster hin nahm mehr und mehr den Charakter einer Gewohnheit an, und es sah geradezu komisch aus, wie Martina entschlossenen Schrittes auf das Fenster zulief, dort angekommen ohne Pause kehrt machte und ebenso entschlossen zur Treppe zurücklief und diese hinaufwanderte. Der gewohnheitsmäßige Umweg zum Fenster hin wurde immer kürzer, aus der 180-Grad-Wendung wurde ein spitzer Winkel, und als ein Jahr vergangen war, blieb von der ganzen Weggewohnheit nur mehr ein nahezu rechter Winkel übrig, indem die Gans, anstatt von der Tür her kommend die unterste Stufe der Treppe an ihrer rechten Seite zu besteigen, an der Stufe entlang bis zu ihrem linken Ende wanderte und sie dort in scharfer Rechtswendung erstieg.«

Soweit der erste Teil der Erzählung. Er macht uns klar, wie die Graugans Martina einen privaten Ritus entwickelt hat, der für jemanden, *der die Vorgeschichte nicht kennt,* völlig sinnlos und absurd erscheinen muß – so wie wir es von manchen steinzeitlichen und heute noch praktizierten Tabus her kennen. Nun ist Martina gewiß kein Einzelfall. Blickt man sich im Tierreich um – nicht nur bei den Vögeln –, so findet man fast überall Rituale im

Verhalten. Viele von ihnen hängen mit der Balz zusammen und stellen wohl ritualisierte und damit unschädlich gemachte Aggressionen dar; Lorenz hat in seinem Buch *Das sogenannte Böse* (in dem auch diese Geschichte steht) darüber berichtet:
Aber die Geschichte ist noch nicht zu Ende. Sie geht so weiter:

»Zu dieser Zeit ereignete es sich nun, daß ich eines Abends vergaß, Martina zur richtigen Zeit ins Haus zu lassen und in mein Zimmer zu führen; als ich mich ihrer schließlich erinnerte, herrschte schon tiefe Dämmerung. Ich eilte zur Haustür, und sowie ich sie öffnete, drängte sich die Graugans ängstlich-eilig durch den Spalt und anschließend zwischen meinen Beinen durch ins Haus und lief gegen ihre Gewohnheit mir voraus zur Treppe. Und dann tat sie etwas, was erst recht gegen ihre Gewohnheit war: sie wich vom gewohnten Wege ab und wählte den *kürzesten,* indem sie den sonst üblichen rechten Winkel abkürzte und die unterste Stufe an der von ihr aus gesehen rechten Seite betrat und, die Kurve der Treppe »schneidend«, aufwärts zu steigen begann. Alsbald aber geschah etwas wahrhaft Erschütterndes: Auf der fünften Stufe angekommen, machte die Wildgans plötzlich Halt, bekam, wie dies bei größerem Schrecken der Fall ist, einen langen Hals und nahm die Flügel fluchtbereit aus den Tragfedern. Zugleich stieß sie den *Warnlaut* aus und wäre bei einem Haare aufgeflogen. Dann verhielt sie einen Augenblick, kehrte um, stieg eilig die fünf Stufen wieder hinab und durchlief eifrigen Schrittes, wie jemand, der eine sehr nötige Pflicht erfüllt, den ursprünglichen, weit zum Fenster führenden Umweg, bestieg die Treppe aufs neue, diesmal vorschriftsmäßig ganz weit auf der linken Seite, und begann aufwärts zu klettern. Wiederum auf der fünften Stufe angekommen, blieb sie stehen, sah sich um, schüttelte sich und grüßte, beides Verhaltensweisen, die man an Graugänsen regelmäßig sieht, wenn ein erlittener Schrecken der Beruhigung Platz macht. Ich traute meinen Augen kaum! Für mich besteht kein Zweifel, wie das eben geschilderte Geschehen zu interpretieren ist: Die Gewohnheit war zum Brauch geworden, gegen den die Graugans nicht verstoßen durfte, ohne von Angst ergriffen zu werden.«

Wir können statt »Brauch« ebenso »Ritual« sagen, oder noch besser: *Zwangshandlung* (weil ein Ritual eigentlich eine Gemeinschafts-Angelegenheit ist, Martinas Verhalten aber etwas ganz Persönliches) – und wir haben sogleich ein Modell für viele Sorten von Fehlverhalten vor uns, wie es auch heute noch in uns lebendig ist: Denken Sie nur daran, daß man als »Gegenzauber« gegen das »Berufen« dreimal Holz anfassen muß, oder an den alten Brauch, vom verschütteten Salz drei Körnchen über die linke Schulter zu werfen und dergleichen mehr. Könnte man nicht auch sagen, daß Martina einen Gegenzauber (Aberglauben) gegen die »Angst vor der ungewohnten Lage« entwickelt hat? Wir haben also guten Grund zu der Annahme, daß weder Rituale noch Zauber noch Aberglauben Erfindungen der Steinzeitmenschen sind.

Die abergläubischen Tauben

Die zweite Geschichte wird uns in dieser Überzeugung bestätigen, zumal sie ein ganz berühmtes Experiment beschreibt. Sie stammt von D. F. Skinner, dem amerikanischen Gegenspieler von Konrad Lorenz und Vater des *Behaviorismus* (*behaviour*, engl. = Benehmen, Betragen; die Behavioristen sind der Ansicht, daß es keine angeborenen Verhaltensweisen gibt, sondern nur erlernte). Sie handelt von ganz gewöhnlichen, aber sehr lernwilligen Tauben:

»Je eine Taube wird in eine Kiste gesetzt, in der genügend Wasser und Körnerfutter zum Überleben zur Verfügung steht. Die Körner fallen jedoch in gleichmäßigen Zeitabständen von ein paar Sekunden in den Käfig hinein. Nach dem Einsetzen in die Kisten vollführen die Tauben irgendwelche Tätigkeiten; sie laufen herum, erkunden die Wände, picken da und dort oder putzen sich. Wenn das erste Korn fällt, haben sie gerade irgendeine dieser Körperbewegungen hinter sich, die nun scheinbar durch das Korn belohnt wird. Wenn das Tier daraufhin ... diese belohnte Körperbewegung erneut durchführt, so wiederholt sich auch die ›Belohnung‹ – wenn auch nur, weil die Körner regelmäßig in festen Zeitabständen in den Käfig fallen. Auch weiterhin belohnt sich auf diese Weise für die Taube das stete Wiederholen ihrer ersten Bewegungen. Für die Tiere führt das auf die Dauer zur festen Koppelung zwischen irgendeiner ihrer Bewegungen und dem Antrieb zur Nahrungsaufnahme. In der Tat lernt in diesem Versuch jede der Tauben ein anderes Verhaltens-Element – Kopfbeugen, Rechts- oder Linkswendung, eine Putzbewegung –, das sie dann pausenlos wiederholt, obwohl das sinnlos ist, weil keines dieser Verhaltens-Elemente in Wirklichkeit etwas mit dem Erscheinen der Nahrung zu tun hat. Aber das erfassen die Tauben ja nicht. Würden sie darüber sprechen können und ihr Verhalten begründen, so würde man sie ›abergläubisch‹ nennen . . .«

Post hoc, ergo propter hoc

Das Experiment, wohlgelungen im Sinne des Behaviorismus, zeigt uns, daß die Tauben in der Tat gelernt haben – oder, wie man heute lieber sagt, daß sie einen Lernprozeß durchgemacht haben. Sie sind dabei nach dem Grundsatz verfahren, der über diesem Abschnitt steht: post hoc, ergo propter hoc. Er stammt aus dem Lateinischen und besagt: »Nach diesem, also durch dieses« (korrekt »dessentwegen«). Gemeint ist damit folgendes: Weil ein Ereignis (eine Konstellation) B zeitlich *nach* dem Ereignis (der Konstellation) A eintritt, ist A die *Ursache* von B. In der *zeitlichen*-Aufeinanderfolge wird eine Verknüpfung von Ursache und Wirkung, also eine *Kausalkette* gesehen.

Das ist ganz vernünftig. Denn in aller Regel gilt, daß Ereignisse nicht »vom Himmel fallen«, sondern eine Ursache (causa) haben, und die liegt meist *vor* dem Ereignis. Lernprozesse auf dieser Basis sind daher durchaus empfehlenswert. Nur: Der lateinische Satz gilt eben nicht immer. Auch Professor Skinners Tauben haben nach ihm gelernt, aber sie haben etwas *Falsches* gelernt:

Das zufällige Aufeinanderfolgen von z. B. Kopfbeugen und Körnerfall haben sie *fälschlich* als *Kausal*folge interpretiert, das heißt, sie sahen das Kopfbeugen als *Ursache* des Körnerfalls an und »glaubten« nun, durch Wiederholung des Kopfbeugens weiteren Körnerfall hervorrufen, »herbeizaubern« zu können. Da die Körner aber ohnehin (in gleichen Zeitabständen) fallen, fühlen sie sich prompt in ihrem Aberglauben bestätigt.

Damit jedoch sind wir ja haargenau bei der Magie der »Primitiven«! Bereits Tylor charakterisierte die Magie als »mistaking an ideal connexion for a real one«, sie verwechsele einen (in Gedanken) eingebildeten Zusammenhang mit einem realen. Und Frazer sagte, frei, aber ganz sinngemäß übersetzt: »Die Menschen verwechseln die Ordnung ihrer Gedanken mit der Ordnung der Natur, und so glauben sie, daß die Kontrolle, die sie über ihre Gedanken haben (oder zu haben scheinen), ihnen erlaubt, eine entsprechende *Kontrolle über die Dinge* auszuüben.«

Somit entpuppt sich die Magie ebenso wie die Wissenschaft, das Verhalten und anderes als ein Teil der großen Lernprozesse, die alle Lebewesen – von der einfachen Amöbe angefangen – durchmachen müssen, und die ihnen Orientierung und Überleben in ihrer Umwelt ermöglichen. Das Bestreben, das Dasein als eine Summe von Kausalketten zu erfassen, die Verbindung zwischen Ursache und Wirkung, ist so alt wie das Leben selbst. Es ist zugleich Voraussetzung für Überleben und Evolution. Das Besondere an der Magie ist eben nur, daß sie Zusammenhänge sieht, ja sogar erfindet, die in der Wirklichkeit gar nicht existieren.

Die Taube, die Graugans hat natürlich keine Einsicht in die ursächlichen Zusammenhänge, keine wissenschaftliche Erkenntnis. Deshalb ist es für sie durchaus nützlich, ja sogar lebensnotwendig, »wenn [sie] an einem Verhalten festhält, das sich einmal oder wiederholt zum Ziele führend und als gefahrlos erwiesen hat. Wenn man nicht weiß, welche Einzelheiten für den Erfolg sowohl wie für die Gefahrlosigkeit wesentlich sind, tut man gut daran, an allen mit sklavischer Genauigkeit festzuhalten« (Lorenz).

Dieser Satz gilt offensichtlich auch für den »primitiven« Menschen: Er erkennt nur selten die Kausalkette; er sieht vielmehr magische oder animistische Zusammenhänge. Dann trifft auf ihn auch der folgende Lorenzsche Satz zu: »Das Prinzip ›Man kann nicht wissen, was sonst passiert‹ drückt sich ja schon ganz klar in dem erwähnten Aberglauben aus, man bekommt eindeutig

Angst, wenn man den Zauber unterläßt.« Er erklärt uns auch, wodurch beispielsweise die Zauberriten und -sprüche so peinlich genau eingehalten werden. Wen sollte es da Wunder nehmen, daß gerade heute Magie wieder »in« ist, daß auch heute noch gezaubert und gegengezaubert wird?

Wir »*Modernen*« sollten da keineswegs überheblich werden. Denn im Grunde befinden wir uns in der gleichen Situation wie der »Primitive«: In unserer so kompliziert gewordenen technisierten Welt ist den meisten die Einsicht in viele Kausalzusammenhänge verwehrt. Wer kann nachvollziehen, was in Houston/ Texas berechnet wurde, bevor man eine bemannte Raumkapsel an eine leere Stelle im Weltraum schießt, von der nur wenige wissen, daß sich dort nach genau x Stunden, y Minuten und z Sekunden der Mond in einer ganz bestimmten Phase seiner Rotation befinden wird? Wer – außer ein paar Astrophysikern – weiß, was es mit dem Urknall und den Schwarzen Löchern auf sich hat? Wer weiß, was Interferon ist, und warum es möglicherweise Krebs heilen kann? Und wer weiß, weshalb neuerlich der alte Zusammenhang zwischen Arbeitslosigkeit, Inflationsrate und Zinsniveau nicht mehr stimmt?

Das gleiche gilt übrigens für Gewohnheiten, Bräuche und Glaubensdinge, die der Mensch überliefert bekommen hat. Denn vielfach denkt er über sie nicht mehr nach, beziehungsweise er kann ihren Sinn nicht mehr erkennen. Erst wenn er die Angst, die beim Verstoß gegen das Ritual entsteht, nicht mehr fürchtet oder nicht mehr wahrnimmt, wird er sich von den Ritualen und der Magie emanzipieren . . .

Über die dreifache Wurzel der Beharrlichkeit

Das beharrliche, ja sklavische Festhalten an jedem Teilstück eines Rituals, einer Beschwörung, haben wir schon bei den Trobriandern und anderen Steinzeitstämmen beobachtet; sie sind sich sicher, daß jede Abweichung den Zauber zerstört (zweifellos eine hervorragend gute Ausrede für den Zauberer, wenn seine Beschwörung nichts erbringt). Solche Beharrlichkeit, solch stures Festhalten am einmal Gelernten oder Geglaubten kann geradezu zur *Unbelehrbarkeit* führen – wir finden sie oft bei religiösen Fanatikern, dann aber auch bei »Parapsychologen«, UFOlogen und Atlantis-Fans. Bei ihnen hat die alte magische Denkweise über die wissenschaftliche Denkweise wieder die Oberhand gewonnen; sie sind nicht mehr bereit, durch Erfahrung zu korrigieren – wie es das Prinzip der Wissenschaft ist –, sondern sie bleiben bei der strengen Observanz, dem unveränderten Ritus.

Aber das ist nur eine der Ursachen für die Unbelehrbarkeit. Eine zweite ist in der zunehmenden *Wissenschafts-Verdrossenheit* zu suchen. Die Wissenschaften – nicht nur die Naturwissenschaften – haben so vielversprechend begonnen; das Goldene Zeitalter war zu erwarten. Und wo stehen wir jetzt? Die Kriege sind fürchterlicher denn je zuvor, die Zahl der an Krebs Erkrankten steigt noch immer, trotz jahrelanger Arbeit von Tausenden von Spezialisten und eines finanziellen Aufwands von Hunderten von Milliarden – die Umwelt ist tödlich verseucht, die Lebensmittel verfälscht und vergiftet, Fichten- und Tannenwälder verdorren quadratkilometerweise – um nur ein paar besonders markante Fakten anzuführen. Freilich vergessen viele, daß dies meist gar nicht die Schuld der Wissenschaftler ist, sondern derer, die nur das Prinzip der »Gewinnmaximierung mit allen Mitteln« kennen: die Rüstungsindustrie, die Kerntechnik, die Pharma-Industrie, nicht zu vergessen die moderne Landwirtschaft. Aber das ändert ja nichts an der Verdrossenheit, die uns die Wissenschaft (und der Staat und die Parteien usw.) bereitet.

Obendrein wird die Wissenschaft mehr und mehr unverständlich – soeben hatten wir Beispiele kennengelernt. Wer will es da jemandem verdenken, wenn er lieber an die Außerirdischen glaubt, die uns als Astronauten die ehemals heile Kultur brachten, oder an das Bermuda-Dreieck (weil es zu mühsam ist, nachzuprüfen, warum und wo ein bestimmtes Schiff »verschwunden« ist). *Korrekturen sind da unerwünscht.*

Die dritte Ursache der Unbelehrbarkeit ist möglicherweise biologisch begründet. Seit Konrad Lorenz wissen wir, daß es bei Tier und Mensch Lernvorgänge besonderer Art gibt, *Prägungen* genannt. Das besagt, es gibt im individuellen Leben bestimmte Phasen der Entwicklung, in denen ein Lebewesen, ob Tier, ob Mensch, für ganz bestimmte Erfahrungen empfindlich (sensibel)

236

ist. Macht es diese Erfahrungen, so bleiben sie vielfach während seines ganzen Lebens erhalten. Es kann nichts mehr korrigiert werden, weil dieser Lernprozeß irreversibel, nicht umkehrbar, ist. Ist es dem Lebewesen aber verwehrt, aus welchen Gründen auch immer, diese Erfahrung zu machen, so ist es nicht mehr imstande, sie nach Ablauf der sensiblen Phase nachzuholen: Es bleibt eine »Erfahrungslücke«.

Das bekannteste (und wichtigste) Beispiel ist die Mutter-Kind-Bindung. Über sie ist so viel geschrieben worden, daß es sich erübrigt, sie nochmals abzuhandeln. Weniger verbreitet ist die Kenntnis, daß Menschenkinder etwa vom zweiten Lebensjahr an eine sogenannte »animistische« Phase durchmachen: Das Kleinkind »versieht« die unbelebten Gegenstände seiner Umgebung mit Leben und Seele. Wenn es sich an einem Stuhl gestoßen hat, so schimpft es mit ihm: »Du böser Stuhl.« Diese Phase scheint aber bald und ohne Folgen vorüberzugehen. Daß sie zum Animismus der »Primitiven« in Beziehung steht, ist wenig wahrscheinlich.

Der leider allzu früh verstorbene Geologe und Archäologe H. G. Wunderlich hat in seinem Buch *Die Steinzeit ist noch nicht zu Ende* dazu einige bemerkenswerte Gedanken geäußert. Er nimmt an, daß es *auch für das religiöse Empfinden eine sensible Entwicklungsphase* gibt. Vermitteln die Eltern dem jungen Menschen nicht die entscheidenden Eindrücke, so wird er nie mehr zu einem wirklich Gläubigen. Diese Phase dürfte weit vor der Geschlechtsreife liegen, näher dem Zeitpunkt der (katholischen) Firmung als dem der (protestantischen) Konfirmation. Nach Wunderlich, aber auch nach dem Verhaltensforscher I. Eibl-Eibesfeldt *(Der vorprogrammierte Mensch)* folgt später, im Zusammenhang mit der Pubertät, ein Stadium, in dem sich der junge Mensch *mit den Werten der »Gruppe« zu identifizieren* sucht. Soziale Fragen interessieren ebenso wie Möglichkeiten, die Zustände im Diesseits zu bessern. Auch dieses Stadium ist prägungs-sensibel; jetzt »bilden sich die überzeugten Parteigänger einer diesseitigen Heilslehre, die begeisterten Idealisten, Sozialisten, Nationalisten«. Darf man nicht auch die Terroristen und Chaoten nennen? So wie man die geprägte Mutter-Kind-Bindung allein durch logische Argumente nicht wieder aufheben kann, »so ist auch eine (»geprägte«)

weltanschauliche Überzeugung weitgehend immun gegen abweichende Argumentation«. Paßt das nicht genau auf die Psi-Gläubigen und die UFOlogen?

Also wäre Magie, magisches Denken, Fühlen und Handeln nur die Folge einer Fehlprägung (oder eines Prägefehlers)? Gewiß eine griffige Formel! Aber wie die meisten solchen griffigen Formeln ist sie *viel zu einfach;* sie vernachlässigt fast alles, was sich im Umfeld der Magie an individuellen menschlichen Schicksalen gesammelt hat, an Ängsten und Sehnsüchten, an Konflikten, Krankheiten und Erlösungsglauben.

Dennoch trifft die Formel den Kern der Magie immer dann, wenn Dinge, Geschehnisse, Gedanken oder Gefühle zusammengebracht werden, die kausal, das heißt ursächlich *gar nichts miteinander zu tun haben,* und ferner immer dann, wenn jemand Zusammenhänge, die wissenschaftlich *noch nicht* erklärt werden können (z. B. die »Organwahl« bei psychosomatischen Krankheiten, s. S. 219), unbesehen und kritiklos als übernatürlich, übersinnlich, außersinnlich oder magisch klassifiziert und damit die Beziehung zur Realität verliert. Bei aller Distanz, die wir zum Rationalen, zur Vernunft und ihrem Ausschließlichkeitsanspruch wahren sollen – wir dürfen sie nicht einfach über Bord werfen und uns blindlings ins Irrationale verlieren, wenn wir uns nicht selbst aufgeben wollen.

Allerdings muß auch die gepriesene und zugleich geschmähte Wissenschaft immer eines respektieren: *Wenn die Magie* (oder der Glaube an die Magie) *hilft, Ängste zu bewältigen, Sehnsüchte zu stillen oder in Seelenfrieden zu leben, dann darf man diese Lebenshilfe nicht zerstören.* Hier gelten – wie so oft, die Worte Lessings: »Die Sachen, welche zum Grunde liegen, müssen so viel als möglich ihre Richtigkeit haben; aber ob auch die Schlüsse, die ich daraus ziehe? Da traue mir niemand, da sehe jeder selbst zu.« Sie stehen in seinen *Briefen Antiquarischen Inhalts* und wurden geschrieben im Jahre 1769.

Verwendete sowie weiterführende Literatur

Allan (d. i. Neumann, A.), H. Schiff u. G. Kramer: *Falsche Geister, Echte Schwindler.* Geisterjagd durch drei Jahrhunderte. Hamburg 1969.

Bender, H.: *Unser sechster Sinn.* Stuttgart 1971.

Benz, E.: *Kosmische Bruderschaft.* Freiburg 1978.

Berlitz, Ch.: *Das Bermuda-Dreieck.* München 1978.

Ders.: *Spurlos. Neues aus dem Bermuda-Dreieck.* München 1980.

Blumrich, J. F.: *Da tat sich der Himmel auf.* Die Raumschiffe des Propheten Ezechiel und ihre Bestätigung durch modernste Technik. Düsseldorf/Wien 1973.

Bräutigam, W. u. Christian, P.: *Psychosomatische Medizin.* Stuttgart 1973.

Burgess, R. F.: *Sinkings, Salvages and Shipwrecks.* New York 1970.

Christopher, M.: *Geister, Götter, Gabelbieger.* Düsseldorf/Wien 1977.

Cziffra, G. v.: *Hanussen, Hellseher des Teufels.* München/Wien 1978.

Dreimännerbuch: s. unter Gulat-Wellenburg.

Eibl-Eibesfeldt, I.: *Der vorprogrammierte Mensch.* Wien/München/Zürich 1973.

Engelmann, B.: *Das Reich zerfiel, die Reichen blieben.* Hamburg 1972.

Frazer, J. G.: *The Golden Bough.* London 1907–1915.

Ders.: *Der goldene Zweig.* München 1928, Nachdruck 1968.

Freud, S.: *Bemerkungen über einen Fall von Zwangsneurose.* Gesammelte Werke, 4. Aufl., Bd. 7, Frankfurt 1966.

Ders.: *Totem und Tabu* (1918). Frankfurt 1956.

Ders.: *Abriß der Psychoanalyse.* Frankfurt 1953.

Ders.: *Zur Psychopathologie des Alltagslebens.* Frankfurt 1953.

Gaddis, V.: *Invisible Horizons.* Philadelphia 1964.

Green, W./Elmers, D./Alyce, G.: *Biofeedback – eine neue Möglichkeit zu heilen.* 1978.

Gris, H. u. Dick, W.: *Psi als Staatsgeheimnis.* Bern/München 1979.

Gulat-Wellenburg, W. v./Graf v. Klinckowstroem, C./Rosenbusch, H.: *Der physikalische Mediumismus.* Berlin 1925.

Gubisch, W.: *Hellseher, Scharlatane, Demagogen?* München/Basel 1961.

Hanauer, J.: *Konnersreuth als Testfall.* München 1972.

Holmsten, G.: *Okkultismus, die Welt der Geheimnisse.* Berlin/Düsseldorf 1950.

Huxley, A.: *Die Pforten der Wahrnehmung.* München 1954/1970.

Illies, J.: »Intelligenz auf fernen Sternen?«, in: Khuon, E.: *Waren die Götter Astronauten?* München/Zürich 1972.

Keul, A.: *Persönlichkeitsvariable und Realitätsprüfung von ungewöhnlichen Zeugenaussagen* (sog. UFO-Beobachtungen). (Verf. ist zugleich Herausgeber und Verleger: Meidlinger) Wien 1980.

Keyhoe, D. E.: *Flying Saucers Conspiracy.* London 1957.

Kroener, D.: »Ministerium für Gesundheit und Unsterblichkeit – Erfahrungen mit der Transzendentalen Meditation«, in: *Deutsches Ärzteblatt* 1979, H. 6, S. 388.

Kraepelin, E.: *Psychiatrie. Ein Lehrbuch für Studierende und Ärzte.* 6. vollständig umgearbeitete Auflage. Leipzig 1899.

Kusche, L. D.: *Die Rätsel des Bermuda-Dreiecks sind gelöst!* Greven 1978.

Langen, D.: »Transzendentale Meditation – Hilfe ohne Gefahr?« in: *Deutsches Ärzteblatt* 1979, H. 1, S. 35.

Lorenz, K.: *Das sogenannte Böse.* Wien 1963.

Loyola, I. v.: *Geistliche Übungen.* Freiburg/Basel/Wien 1966/1977.

Malinowski, B.: *Magie, Wissenschaft und Religion* (1948). Frankfurt a. M. 1973.

Mann, T.: »Okkulte Erlebnisse«, in: *Bemühungen.* Berlin 1925.

Miers, H. F.: *Lexikon des Geheimwissens.* München 1976.

Mischo, J. u. Wittman, W.: »Ein multivariates Experiment I«, in: *Zeitschrift für Parapsychologie und Grenzgebiete der Psychologie* 22, Nr. 1/2, Freiburg 1980, S. 23.

Moser, F.: *Das große Buch des Okkultismus.* Originalgetreue Wiedergabe des zweibändigen Werkes *Okkultismus – Täuschungen und Tatsachen* (München 1935). Freiburg 1974.

Murphet, H.: *Sai Baba. Der indische Psi-Meister.* Hamburg 1978.

Pelz, C.: *Hellsehen, Medien und Gespenster.* Pähl 1952.

Prokop, O.: *Naturwissenschaften contra Parapsychologie.* Archiv Kriminologie 154, **100** (Lübeck 1974).

Rhine, J. B.: *Extrasensory Perception after Six Years.* New York 1940.

Ders.: *Die Reichweite des menschlichen Geistes* (1947). Stuttgart 1950.

Ders. u. Pratt, J. G.: *Parapsychologie – Grenzwissenschaft der Psyche.* Bern/München 1962.

Sanderson, I. T.: *Invisible Residents.* New York 1970.

Schaefer, G.: *Kybernetik und Biologie.* Stuttgart 1972.

Schenk, G.: *Das Buch der Gifte.* Berlin 1954.

Scholz, W. v.: *Der Zufall und das Schicksal.* München 1959.

Schrenck-Notzing, A. v.: *Physikalische Phänomene des Mediumismus.* Berlin 1920.

Ders.: *Die Entwicklung des Okkultismus zur Parapsychologie in Deutschland.* Wien 1935.

Schulte, T.: *Transzendentale Meditation und wohin sie führt.* Abschiedsdisput einer TM-Lehrerin. Stuttgart 1980.

Schultz, R.: »Endorphine. Körpereigene Schmerzmittel – eine neue Klasse von Hormonen«, in: *Umschau* 1979, H. 14, S. 431.

Skinner, B. F., zit. nach Hassenstein, B.: *Verhaltensbiologie des Kindes.* München 1973.

Der Spiegel: *Parapsychologie. Flüchtiges Psi.* 1967, H. 9, S. 109.

Ebd.: *Parapsychologie:* »*Ich weiß nicht, wie.*« 1974, H. 5, S. 102.

Ebd.: »*So wurde die Weltöffentlichkeit getäuscht*« (UFO-Legende) 1978, H. 17, S. 46.

Staudenmaier, L.: *Die Magie als experimentelle Naturwissenschaft.* Leipzig 1922.

Stuhlinger, E.: »Wurde unsere Erde von fremden Astronauten besucht?«, in: Khuon, E.: *Waren die Götter Astronauten?* München/Zürich 1972.

Tylor, E. B.: *Primitive Culture.* London 1903.

Ullmann, M./Krippner, S./Vaughan, A.: *Traum Telepathie.* Freiburg 1977.

Vandenberg, P.: *Das Geheimnis der Orakel.* München 1979.

Winer, R.: *The Devil's Triangle.* New York 1975.

Wunderlich, H. G.: *Die Steinzeit ist noch nicht zu Ende.* Hamburg 1974.

Zeisel, J.: »Magie auf eigene Faust«, in: *Esotera* 29, H. 10/1978, S. 911.